汲古叢書74

下田誠著

中国古代国家の形成と青銅兵器

汲古書院

目次

中国古代国家の形成と青銅兵器

序章　中国古代国家形成史論と青銅兵器研究

第一節　郡県制をめぐる研究史と問題の所在

（一）秦漢的県制の起点

郡県制の形成は、中国古代国家形成史論の中心的課題であった。[1] すでに先秦・秦漢史の多くの論者がこの問題に取り組んでいる。

研究史的には、一九六〇年代前半に体系を提出する西嶋定生・増淵龍夫・木村正雄三氏の成果を受け、大きく春秋県の性格と商鞅県制といった二つの方向で研究されてきた。[2]

増淵氏は、顧頡剛氏の春秋時代の県を秦・楚の県（君主直轄地）と晋・斉の県（采邑として家臣に賜与）二つのタイプに分けて考える議論を批判する所から出発する。そして春秋県の持つ氏族制的秩序の根強さと地方官の世襲を問題とし、秦漢県制との間に越えなければならない大きな壁の存在を指摘した。その上で、この困難を越えるためには、支配氏族・被支配氏族双方の族的秩序が破粋されている必要があるとし、自らは世族の官僚化をはかる絶大な君主権力の基盤となる山林藪沢の家産化の問題に取り組んだ。

しかしそのことは、西嶋氏が「それでは秦漢的な郡県、すなわち皇帝の派遣した官僚によって統治せられ、しかもその統治の形態として皇帝による個別人身的支配の様式をとる郡県制が何処から開始されるかということについては増淵氏は言及していない(3)」と批判するように、一体いつ・どこで・どのように秦漢的県が成立したのか、政治史的には不明のままだった。それは山林藪沢の家産化イコール「県」の成立ではないからで、その過程は別に具体的に問われる必要があった。

それでは増淵氏を批判した西嶋氏はこの問題に解答を得られたかといえば、そうとはいえない。秦漢帝国の基本構造たる皇帝による個別人身支配（西嶋新説では民爵論によって皇帝と人民の接点となる場を求める）は中国古代の国家支配の特質を表現するものと筆者も考えるが、その条件とされる支配氏族・被支配氏族の解体につき、「初県」が持ち出されたことに、筆者は納得できない(4)。従来の族的秩序から切り離された「初県」は、たしかに爵制秩序の貫徹する純粋培養地であったろうとしても、そもそもそのような想定自体が十分説得力を持ちうるものとはいいがたい。

付言すれば、孝公十二年の第二次変法にみえる商鞅県制の実施範囲の問題であり、氏は咸陽以東の地とされたのだが、その説の妥当性には疑問もある(5)。

問題は実際に施行されたのが咸陽周辺であったかどうかということではなく、あくまで全国設置を志向していただろうということである。商鞅第二次変法の三十一県を「初県」としなければ、氏のいうところの個別人身的支配を実現する地方統治機構の「県」が一体いつ・どこで・どのように成立していったのか、は依然として答えられていない。

本書は三晋の問題、とりわけ魏について、全国的県制の成立を論ずる（本書第五章）。

なお、増淵氏・西嶋氏双方に指摘のある、秦漢的県制、中央集権的県制の成立のためには、①県の統治機構としての官僚制の確立と②その県の住民の族的結合が解体されている必要、というこの想定にはおおむね賛成である（批判のあることも承知するが、筆者は大筋問題ないと考える）。筆者は西嶋・増淵氏らの研究以後、出土ないしは整理の進む青銅兵器を資料に①の側面について本論中いくつか言及する。ただ、この側面については青銅兵器を利用する研究として、すでにすぐれた論考がある。(6) ②については、筆者の使用する資料群からは解明が困難であり、その方向性を受け継ぐまでである。

木村正雄氏は斉民制を基礎に、春秋中期以前の邑民による小規模ながら自立して耕作されていた第一次農地と低平広開な藪沢地に権力者の手によって開かれた広大な耕地たる第二次農地を示した。そして後者に設けられた新県が専制国家の基盤になったと説明する。

その後、木村氏の研究については、水利施設の実態、農学・土壌学からの視点などで、疑問・批判が投げかけられている。(7) 本書はそうした方向ではなく、基本的に木村氏の問題意識を受け継ぎ、帝国的郡県体制の成立過程を地域・年代に分け、検討された一覧表の再検討を行う（本書第六章）。

木村著は近年、鶴間和幸氏を中心とする学習院大学大学院のメンバーが新訂版を出版し、利用の便・信頼度が高まった。木村氏の資料集成は膨大なものであるのだが、各県のその戦国部分を見てみると、帰属などの記載をめぐって誤りや不足もある。第六章では、県制確立の議論を再確認しながら、中原地域に限定されるとはいえ、木村表の修正と国別・時期別の史料集成、そして描画化を試みた。

(二) 春秋県と世襲の否定

春秋県をめぐっては、前述の増淵氏の顧頡剛批判から始まるのだが、その研究史についてはすでに松井嘉徳氏にすぐれた整理が見られる。[8] 筆者は氏の二つの問題系（①中央権力との関係の仕方の変化、②邑内部の社会構造の変化）とそれに対する、氏の議論に必ずしも賛成しているわけではないのだが、学ぶところは多い。松井氏自身は、李家浩氏の研究を手がかりに、[9] 春秋「県」の性格は、西周「還」にまで遡ることを論じた。

増淵氏以後、氏の関心を引き継ぎ、五井直弘氏は前六世紀頃からの分邑別県に「新しい県」への変化を見いだし、[10] 池田雄一氏は軍事的機能など春秋県の特徴を指摘した。[11] 安倍道子氏も申・陳・蔡三県の検討から、楚県について「軍事都市」とし、一方で氏族秩序の強固さを指摘した。[12]

その後、秦漢県制との関連から、県邑の大夫、地方官の世襲否定の側面について大きな成果があった。平勢隆郎氏は春秋時代の楚の県と晋の県を検討し、楚については荘王期（前六一三～前五九一在位）には、世族の県における世襲を否定し、同時期に公子・公孫の進出が活発化し、にもかかわらず、それらの者たちの新たな世族化も否定されており、それを実現するだけの意味を山林藪沢は持っていたことを論じた。次に晋の県については、晋公を上部権力とした場合には、二十五例中六例の邑世襲の事例を確認したが、別稿において、戦国王権に接続する王権（趙）を対象とする中で、趙孟（趙氏の宗主）下の大邑の世襲否定が基本的に実現していることを論じた。[13]

本書前半ではこの地方官の世襲否定の問題を再度取り上げた（本書第一章～第三章）。筆者の対象とした資料（青銅兵器）は紀元前三世紀のものであり、従来の考え方からいえば、世襲の否定は当然となろうが、研究史的には、根気強い史料批判、文献史料の網羅的整理など、苦労を重ねてきた分野であり、少し時代は下るとはいえ、比較的明瞭に確認しうることは、意義あると考える。

なお、本書では、直接には地方統治機構としての「県」の活動内容・職務について、言及することはほとんどない。それは、戦国三晋諸国の「県」の職務内容を実際に明らかにする史料が少ないからである。かといって、ここに概説するのは適切とは思わないので、それは別に参照願いたい。筆者は楊寛『戦国史（増訂本）』「第六章　中央集権的政治体制及其重要制度」(14)や秦律から地方統治機構としての「県」の統治事項を論じた飯尾秀幸「中国古代における国家と共同体」(15)、前漢では紙屋正和「前漢郡県統治制度の展開について」(16)などを秦漢的県の内容と考えている。

（三）　戦国国家論と問題の所在

筆者の研究は、まずは「戦国国家論」序説としてまとめられるだろう。

戦国時代は複数の地域国家から成り立っていた(17)。所謂戦国の七雄（秦・韓・魏・趙・燕・斉・楚）と呼ばれる国々であるが、すでに力を失っていた周王朝に対して紀元前四世紀後半、次々と王号を採用する（楚は春秋時代以来、王を称している）。王号を採用した国には、さらに宋・中山が加わる。そのほか長江下流域の越や王朝と関係の深い小国の魯も前三世紀半ば頃まで存在した。

太田幸男氏は戦国期研究の重要課題として、それぞれの国家について、各国の基盤となった社会における生産力の発展段階、それに規定される階級分化のありよう、それ以前の各諸侯による人民支配の特殊性に即し、その成立過程と権力機構の特殊性を個別に究明していくこと、をあげている。また、秦の統一の理由を、とりわけ人民の実態とその組織化の観点から、他国との比較によって導き出す課題をあげている。[18]

太田氏自身は本書第三章のはじめに述べるように、田斉の型と秦の型に分けて考え、それぞれ異なった基盤の上に立つ、異なった国家であることを明らかにしている。

江村治樹氏もそうした課題を共有すると考えられる。氏は「都市」の制度的独立性を容認する三晋の経済的な国家、いわば商工業国家としての特徴を論じている。[19]

筆者は両者の研究を出発点としており、大きな目標と考えるが、ただ、その諸説にすべて賛同するものではない。ともに本節では個別の実証部分はおくとして、筆者の疑問・着眼点を述べる。

太田氏については、田斉崩壊の原因とする靖郭君田嬰・孟嘗君田文父子ら小家父長君主の出現を論じ（その他、威王時代に田氏一族の者が封ぜられた薛・即墨・莒など）、家父長権力が非血縁者を組織して支配体制を作るとき、内部に同様の小君主体制を生み、必然的に自己崩壊するという点、[20]筆者は小君主体制を成立させない同時代的社会的合意が存在した（封君は三代まで、『戦国縦横家書』一八章・『史記』趙世家、同記事）と考えており、秦と比較した時の中央集権の不徹底は事実とはいえ、必然的な自己崩壊と捉えられるか、疑問である。また「永続性」とは如何なる期間をいうのか、実際、田斉もまた問題をはらみつつも、国家権力確立後、一世紀の命脈を保っている。政治構造の大筋の理解として承認するが、太田氏はこうした分解過程を他の六国にも想定しており、[21]さらなる検討が求められる。

江村氏の研究については、二点触れたい。一説によれば当時の人口の三割が商工業者を中心とする都市住人であったという（前近代としては驚く数字である）。その「都市」を対象とし、出土資料から各種機構を解明し、経済的・軍事的自立性と一方で自治都市にまで発展しなかった限界の指摘など、精緻な議論と三晋の独自性を摘出した研究に圧倒される。しかし筆者は、王権を構成する宗室姻戚・世族（支配共同体）が、氏のいわれる所の自立的な「都市」とどのような関係を取り結んだか、に注目する。(22)もう一点は、氏の研究に、過程論にやや不足を感じる、ということである。筆者は政治過程と、社会・時代の大きな変化に即して、いつ・どこで・どのように機構を整え、イデオロギー権力（公権力）としての国家権力を成立させるのか、という課題に取り組む。(23)

大きくいえば、筆者の研究は中国古代国家形成過程の特殊性、アジア的国家の一つの代表たる中国古代国家の個別具体的な歩みから、古代国家論へと展開していくものである。(24)

なお、本書では紀年・西暦を多用したが、本来、戦国史の年代には多くの矛盾が存在し、戦国史研究の困難となっている。本書では、平勢隆郎氏の研究成果『新編史記東周年表』(25)を採用し、あわせて従来の年代を併記する。

また戦国時代の開始も諸説あるが、筆者は史上、「三家分晋」と呼ばれる三晋（韓・魏・趙）による晋の有力世族知氏を滅ぼした年（平勢年表では紀元前四五一年、通説は前四五三年）を戦国時代の開始とする。終わりは秦王政二六年（前二二一）の秦による「天下統一」の年とする。筆者は次節に紹介するように、戦国三晋諸国で製造された青銅兵器を資料として多く用いるが、戦国時代の分期については、林巳奈夫氏の前期（前五世紀半ば～前四世紀半ば）・中期（前四世紀の半ば～前三世紀の半ば）・後期（前三世紀の半ば～統一秦まで）の分期を採用した。(26)この区分では、戦国後期の範囲が五〇年ほどと短くなってしまうが、やむをえない。叙述により、政治史をふまえた藤田勝久氏の分期を採用したときもある。(27)

注

（1）中国古代国家論の回顧と展望としては、太田幸男「前近代史研究の課題と方法・共同体と奴隷制・アジア」歴史学研究会編『現代歴史学の成果と課題』二　共同体・奴隷制・封建制、青木書店、一九七四年（「中国古代の共同体と奴隷制」と改題の上、『中国古代史と歴史認識』名著刊行会、二〇〇六年所収）、多田狷介「東アジアにおける国家と共同体」同『現代歴史学の成果と課題Ⅱ』（二　前近代の社会と国家、青木書店、一九八二年）、飯尾秀幸「『アジア的専制』と戦後中国古代史研究」『歴史評論』五四二、一九九五年）、同「中国古代国家発生論のための前提―時代区分の第一の画期として―」（『古代文化』第四八巻第二号、一九九六年）、同「戦後の『記録』としての中国古代史研究」（『中国―社会と文化―』第一一号、一九九六年）、小嶋茂稔「戦後中国古代国家史研究における『後漢史』の位置」（『中国史学』第九巻、一九九九年）、足立啓二「中国専制国家論」（歴史学研究会編『現代歴史学の成果と課題Ⅱ一九八〇～二〇〇〇年国家像・社会像の変貌』青木書店、二〇〇三年）など参照。

（2）西嶋定生『中国古代帝国の形成と構造―二十等爵制の研究』東京大学出版会、一九六一年、増淵龍夫『中国古代の社会と国家―秦漢帝国成立過程の社会史的研究』弘文堂、一九六〇年（『新版　中国古代の社会と国家』岩波書店、一九九六年）、木村正雄『中国古代帝国の形成―特にその成立の基礎条件』不昧堂書店、一九六五年（『中国古代帝国の形成―特にその成立の基礎条件（新訂版）』比較文化研究所、二〇〇三年）。

（3）西嶋氏前掲書三八頁。

（4）本書で直接取り組む課題ではないが、族的秩序の解体と個別化、それを基礎とする個別人身的支配の形成の問題は、新設の伝統から切り離されたという「初県」とは別の形で、春秋時代以来の諸族・諸小国との対抗、庶民兵の成立など軍事史の問題として研究すべきだろう。なにも「族的秩序」をバラバラに解体する必要はない（その点、五井直弘「中国古代城郭史研究」『西嶋定生博士還暦記念東アジアにおける国家と農民』山川出版社、一九八四年、同「鉄器牛耕考」『三上次男博士喜寿記念論文集歴史編』平凡社、一九八五年、ともに『中国古代の城郭都市と地域支配』名著刊行会、二〇〇二年所収、参照）。そして古くから議論のある生産力の上昇と貧富の拡大、社会の分裂の視点も必要だろう（たとえば、宋鄭間の隙地と「盗」と呼ばれた者たちの存在。豊島静英『中国における国家の起源―国家発生史上のアジアの道―』汲古書院、一九九九年、二八八～二八九頁）。なお、初県・新県論を批判して、「専制」の理由をどこに求めるのか、という意見もあろう。筆者も共同体を基礎とすること、地域的不均衡などに賛同する所であるが、そもそも「専制」という政治形態を取った根源は、戦国秦漢時代の課題というより、先秦史（とりわけ春秋以前）の課題と考える。

（5）太田幸男「商鞅変法の再検討」歴史学研究会編『歴史における民族の形成』青木書店、一九七五年（「商鞅変法論」と改題の上、『中国古代国家形成史論』汲古書院、二〇〇七年所収）に諸説の整理がある。全国的県制（関中全域）としては、守屋美都雄「開阡陌の一解釈」中国古代史研究会編『中国古代の社会と文化―その地域別研究』東京大学出版会、一九五七年（『中国古代の家族と国家』東洋史研究会、一九六八年所収）、池田雄一「商鞅の県制―商鞅の変法（一）―」『中央大学文学部紀要』史学科二二、一九七七年（「春秋戦国時代の県制」と改題の上、『中国古代の聚落と地方行政』所収、汲古書院、二〇〇二年）、藤田勝久「中国古代の関中開発―郡県制形成過程の一考察」『佐藤博士退官記念中国水利史論叢』国書刊行会、一九八四年（『中国古代国家と郡県社会』汲古書院、二〇〇五年所収）。太田氏ものちに池田氏とほぼ同様の考えであることを表明している（「商鞅変法の再検討・補正」『歴史学研究』四八三、一九八〇年、「商鞅変法論補正」と改題の上、前掲『中国古代国家形成史論』所収）。

（6）佐原康夫「戦国時代の府・庫について」『東洋史研究』第四三巻第一号、一九八四年（『漢代都市機構の研究』汲古書院、二〇〇二年所収）、江村治樹「戦国三晋諸国の都市の機構と住民の性格」『春秋戦国秦漢時代出土文字資料の研究』第二部第二章、汲古書院、二〇〇〇年。

（7）原宗子「いわゆる〝代田法〟の記載をめぐる諸解釈について」『史学雑誌』第八五編第一一号、一九七六年（『「農本」主義と「黄土」の発生―古代中国の開発と環境二―』研文出版、二〇〇五年に改題の上、所収）。浜川栄「漳水渠の建造者をめぐる二説について」『史潮』新五一、二〇〇二年。

（8）松井嘉徳「『県』制遡及に関する議論及びその関連問題」『泉屋博古館紀要』九、一九九三年（『周代国制の研究』汲古書院、二〇〇二年、第四部第一章所収）。

（9）李家浩「先秦文字中的〝県〟」『文史』二八、一九八七年（『著名中年語言学家自選集　李家浩巻』安徽教育出版社、二〇〇二年所収)。

(10) 五井直弘「春秋時代の県についての覚え書」『東洋史研究』第二六巻第四号、一九六八年、同「春秋時代の晋の大夫祁氏・羊舌氏の邑について—中国古代集落史試論—」『中国古代史研究』三、吉川弘文館、一九六九年(それぞれ『中国古代の城郭都市と地域支配』第二部第一章・第二章、名著刊行会、二〇〇二年所収)。

(11) 池田前掲論文。

(12) 安倍道子「春秋楚国の申県・陳県・蔡県をめぐって」『東海大学紀要文学部』四一、一九八四年。

(13) 平勢隆郎「楚王と県君」『史学雑誌』第九〇編第二号、一九八一年(『左伝の史料批判的研究』第二章第一節「楚国の県」、汲古書院、一九九八年の一部を構成)、同「春秋晋国世族とその管領邑」「同—続—」『鳥取大学教育学部研究報告』人文・社会科学三三・三四、一九八二・八三年(「晋国の県」『左伝の史料批判的研究』第二章第二節)、同「趙孟とその集団成員の『室』—兼ねて侯馬盟書を検討する—」『東洋文化研究所紀要』九八、一九八五年、一〜三八頁(「『侯馬盟書』に見える『室』と宗主趙孟との関係」『左伝の史料批判的研究』第三章第二節)。

(14) 楊寛『戦国史(増訂本)』上海人民出版社、一九九八年。

(15) 飯尾秀幸「中国古代における国家と共同体」『歴史学研究』五四七、一九八五年。

(16) 紙屋正和「前漢郡県統治制度の展開について」上・下、『福岡大学人文論叢』第一三巻第四号・第一四巻第一号、一九八二年。

(17) 太田幸男「中国史研究の課題と方法に関する覚書」『東京学芸大学紀要』第三部門第三七集、一九八五年(「中国古代の社会・国家研究の課題と方法」と改題の上、前掲『中国古代国家形成史論』所収)。

(18) 太田前掲『中国古代国家形成史論』一二〜一三頁。後者については、日本においてはほとんど研究がされていないといってよいかと思う。魏建震「従孝成王到王遷—趙国走向衰亡」『趙国史稿』第八章、中華書局、二〇〇〇年、侯廷生・郝良真「試論戦国後期的秦趙関係—兼評趙国滅亡的根本原因」『周秦社会与文化研究論文集』陝西師範大学出版社、二〇〇三年、李玉洁「楚国従強盛向衰亡」『楚国史』第九章、河南大学出版社、二〇〇二年など。

(19) 江村前掲書第二部と同『戦国秦漢時代の都市と国家—考古学と文献史学からのアプローチ—』白帝社、二〇〇五年。

(20) 太田幸男「田斉の崩壊―斉の田氏について・その三―」『史海』二一・二二合併号、一九七五年（前掲『中国古代国家形成史論』所収）。

(21) 太田「田斉の崩壊」前掲『中国古代国家形成史論』一一七頁。

(22) 江村氏においても三晋諸国の「都市」の統括者である県令には注意されている。本書第一章～第三章にかけて論ずる韓における同族の県令就任と趙氏の着任の指摘がある。（「戦国時代における都市の発達と秦漢官僚制の形成」『岩波講座世界歴史三中華の形成と東方世界』岩波書店、一九九八年、一九四頁）。

(23) 筆者は本書において、「国家」の定義を総合的に行うことはしない。筆者の中でそれだけの準備ができていないことが最大の理由だが、本書の実証研究自体、「国家」総体を論じる内容とはほど遠い。あくまで三晋の支配共同体・政治制度・政治構造・政治過程の一面にすぎない。

未熟な思考を書き留めておけば、筆者自身は公権力に国家の本質を考える（本質論の問題はここではおく）。ただし「社会」内部の矛盾と分裂を回避するために、との理由から国家発生史を検討するとしても、「社会」なるものをいかに捉えるかは、戦国以前（先秦史）ではとりわけ難題である。「領域」による区分についても、そこに国家の本質を求めるのには疑問を持つ。領域による「国民」の区分というなら戦国まで「国家」ではないだろうし、金属貨幣・商業の発達と「氏族」が相容れないものというなら、これも戦国まで「国家」段階とはいえないだろう。しかし、そもそも「公権力」とは何か。公権力＝国家権力であるなら、規範の形で押し出される権力がいかなる組織をも貫く外部的支配力といった定義もあろう（滝村隆一『国家論大綱』勁草書房、二〇〇三年）。

中国古代の人民支配の特質とされる個別人身支配についても、すでに指摘のあるとおり賦と役は人頭にかかるといえ、タテマエとしてはともに社会的必要労働であり（太田前掲「中国史研究の課題と方法に関する覚書」前掲『中国古代国家形成史論』一八頁）、租もまた通説的には祖先神にささげるものと理解された。公共性を伴いつつ、階級支配は貫徹された（熊野聡『共同体と国家の歴史理論』青木書店、一九七六年、二八頁）、といったように筆者は理解する。

(24) こうした展望については、博士後期課程在籍中のある機会に、筆者の研究方向を的確に摘出した太田幸男氏の指摘に基づく。表現は異なるが、ここに再びまとめた。
(25) 平勢隆郎『新編史記東周年表―中国古代紀年の研究序章』東京大学出版会、一九九五年。
(26) 林巳奈夫氏は「春秋戦国時代文化の基礎的編年」(『殷周時代の武器』京都大学人文科学研究所、一九七二年、四七二頁)において、戦国時代の始まりを前四五三年とし、終わりを前二世紀中頃とし、間を前期・中期・後期と区分し、それぞれをさらに前半・後半と細分した。およそ百年ごとの区分(前期:前四五〇頃～前三五〇頃／中期:前三五〇頃～前二五〇頃／後期:前二五〇頃～前一五〇頃)と理解してよいのだと思うが、その後、『春秋戦国時代青銅器の研究―殷周青銅器総覧三―』(吉川弘文館、一九八九年、一一頁)にて、その後の秦・前漢初期の遺物の増加により、前著のように終わりを前二世紀中頃とするのは適切ではなくなったとし、統一秦までを含めて戦国後期と扱うとの修正を加えた。本書は後著の案による。
(27) 藤田勝久「戦国略年表」佐藤武敏監修『馬王堆帛書戦国縦横家書』朋友書店、一九九三年。藤田氏は戦国前期(前四五三、四〇三～前三五〇)秦の咸陽遷都と商鞅変法まで、戦国中期(前三五〇～前二八四)合従連横の時代から、斉臨淄の陥落まで、戦国後期(前二八四～前二二一)秦の東方新出から、天下統一まで、とする。

第二節　青銅兵器研究と三晋兵器

(一)　青銅兵器とは

「国の大事は祀と戎にあり」(『春秋左氏伝』成公一三年・伝)とは春秋戦国時代、青銅兵器を研究する者によく引かれる記事である。(1)〈まつり〉と〈たたかい〉は当時の二大活動とされ、戦国時代、『左伝』の編者は劉子(周簡王の大臣劉康公）にそのことを語らせた。「祀」とは、青銅礼器を代表し、「戎」は青銅兵器を代表する。

中国青銅時代は「夏」王朝の時代より始まるとされるが、商代後期に最初の高峰（ピーク）を迎え、戦国時代に二度目の高峰を迎えた。(2)

特殊な工芸を施したもの、兵器鋳造時の銅・錫・鉛の配分に関する研究の進展、新しい鋳造法（失蝋法）の採用など、これらは一方で王権・貴族の権力の象徴であり、他方、春秋戦国時代において、戦争の回数・規模の拡大によって高まる、兵器の生産・性能に対する要請であった。

殷周時代、最も一般的な青銅兵器は「戈」である（図一）。この日本ではあまりなじみのない形をした兵器は短いもので一メートル半ばの木柲（木の棒）にはめこみ、三カ所ないしは四カ所の穿（穴）より、くくりつけた（図二）(3)。地面につく部分には石突きがつけられた。

「戟」とは戈と矛を組み合わせた兵器である（図三）。長く「戟」の形は謎であったが、汲県山彪鎮一号墓から出土した水陸交戦紋鑑に戈の

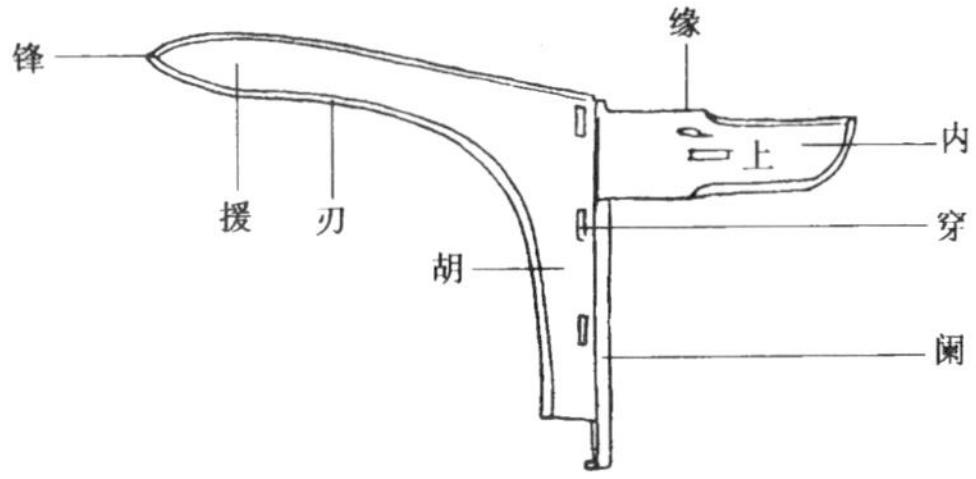

図１　青銅戈
（馬承源主編『中国青銅器（修訂本）』p.23）

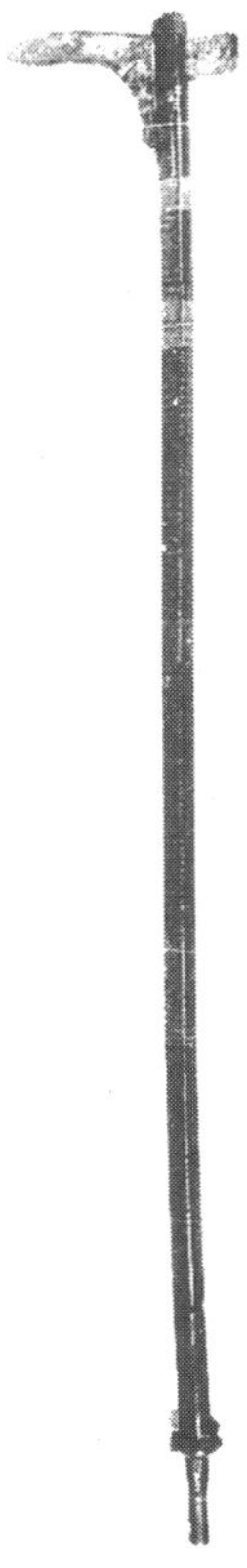

図２　短柄銅戈
（『考古学報』
1972-1図版15）

図３　銅戟
（『輝県発掘報告』図版89：9）

先に矛をつけた兵器が描かれている（図四、次々頁）。

3

殷周時代の青銅戈を広く整理した李健民・呉家安両氏は形態から大きく五種類に分類した（図五）。援・内が一直線のA類戈、胡をもち鈎尺のような形をしたB類戈、三角形をして援の寛いC類戈、同じく三角形だが、援の狭いD類戈、サックのあるE類戈である。興味深いのは西南地区に特徴的なD類戈以外、すでに殷代にすべての形態が出そろっていることである。

本書で扱う戦国時代中原地域の銅戈は概ねB類戈である。戦国時代も時代を下るに従って、内の部分に刃がつけられ、また胡が伸びていく。

その使用法については、林巳奈夫氏の説明がわかりやすい。

然し、頸をねらうのなら何も戈でなくてもよいわけで、その用途のためなら……長刀でも、また……斧斤の類でもよいわけである。何故戈のようなかぎの手になったものを使うかといえば、それは敵の頸を一撃してから、敵を手前に引倒すためにこの形が便利だからである。前五世紀半頃の画像後に表わされた戦闘の図をみると（本書次ページ図四・・下田）、……各図とも中央にみるごとく優勢な側は対手の髪の毛を掴み、或いは掴もうと片手を伸ばしている。戈で頸に一撃を加え、弱った所をそのままぐいと手許に引つけ、のめって来るのをすかさず髪の毛を掴み、そのまま首を落とすというのが白兵戦の常道であったと思われる（旧仮名遣い・旧字体を改めた。……は林氏の引用図番号で本書では省略した。林氏著八〇〜八一頁）。

図４　水陸攻戦紋銅鑑部分（『山彪鎮与琉璃閣』図10：3）

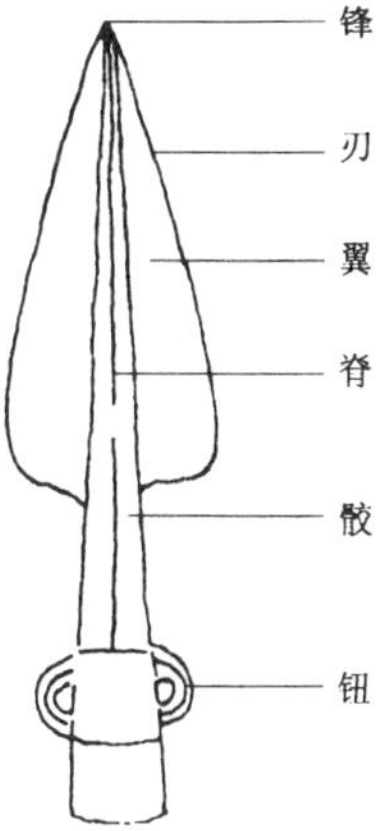

図６　青銅矛
（馬承源主編『中国青銅器(修訂本)』p.38）

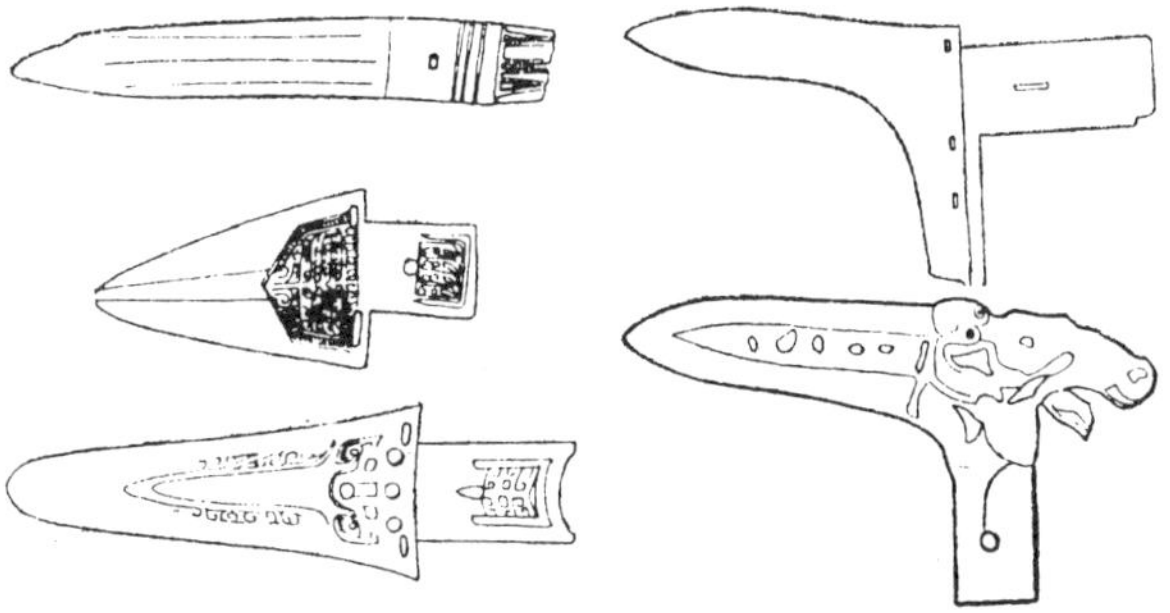

図５　李健民・呉家安両氏による銅戈の分類
（『考古学集刊』7、1991、p.107図３、p.109図４）
①ＡⅠａ型（二里頭）　②ＢⅢａ型（中州路M2719：87）
③ＣⅠ型（藁城台西C：2）　④ＤⅠａ型（彭県16号）
⑤ＥⅢ型（中州路M2719：73）

中原地域では、一九五〇・六〇年代にすでに主要な銅戈・銅戟の出土があった。洛陽中州路二七一七号墓・山西省長治分水嶺一四号墓・河南省輝県琉璃閣七五号墓・五九号墓・汲県山彪鎮一号墓・河北省百家村五三号墓・輝県趙固村一号墓など[4]（本書第五章）。上馬墓地と陝県後川二〇四〇号墓は近年、大部な発掘報告書が出版された[5]。比較的年代を知られる中山王嚳墓（前三一〇年前後）からも四件のこぶりの銅戈が出土している[6]。

中原地域で近年注目されるのは太原趙卿墓である[7]。報告者によって趙孟とされる人物の墓（二五一号墓）から四〇件に及ぶ戈戟、矛・剣などが出土している。なかでも「趙孟之御戈」とされる文字の記された銅戈は墓主の判断材料とされ、趙簡子ないしは趙襄子と考えられている。

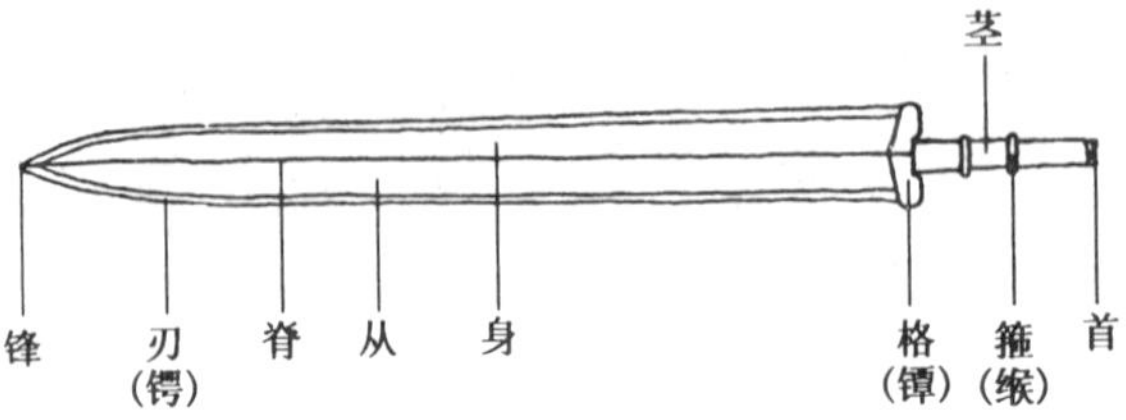

図８　青銅剣（馬承源主編『中国青銅器（修訂本）』p.53）

図７　青銅鈹
（『秦始皇陵考古与発現研究』図101：1）

さらなる考証を要するが、春秋後期後半から戦国前期前半にあたる時期に、大量の銅戈・戟を得られたことは編年研究にも進展をもたらすだろう。

「矛」とは、突き刺す用途に便な形態をし、ソケット状になっていて、木柄に差し込んだ（図六）。李健民氏は戦国時代の青銅矛を網羅的に整理し、骹の側に環耳があるかないかで、A・Bの二大分類を行い、その上で、A類七型、B類十一型に分類されている。ただ、本書所収各論文では、矛について、そこまでの分類を必要としないため、ここでは割愛する。

「鈹」は従来、十分にアイデンティファイされておらず、ときに短剣、ときに矛と命名された（図七）。「鈹」と認知されるようになったのは近二〇年くらいのことである。兵馬俑坑出土の一六件の鈹によって、そのことは明らかになった。鈹の茎に孔があり、木柲の端に差し込んだ。そして青銅釘を刺して固定したという[8]。銅鈹は趙国兵器に多数知られており、本書では銅鈹銘文を素材に戦国後期趙国政治の再構成を行う（本書第四章）。

「剣」は、護身用の兵器としてスタートし、西周期にはすでに見られるというが、当時は貴族同士の車戦が中心であったため、実戦中の作用はそれほど大きくなかったという

（図八）。剣が注目されるのは、春秋後期に出現する呉越兵器からで、その精巧な造りと透かし彫りや美しい鳥虫文字によって、現在では芸術品となっている。その後では、秦の兵馬俑坑から出土した青銅剣で、長さは九〇センチに達する。さらには錆を防ぐため、クロムメッキを施していたとされ、光沢を保っており、その高度な技術力には驚きを禁じ得ない。(9)

一般に、戦国時代は鉄器の時代への移行期と理解されるが、李学勤氏の第二の高峰のとおり、まさに戦国時代は青銅兵器の最盛期といえるだろう。しかし、一方で全盛の中に衰退と次の時代への扉はあるものであり、漢代になると鉄製矛、三国には槍と取って代わられていくのである。

（二）　三晋兵器研究

三晋兵器とは、戦国三晋諸国（韓・魏・趙）において、鋳造された青銅兵器のことをいう。三晋兵器は「青銅兵器学」(10)の中では呉越兵器などに比べて注目されておらず、博物館でも各館数件の展示にとどまる。しかし古文字学においては、(11)重要な研究対象とされ、現在、研究の進展の著しい分野の一つである。

三晋兵器研究の基礎を築いたのは黄盛璋氏である。黄氏の研究は三晋兵器の収集・整理・基礎的な釈読にとどまらない。まず①戦国諸国における三晋の変革の先行性を説き、兵器製造の監督制度を三晋・秦・漢と比較提示して、法治主義との関連を指摘する。また②「庫」（そもそもこの文字も「軍」と読まれていて、黄氏によって「庫」とされた）は従来、器物を収蔵するところと考えられていたが、製造の場でもあることを確認し、さらに③三晋兵器に多数見える地名については、詳細な歴史地理学的考証を経て、三晋兵器の鋳造地の多くが貨幣鋳造の地と重なること、その地は冶鋳業の中心であることを明らかにした。

青銅器の研究は、兵器にとどまらず、その関鍵（キーポイント）はまず分期と分域である。[13] 黄氏の研究はまず分期と分域のための基準を作ったところに最大の成果がある。

黄氏の研究から三〇年を経た現在、ひとまず呉雅芝氏の総述にならえば、銘文の格式・銘文の内容・銘文の書体風格・特定文字の異形現象・専門用語などによって総合的に三晋兵器（さらに、その国別・時期別）と判定することを可能にしている。一例をあげれば、「三級の管理制度」（これは筆者の言葉で、従来は「物勒工名」の問題＝品質を保証するために製造者名を記すようになったこと）を記し、かつ、第一の監督者が県令であり、そして製造者が「冶」であれば（秦国兵器を特徴づける「工」でなければ）、あるいは実際の現場監督者が「工師」で文字が「帀」と合文になっていれば、まずほとんど三晋兵器と考えて誤りはない。その上で「令」（県令）の地名が文献史学において、その時期にどの国に比定されるか、趙国兵器のマークである「執斉」が文末にあるか、韓国兵器のマークである「造」があるかなどの基準により、さらに細かく分域・分期が可能である。[14] なお黄氏は「三晋兵器」の後も精力的に論文を発表されている。それらは本書各論文に取り上げられているので、紹介はここまでとする。

現在、三晋兵器研究は呉振武氏を中心に、台湾の林清源氏、貨幣研究の黄錫全氏・何琳儀氏・呉良宝氏も加わり、董珊氏・蘇輝氏など若手研究者の参加もあり、注目の研究分野に成長している。そして三晋兵器を出発点に、秦国兵器・田斉兵器・燕国兵器と比較が可能であり（楚国兵器は有銘兵器は必ずしも多くない）、それは戦国各国の制度・政治構造の違いを浮き彫りにするだろう。

次に実物に触れることはなかなか叶わないが、特色ある研究を積み上げている日本の中国古代史研究における戦国青銅兵器研究を見てみよう。

（三）日本における戦国青銅兵器研究

日本では、まず器形・使用法と春秋戦国時代文化の基礎的編年を提出した林巳奈夫氏の研究と型式学的編年を考古出土品から作成し、あわせて伝世品をも分期し、「用戈」銘から「造戈」銘への変遷に郡県徴兵制の進展を見た江村治樹氏の研究があげられる。

研究史的には、大陸の銘文偏重の傾向を戒めるところから始まるが、江村氏は、器形の問題にとどまらず、中国古代国家形成史論の主要課題、郡県制の形成に迫るものであった。

次に登場した角谷定俊氏の研究もすぐれた論考であった[15]。佐藤武敏氏の「中国古代の青銅工業」を始めとする一連の工業史研究を新たな素材と石母田正氏の分業論から発展させたものである[16]。秦国兵器を素材に、内史（相邦の下で京師の県を統括する財務・行政機関）と工官の関係（地方は郡が工官を統括）、工官の組織、分業形態（戦国秦における「工」の作業場内分業。「工」は「農」と身分的に区別され「市」において活動）といった官営手工業の展開から国家形成を論じた。

秦律と銅兵器を併せ見れば、戦国秦では上位の機関による各部門の統括が見て取れ、三晋とは様相を異にする。そして秦と漢の継承関係も明瞭である。よく知られる通説を再確認するとすれば、大づかみには三晋→秦→漢という流れがある。

続いて佐原康夫氏は三晋兵器を中心とした青銅器銘文を資料に用い、三晋都市の多くが官僚的に運営される財政機構としての府・庫・倉を備えた軍事都市であったことを想定し、これが県という行政単位をなしていたという。かつ、この軍事的都市としての特徴についていえば、秦の県とも共通する側面を持つという[17]。

また形成過程としては、春秋時代の庫人・府人の〈倉庫番〉としての位置づけを確認し、戦国時代前期には複数の庫が置かれるなど拡大し、中期には官僚組織を持つ国家的財政機構に発展したことを論じた。結果として、変法政治の実効を出土資料から確認し、「都市国家から領土国家へ」の展望までを含む好論である。

筆者の研究は佐原氏の研究と方向をともにする（本書第五章）。使用する資料も新しい材料を含むとはいえ、基本的に同様である。ただ、本書は、「県」制成立過程を綿密に求めることから、平勢氏の紀年研究の成果も参照することで、さらに時期・地域を具体的に明らかにすることだろう。

宮本一夫氏は、青銅兵器の列国単位の型式学的な地域的編年観を得て、江村氏同様に発掘資料からおおまかな地域性と変化状況を確認し、伝世器の銘文内容から国別・編年作業を行う。燕国兵器についてはのちに著作に収録されるにあたり、副葬陶器に関する論文とあわせ、前四世紀後半の復古的改革に王権を背景とした強力な国家権力の形成を読み解く。さらに自立的な「都市」の王氏（王一族と想定）による血族支配を指摘しており興味深い[18]（本書結語第二節）。

最後に吉開将人氏である[19]。吉開氏は青銅器を材料に国家像をとらえ、歴史的に評価していくために、青銅器のライフサイクルの整理と国別・地域別比較を提案する[20]。その一事例研究として、氏は曾侯乙墓出土の戈・戟を取り上げ、「単字模」（活字状の工具・部品に相当する）あるいは複字模の共用関係から「製作単位」に注目し、異質な製作単位の並存・競合段階から単一の製作単位に収斂される、「曾国」における兵器生産体制の再編を読み取った。その行論中の着眼点は一々新鮮で、かつ作業は手堅く、学ぶ所ばかりである。

筆者の河南博物院における鄭韓故城出土銅兵器の実見によれば、鄭韓兵器は戦国後期秦の銅兵器銘文のタガネによる線刻とは異なり、鋳銘のようである。鄭韓兵器の銘文位置は筆者の知る限り、すべて戈の内部であるが、吉開氏の指摘する「反復使用が不可能ではない何らかの工具」については、今後さらに考えていきたい。

以上、筆者はやや詳しく日本における戦国青銅兵器研究を紹介してきた。総じていえることは、資料の性格から帰する所ともいえるが、各論者はそれぞれ中国古代国家論を明確に意識していることであり、その研究の質の高さは群を抜いている。このことについて筆者は二つのことを考えている。

一つは、現在、日本の中国古代史学では簡牘研究に研究者の関心が集中し、そこに大きな成果があることは事実だが、中国古代国家論（とくに戦国国家論）と青銅兵器研究（各論者はもう少し大きく戦国文字・考古遺址・遺物の研究を含んでいる）の総合からなる研究の可能性が、もっと注目されてよいだろう、ということである。

もう一つは、中国における古文字学研究との関係である。黄盛璋氏・李学勤氏はそれぞれ古文字学という枠を越えた研究を進めているが、中国社会科学院・北京大学・吉林大学などを拠点に戦国文字学の分野では、青銅兵器研究は確固たる地位を確立しつつある。一方で、近年発表された楊寛『戦国史（増訂本）』や『趙国史稿』など歴史学の側からの体系においては、必ずしも古文字学の近二〇年の成果が吸収されていないことが気になる。[21] 幸い若手の古文字学研究者は歴史学へのアプローチを意図しており、扉は開かれつつあるだろう。

注

（1）以下、本節に述べる概論は、林巳奈夫『殷周時代の武器』（京都大学人文科学研究所、一九七二年）、王振華『商周青銅兵器』（古越閣、一九九三年）、袁仲一主編『秦始皇帝陵兵馬俑辞典』（文匯出版社、一九九四年）、『中国古代兵器』（陝西人民出版社、一九九五年）、陳芳妹「商周青銅兵器発展的主要趨勢—商周青銅兵器研究之二」（『故宮青銅兵器図録』国立故宮博物院、一九九五年）、朱鳳瀚『古代中国青銅器』（南開大学出版社、一九九五年）、郭淑珍・王関成『秦軍事史』（《秦俑・秦文化》

叢書、陝西人民教育出版社、二〇〇〇年）、劉秋霖ほか編『中国古代兵器図説』（天津古籍出版社、二〇〇二年）、馬承源主編『中国青銅器（修訂本）』（上海古籍出版社、二〇〇三年）などを主に参照。

（2）李学勤「青銅兵器的発展高峰」『中国文物世界』一九九三年九九期（『四海尋珍』清華大学出版社、一九九八年所収）。

（3）湖南省博物館「長沙瀏城橋一号墓」（『考古学報』一九七二年第一期、六四頁、図五）、湖北省荊州地区博物館『江陵雨台山楚墓』（文物出版社、一九八四年、図版四二）、河南省文物研究所『信陽楚墓』（二号墓、図七八、一九八六年）、河南省文物考古研究所編『新蔡葛陵楚墓』（大象出版社、図三三、二〇〇三年）。

（4）中国科学院考古研究所『洛陽中州路（西工段）』（科学出版社、一九五九年）、山西省文物管理委員会「山西長治市分水嶺古墓的清理」（『考古学報』一九五七年第一期）、郭宝鈞『山彪鎮与琉璃閣』（科学出版社、一九五九年）、河北省文化局文物工作隊「河北邯鄲百家村戦国墓」（『考古』一九六二年第一二期）、中国科学院考古研究所『輝県発掘報告』（科学出版社、一九五六年）。

（5）山西省考古研究所『上馬墓地』文物出版社、一九九四年。中国社会科学院考古研究所編『陝県東周秦漢墓』科学出版社、一九九四年。

（6）河北省文物研究所『𠁧墓―戦国中山国国王之墓』上・下、文物出版社、一九九六年。

（7）山西省考古研究所『太原晋国趙卿墓』文物出版社、一九九六年。

（8）ソケット状のものもある（前掲『中国古代兵器』一三一頁）。

（9）鶴間和幸『始皇帝の地下帝国』講談社、二〇〇一年、四二～四四頁。

（10）朱丹『青銅兵器』雲南人民出版社、二〇〇五年。

（11）現代中国の研究者のいうところの「古文字学」とは、「文字学」と同じではなく、出土文字資料の研究を指し、考古学・歴史学・語言文字学の間にある。古文字学は一般に、甲骨学・金文研究・戦国文字研究・簡帛研究の四つの分野に分かれ、それぞれ専門の研究者が従事する（李学勤「二十一世紀的古代文明研究」『中国古代文明十講』復旦大学出版社、二〇〇三年、二一一頁。原載、『在二十一世紀的地平線上』東方出版社、二〇〇一年）。

（12）黄盛璋「試論三晋兵器的国別和年代与其相関問題」『考古学報』一九七四年第一期（『歴史地理与考古論叢』斉魯書社、一

九八二年に一部追記の上、所収)。以降、「三晋兵器」と略称。

(13) 李学勤「青銅器的研究及其展望」『天津市歴史博物館館刊』一九九四年第四期(『中国古代文明十講』復旦大学出版社、二〇〇三年所収)。

(14) 呉雅芝「戦国三晋銅器研究」第五章、『国立台湾師範大学国文研究所集刊』第四一号、一九九七年。

(15) 角谷定俊「秦における青銅工業の一考察―工官を中心に―」『駿台史学』五五、一九八二年。

(16) 佐藤武敏「中国古代の青銅工業」『中国古代工業史の研究』吉川弘文館 一九六二年。石母田正「日本古代における分業の問題」『古代史講座九　古代の商業と工業』学生社、一九六三年(『石母田正著作集二　古代社会論』岩波書店、一九八八年所収)。

(17) 佐原康夫「戦国時代の府・庫について」『東洋史研究』第四三巻第一号、一九八四年(『漢代都市機構の研究』汲古書院、二〇〇二年所収)。

(18) 宮本一夫「七国武器考―戈・戟・矛を中心にして―」(『古史春秋』第二号、一九八五年)、「戦国燕とその拡大」『中国古代北疆史の考古学的研究』中国書店、二〇〇〇年。

(19) 吉開将人「曾侯乙墓出土戈・戟の研究―戦国前期の武器生産をめぐる一試論―」『東京大学文学部考古学研究室研究紀要』第一二号、一九九四年。同「先秦期における単字模鋳造法について―曾侯乙墓出土青銅器群を中心に―」『東洋文化研究所紀要』一二九冊、一九九六年。

(20) 「青銅器のライフサイクル」とは、採鉱→精錬→鋳造→分配・流通→使用→廃棄・遺棄・副葬、の各段階を包括したもの、という(吉開前掲「曾侯乙墓出土戈・戟の研究」四三頁注五)。

(21) 楊寛『戦国史(増訂本)』(上海人民出版社、一九九八年)、沈長雲ほか『趙国史稿』(中華書局、二〇〇〇年)。李学勤氏は北京師範大学での講演にて、中国国内において歴史学と考古学の溝通(意思の疎通・交流)が必ずしも十分ではないことを指摘し、それは教育体制や考え方に帰因するものとする。そして二一世紀の古代研究を展望し、両学問分野のさらなる交流と人類学・民族学・美術史など近隣科学の成果の吸収を求める(「中国古代文明研究一百年」『中国古代文明十講』復旦大学出版社、二〇〇三年、一三～一四頁。原載『著名学者北師大演講集』人民出版社、二〇〇二年)。

第一章　韓国兵器の基礎的考察（上）

——鄭韓故城出土銅兵器を中心に——

はじめに

河南省新鄭県に位置する鄭韓故城は、春秋戦国期の鄭・韓両国の都城である。鄭の東遷から、前三七五年の韓による征服を経て、前二三〇年の同国の滅亡まで、五〇〇年以上にわたる都だった。鄭韓故城の発掘は、河南省の考古関係者を中心に一九六〇年代に開始された。現在までに、東西二城からなる故城の西城からは宮殿・宗廟遺址が、東城からは鋳鉄・鋳銅・製陶・製骨・製玉遺址や春秋・戦国墓等が出土している。一九二三年、いわゆる「新鄭彝器」を出土した李家楼の鄭公大墓は西城南部にあたる(1)。

一九七一年十一月、東城の東南部白廟村から大量の有銘銅兵器が出土した（図一参照）。出土兵器は銅戈八〇余件、銅矛八〇余件、銅剣二件の総計一八〇件あまり、そのうち有銘兵器が一七〇件を越えるという（ただし、公開されているものは二七件(2)）。それらの兵器の時期はおおむね戦国後期のものとされている（詳細は後述）。すでに、鄭韓故城出土銅兵器（以下、鄭韓兵器と略称）銘文については郝本性・黄盛璋両氏の基礎的研究があり、銘文解釈に関していえば一定の水準に達している(3)。両氏の研究を受け、本邦でも八〇年代に佐原康夫氏は財政機構との関連から、江村治樹氏は都市論から整理・検討されている。(4) 秦漢帝国論の基礎の上に新出資料の歴史的意義がそれぞれ位置づけられた。

近年、台湾の呉雅芝氏は戦国三晋諸国の青銅器銘文を網羅的に整理され、黄氏の研究を補足・修正している。(5) こうした研究状況にあって、まさに屋下に屋を架す観もあるのだが、筆者は先学によってこれまであまり指摘されることのなかった着眼点—人名への注目—から、新出の資料も含め、再整理することにした。鄭韓兵器と関連兵器の整理・分析から、戦国韓国の県制・官僚制の整備過程、権力構造の特質に迫りたいと考えている。

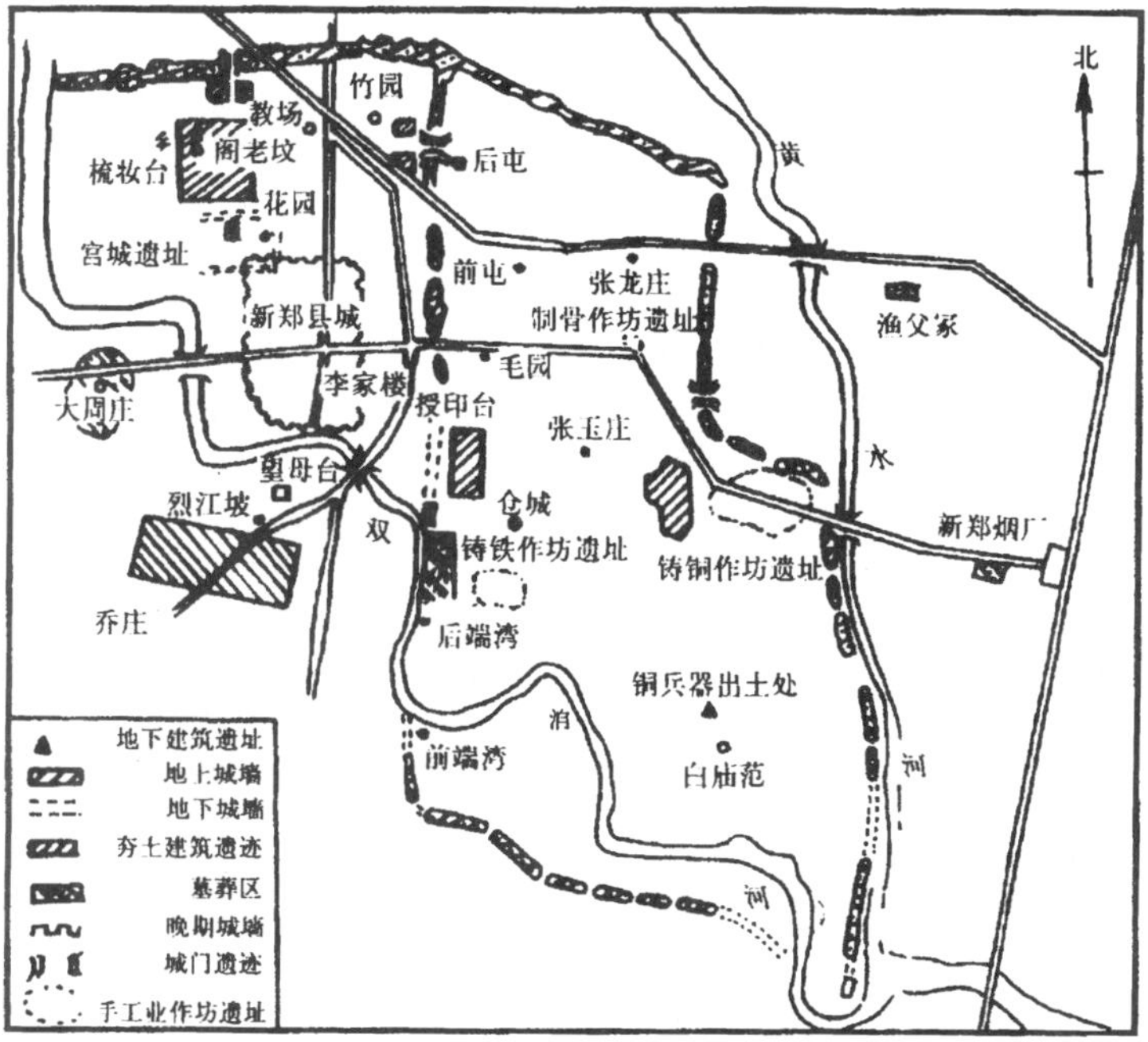

図1　新鄭鄭韓故城平面図（『河南考古探索』p.426より）

一　鄭韓故城出土銅兵器について

本節では、郝本性氏の報告と研究に基づき、鄭韓兵器の出土状況と器形、銘文鋳刻の特徴について確認しておきたい。

一九七一年十一月、白廟范村の人民公社社員が農地をならしていたとき、地表から約〇・四メートルのところで、口径約〇・六メートル、

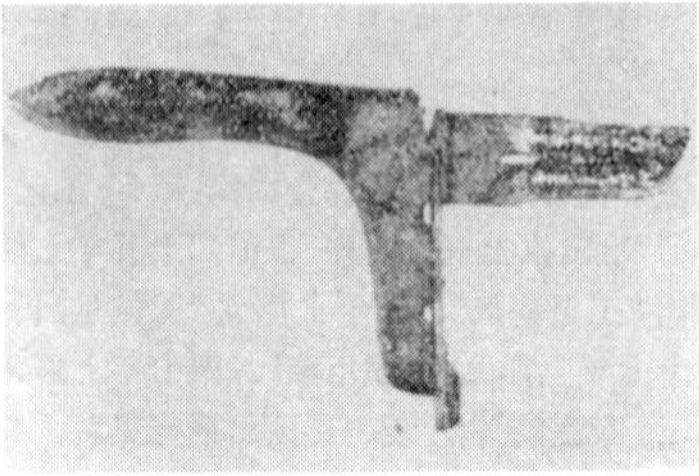

図２　Ⅱ式銅戈

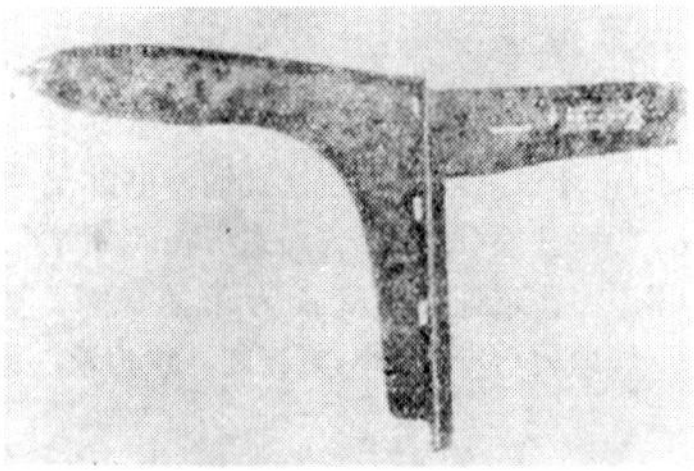

図３　Ⅲ式銅戈

深さ約〇・三六メートルの不規則形の土坑が現れ、その坑内より大量の銅兵器が出土した。報告を受けた河南省博物館（現在の河南博物院）は人員を派遣し、広さ二メートル、長さ五メートルのトレンチを掘った。兵器坑の周囲は戦国文化層で、その下には戦国時期の方形竪井戸一個が積み重なっていた。郝氏は地層状況と出土陶器の形式から、兵器坑の年代は戦国後期に相当するという(6)。

　銅戈の器形について、郝氏は鄭韓兵器の銅戈八〇余件をⅠ式～Ⅵ式の六種に分類している(7)。そのうちⅠ式には内に刃がなく、やや時代的に古いものと思われる。Ⅱ式（図二）と件数最多というⅢ式（図三）には、内の三辺に刃があるようである。鄭韓兵器は残念なことに銘文部位の写真しか公開されておらず、その大部分は全形を知ることができない。その中で郝氏前掲論文の図五（本章図二）はⅡ式であるが、「王三年鄭令戈」（次節掲載の本章12番兵器）の全形写真のようである(8)。Ⅲ式はⅡ式に比べ、援と内がそれぞれ先端に向かって微妙にはねあがっており、かつ胡は長い。Ⅱ式より後代のものであるのだろう。Ⅳ式・Ⅴ式・Ⅵ式については、とげがあったり、胡に四つの穿があったり、とひとくせあるのだが、いずれも戦国中後期の特徴を示すものだろう。矛についても郝氏は五種類に分類する(9)。矛は戈ほどに器形に変化が見られず、時期の判断は難しい。戦国期の青銅矛を分類した李健民氏によれば、鄭韓兵器の矛は中後期の特徴を備えるものとする(10)。

　銅兵器銘文の検討に移る前に、銘文に関して、郝氏は興味深い事実を指摘している。鄭韓兵器の銘文は①鋳込まれているもの（本章の図四・図一七など多数）、②刻したもの（図二五）、③鋳込んだあと刻するもの（図二八・図三一）の三種類ある。[11]③は鋳造後、うまく文字を読みとることができなかったために刻んで文字を記したのだろう。細かい気配りは、背後に罰則の存在を予測させる。ものによっては、文字をバランスよく配置するためか、升目のあるものもある（図二三など）。銘文の部位について、戈では、銘文の大部分は内に記されていたが、両面に記されているものもあり、また矛はおよそ矛骹に記されたが、身に記されたものもあるという。[12]

以上、鄭韓兵器の出土状況、器形、銘文の特徴などを見てきた。ただここに一つ問題がある。郝氏は右記の通り器形を分類されたのだが、同氏の簡報に掲載された写真は銘文部位のみで器形との対応関係は不明である。またこれらの兵器をモノとして扱うには、全長・内・胡・援各部のサイズや重量などを知りたいところだが、公開されていない。そうした問題点をふまえた上で、次に、鄭韓兵器の銘文を整理・検討しよう。

二　鄭県の令　—鄭韓故城出土銅兵器銘文を中心に—

（一）　資料の紹介

前節では、鄭韓故城出土銅兵器の出土状況・器形・銘文鋳刻の特徴などについて概観した。器形の分類は大筋の時期区分に有効であるが、厳密な編年は難しい。ここに銘文解釈が力を発揮する。本節では鄭韓兵器と関連兵器の銘文を整理・検討していく。

釈文はなるべく銘文の文字に近い形でおこし、その上でどう読むか、諸説をふまえ、筆者の判断で作成した。編年や国別には銘文の解釈・変化とともに、字形へのこだわりが直接に関わっていく。煩瑣になってしまったことを先にお断りしておく。また銘文のあとには器種と出土地あるいは代表的な著録・旧蔵者などをあげた。本章注のあとに出典を整理したので、あわせて参照されたい。なお、これら一群の鄭韓兵器は現在、河南博物院に所蔵されている。

（1）奠（鄭）右庫（戈、図四）
（2）奠（鄭）右庫（矛、図五）
（3）奠（鄭）左庫（矛）
（4）鄭左庫（戈、一九五九年湖南長沙柳家大山一一号墓出土、図六）
（5）奠（鄭）武庫（戈、図七）
（6）奠（鄭）武庫（戈、陳介祺旧蔵、図八）
（7）奠（鄭）生庫（戈、図九）
（8）奠（鄭）生庫（戈、一九八二年湖南漵浦県馬田坪四一号墓、図一〇）
（9）奠（鄭）生庫　戜（戟）朿（刺）（矛、図一一）
（10）奠（鄭）武庫、冶期（器種不明、端方旧蔵、図一二）
（11）王二年、奠（鄭）命（令）韓□、右庫工帀（師）鼦鹰▨（戈、図一三）
（12）王三年、奠（鄭）命（令）韓熙、右庫工帀（師）史袑（狄）、冶□（戈、図一四）
（13）六年、奠（鄭）命（令）韓熙、右庫工帀（師）司馬鴡、冶狄（戈、三代19・52・1、図一五）
（14）九年、奠（鄭）倫（令）向𤽷（彊）、司茷（寇）零（露）商、武庫工帀（師）盥（鋳）章、冶狽（矛、図一六）
（15）十四年、奠（鄭）命（令）肖（趙）距、司茷（寇）王䐗、武庫工帀（師）盥（鋳）章、冶□（戈、図一七）

(16) 十五年、奠（鄭）倫（令）肖（趙）距、司宼（寇）壴（彭）璋、右庫工帀（師）塦（陳）坓（平）、治贛（戈、図一八）
(17) 十六年、奠（鄭）命（令）肖（趙）距、司宼（寇）壴（彭）璋、生庫工帀（師）皇佳、治瘔（戈、図一九）
(18) 十七年、奠（鄭）命（令）𢀛（茲）恒、司宼（寇）鼓（彭）璋、武庫工帀（師）皇○日□、治狃（戈、図二〇）
(19) 廿年、奠（鄭）倫（令）韓恙、司宼（寇）乂裕、右庫工帀（師）張阪、治贛（戈、図二一）
(20) 廿一年、奠（鄭）命（令）艐□、司宼（寇）乂裕、左庫工帀（師）吉忘、治綻（戈、図二二）
(21) 卅一年、奠（鄭）命（令）桓淊、司宼（寇）肖（趙）它、生庫工帀（師）皮耴、治君（尹）启（啓）（戈、図二三）
(22) 卅二年、奠（鄭）倫（令）桓淊、司宼（寇）肖（趙）它、生庫工帀（師）皮耴、治君（尹）坡（矛、図二四）
(23) 卅三年、奠（鄭）命（令）桓淊、司宼（寇）肖（趙）它、生庫工帀（師）皮耴、治君（尹）启（啓）散（造）（剣、図二五）
(24) 卅四年、奠（鄭）倫（令）桓淊、司宼（寇）肖（趙）它、生庫工帀（師）皮耴、治君（尹）坡散（造）（矛、図二六）
(25) 元年、奠（鄭）倫（令）桓淊、司宼（寇）芋慶、生庫工帀（師）皮耴、治君（尹）貞散（造）（矛、図二七）
(26) 二年、奠（鄭）倫（令）桓淊、司宼（寇）芋慶、生庫工帀（師）皮耴、治君（尹）坡散（造）𢦏（戟）束（刺）（矛、図二八）
(27) 三年、奠（鄭）倫（令）桓淊、司宼（寇）芋慶、左庫工帀（師）郘斫、治君（尹）弨散（造）（矛、図二九）
(28) 四年、奠（鄭）倫（令）韓半、司宼（寇）長（張）朱、武庫工帀（師）弗悉、治君（尹）鼓散（造）（戈、図三〇）
(29) 五年、奠（鄭）倫（令）韓〔半〕、司宼（寇）長（張）朱、右庫工帀（師）皂（春）高、治君（尹）端散（造）（戈、図三一）

（30）五年、奠（鄭）命（令）韓半、司伇（寇）長（張）朱、左庫工帀（師）陽㑌、冶君（尹）弖散（造）（矛、丁樹楨旧蔵、図三二）
（31）六年、奠（鄭）倫（令）兖曽、司伇（寇）向□、左庫工帀（師）全（倉）慶、冶君（尹）□散（造）（戈、図三三）
（32）七年、奠（鄭）倫（令）兖曽、司伇（寇）史陘、左庫工帀（師）全（倉）慶、冶君（尹）㢡散（造）（矛、図三四）
（33）八年、奠（鄭）倫（令）兖曽、司伇（寇）史陘、右庫工帀（師）皂（春）高、冶君（尹）□散（造）（戈、図三五）

（二）鄭韓故城出土兵器の書式

以上、三三件のうち、二七件が鄭韓兵器である。(13) 黄盛璋氏は韓国兵器の書式から次の四タイプに分類している。(14)

（1）式＝鄭武（左・右・生）庫（本章の兵器番号1～9）
（2）式＝鄭×庫冶×（10）
（3）式＝×年鄭令×、武（左・右・生）庫工師×、冶（冶君）×（11～13）
（4）式＝×年鄭令×、司寇×、武（左・右・生）庫工師×、冶（冶君）×（14～33）

黄氏は地方の県令監造の兵器にもこの分類が適用されると考えていると思われる。ただし、そのことは編年との関わりからも重要である。(15) なおこの分類に対し、高明氏はやや異なった四分類を示している。違いは（2）式の部分で、高氏は「鄭×庫冶×」を（1）式に含めるのか、代わりに「××年、××令×、工師×、冶×」とし、確かに地方鋳造の兵器を見るとこのタイプを別に立てる理由も理解できる。(16) 本章ではひとまず黄氏の分類に依っておく。黄氏は三晋兵器を整理した上で、兵器銘文の書式から「簡式」・「繁式」・「最繁式」に分類している。(17) すでに江村氏に要を得た紹介もあるので、ここでは繰り返さないが、鄭韓兵器に即していえば、（1）・（2）式が「簡式」にあたり、（3）式が「繁式」、（4）式が「最繁式」にあたる。時代が進むに従って監造（鋳造監督者）・主造（現場監督者）・製造（実際の製造者）の関係は複雑になっており、管理体制が強化されているようである。

鄭韓故城には武庫・左庫・右庫・生庫の四カ所の武器庫があった。「生」の字をどのように解するかについては諸説あってはっきりしない。(18) 時期としては戦国前期から戦国中期のものと思われる。すでに指摘される通り、三晋の「庫」は、武器収蔵庫であるだけでなく、鋳造機構でもあった。(19) そして時を追って大規模化していったことだろう。(20)

（三）　銘文釈読上の諸問題

編年作業に入る前に、鄭韓故城出土銅兵器の銘文釈読上のいくつかの問題を取り上げる。

まず（4）の「鄭」の字にはおおざとがついている（図六参照）。ほかの鄭韓兵器にはおおざとはついておらず、胡に銘のある点など、なかなか異色である。周世栄氏は本器を「戟形銅戈」と呼んでいる。(21)

続いて、いくつか人名釈読上の問題を検討する。（14）の鄭県の令「向彊」について、黄盛璋氏は「宜彊」、集録は「向佃」、何琳儀氏・『金文引得』は「向佃」と読んでいるが、郝本性氏・『集成釈文』・湯余恵氏らのように「向弫（彊）」と読む方がよいようである（図一六参照）。(22)（19）・（20）の司寇「火裕」について、郝氏は「呉裕」と読んでいたが、三晋璽印の文字（『古璽彙編』1173・1181など）とも異なり、書き留めるまでにした（図二一・二二参照）。なお『集成釈文』は「扶裕」と読む。(23)（29）・（33）の右庫工師「皂高」についても、郝氏は文字をおこすまでであったが、黄氏は一歩進めて「皂」字を「春」と読んでいる。伝世品に春成侯鐘があり、黄氏によれば、未公開の鄭韓兵器中にも「春成君」「春成□相邦」の銘を持つ兵器があるという（図三一・三五参照）[24]。

戦国各国の銅兵器銘文には、武器の種類を自称したり、製造工程を記すなどして、鋳造責任者の記載方式以外にも国別を判断できる材料がある。（23）～（33）に見える「造」字には春秋戦国文字に異体が多く、林清源氏は二十三タイプの異形現象を取り上げている[25]。また、実際の鋳造者を三晋では「冶」と読んだが、この字の異形現象も著しく、林清源氏は五十八種類の異体をあげている[26]。黄盛璋氏によれば「冶」字は「二・火・刀（刃・斤）・口」の四要素から構成され、精錬の過程をそれぞれ示しているという[27]。本章では、あまりに煩雑になるから、「冶」字を原字に近い形で記すことは見送った。それから、（9）・（26）の「戟（戟）束（刺）」とは韓国兵器の特殊用語である。戟の「刺」の部分を指しているようで、未公開を含め八件の矛に見られるという[28]。

そのほかにも銘文の釈読にあたっては、解釈の違いや未解読文字など多数の問題があるが、引き続き編年作業に入ろうと思う[29]。

（四）編年作業

本節では、以下に（11）～（33）の銅兵器について、編年作業を試みる。日本の先秦・秦漢史研究では、これまで黄氏の研究について、機構的整備の過程の方に注意が向けられていた。また大陸での銘文偏重の動向に対して、器形の整理に向かうことになった[30]。しかし、黄氏の研究はもう一つ重要な問題提起を行っていた。それが編年作業である。氏は一覧表などにして明瞭に示すことはなかったし、また続出する新出兵器に対しては個別に文章を発表するという形を取ったため、これまであまり注目されることはなかった。幸い、呉雅芝氏も筆者と同様の指向をもって、考古・古文字学の立場から修士論文（国立台湾師範大学）をまとめ、すでに発表している（前掲論文）。呉氏は筆者と問題関心を異にするが、参考に供するところ大である。なお、別に検討するように新出の地方鋳造韓国兵器の公開や新たな研究の展開により、呉氏の編年作業は一部変更を迫られている。ただ、鄭韓兵器の編年に限っては、筆者と共通しており、ここでは筆者の観点から再整理した。

表一は黄氏の「繁式」・「最繁式」にあたる鄭韓兵器銘文の編年表である。

編年根拠はおよそ黄茂琳（盛璋）論文に基づく。氏によれば、新鄭八号戈（本章兵器番号11）にみえる「韓熙」を『戦国策』韓策三に登場する「韓熙」と比定する。[31]その上で文意から、趙国の相邦建信君と対する韓熙の地位はほぼ同等と推定し、韓熙は韓国の政権を担当するものと解釈した。一方、氏は、伝世の建信君三年から八年の銘を持つ兵器の紀年を、文信侯呂不韋の記載などを頼りに[32]趙孝成王三年から八年（前二六三～前二五八）と判断し、それは韓桓恵王の十年から十五年にあたる。韓熙については、伝世兵器拓本にも「六年鄭令韓熙」

〔表一　鄭県の令〕

番号	官　名	人名	時　　期
11	県令（鄭）	韓□	桓恵王２年　271B.C.
12	県令（鄭）	韓熙	桓恵王３年　270B.C.
13	県令（鄭）	韓熙	桓恵王６年　267B.C.
14	県令（鄭）	向彊	桓恵王９年　264B.C.
15	県令（鄭）	趙距	桓恵王14年　259B.C.
16	県令（鄭）	趙距	桓恵王15年　258B.C.
17	県令（鄭）	趙距	桓恵王16年　257B.C.
18	県令（鄭）	茲恒	桓恵王17年　256B.C.
19	県令（鄭）	韓恙	桓恵王20年　253B.C.
20	県令（鄭）	舵□	桓恵王21年　252B.C.
21	県令（鄭）	楕涵	桓恵王31年　242B.C.
22	県令（鄭）	楕涵	桓恵王32年　241B.C.
23	県令（鄭）	楕涵	桓恵王33年　240B.C.
24	県令（鄭）	楕涵	桓恵王34年　239B.C.
25	県令（鄭）	楕涵	王安元年　238B.C.
26	県令（鄭）	楕涵	王安２年　237B.C.
27	県令（鄭）	楕涵	王安３年　236B.C.
28	県令（鄭）	韓半	王安４年　235B.C.
29	県令（鄭）	韓〔半〕	王安５年　234B.C.
30	県令（鄭）	韓半	王安５年　234B.C.
31	県令（鄭）	肖㬉	王安６年　233B.C.
32	県令（鄭）	肖㬉	王安７年　232B.C.
33	県令（鄭）	肖㬉	王安８年　231B.C.

（13）とあり、以上によって、少なくとも桓恵王三年から六年までは彼が鄭県の令であり、九年には向彊にかわっており、韓熙自身については相国に昇進した、という認識を示した。[33]ただし、建信君兵器の編年については、近年、別の問題も出てきており、そのまま従うわけにはいかない。[34]とはいえ、韓熙を『戦国策』韓策三に登場する「韓熙」に比定すること、桓恵王三年・六年に編年することは、書式の連続性からも概ね諒とされてよいかと思う。以下、（14）九年鄭令戈より監督者に鄭令のほかに「司寇」が加わり、（21）卅一年鄭令戈より鋳造者「冶」の部分が主造者「冶尹」にかわっている。その他の編年根拠は郝本性・黄茂琳両論文によって示されているので参照されたい。[35]

（五）鄭県の令（県令）の交替

表一を見てみると、一つの興味深い事実を発見する。鄭県の令について、韓熙（12～13　270B.C.～267B.C.）→向彊（14　264B.C.）→趙距（15～17　259B.C.～257B.C.）→茲恒（18　256B.C.）→韓恙（19　253B.C.）→鮀□（20　252B.C.）→楕湽（21～27　242B.C.～236B.C.）→韓半（28～30　235B.C.～234B.C.）→𡨦曾（31～33　233B.C.～231B.C.）と、県令が次々と代わっている。確かに韓熙の場合、桓恵王七・八年の間に別人が入る可能性もあり、また韓熙と向彊、向彊と趙距の間にも同様の可能性があるから、必ずしもこの矢印の順序に進むわけではない。しかし、趙距から茲恒、楕湽から韓半、韓半から𡨦曾のように紀年の連続している例もあり、およそ当事者の在任期間を窺える。長い者では、楕湽が最低でも七年間、鄭県の県令であった。趙距も三年間は担当しただろうし、𡨦曾は三年、韓半は二年である。必ずしも何年という任期があったようには見えない。それから、彼らの離職理由は明らかではない。黄氏のいうような昇進の例もあるだろうし、配置転換・死亡など推測するが、よくわからない。

以上から、鄭県のみの事例ではあるが、かなり詳細に県令の担当者とその在任期間・交替を見ることができた。一九八〇年代以降の中国考古学の黄金時代とはいえ、管見の限り、先秦・秦漢期で一つの県の県令の交替をこれほどまで丁寧にたどれる例を筆者は知らない(36)。そしてこの人名を検討するときに、もう一つ大きな事実に気づかされる。ただ、そのことは司寇の交替を見たあとに述べることにしよう。

（六）鄭県の司寇の交替

司寇の職が銘文に登場するのは桓恵王九年（前二六四）からである。表二を見れば、露商から史陘まで、数年おきに交替しているようである。これも県令と同じく、露商と王𢨋の間や火裕と趙它の間に別人の入る可能性はある。とはいえ、趙它は最低四年は職にあっただろうし、彭璋も最低三年、芋慶は三年間、司寇の職にあった。司寇の職も特に固定された任期があったわけではないようである。

〔表二　鄭県の司寇〕

番号	官　名	人名	時　　期
14	司寇	露商	桓恵王９年　264B.C.
15	司寇	王𢨋	桓恵王14年　259B.C.
16	司寇	彭璋	桓恵王15年　258B.C.
17	司寇	彭璋	桓恵王16年　257B.C.
18	司寇	彭璋	桓恵王17年　256B.C.
19	司寇	火裕	桓恵王20年　253B.C.
20	司寇	火裕	桓恵王21年　252B.C.
21	司寇	趙它	桓恵王31年　242B.C.
22	司寇	趙它	桓恵王32年　241B.C.
23	司寇	趙它	桓恵王33年　240B.C.
24	司寇	趙它	桓恵王34年　239B.C.
25	司寇	芋慶	王安元年　238B.C.
26	司寇	芋慶	王安２年　237B.C.
27	司寇	芋慶	王安３年　236B.C.
28	司寇	張朱	王安４年　235B.C.
29	司寇	張朱	王安５年　234B.C.
30	司寇	張朱	王安５年　234B.C.
31	司寇	向□	王安６年　233B.C.
32	司寇	史陘	王安７年　232B.C.
33	司寇	史陘	王安８年　231B.C.

司寇の職は刑徒を掌るといい、確かに秦の影響を受けて、桓恵王九年から遠くない時期に、刑徒を武器鋳造に使い始めた可能性はある。県令・司寇については、各時期一名と考えてきたが、各庫の工師についてもいえるようである。たとえば武庫工師の

鋳章（14〜15　264B.C.〜259B.C.）・圭庫工師の皮耴（21〜26　242B.C.〜239B.C.）などのように、彼らは数年間当該職務にあったと、私は理解する。ただ冶尹については同じ王安五年の兵器で、（29）端と（30）弫がおり、冶尹はそれぞれの庫に属していたのだろう。なお、工師とは百工の長とされ（『荀子』王制篇）、また管理責任を問われるところの官職（『呂氏春秋』孟冬紀）であった。そして冶尹とはすなわち冶のことで、兵器合金の比率を掌る官職（『周礼』考工記）とされる。(37)

（七）　残された課題

以上、鄭韓兵器の釈読・編年作業をふまえ、鄭県の令と司寇の担当者の交替を見てきた。本節では、先に留保したもう一つの興味深い事実について指摘したい。

それは県令の担当者に韓氏一族が多く見られるということである。たとえば、（12）・（13）の「韓熙」・（19）「韓恙」・（28）〜（30）「韓半」といった人物である。このことは地方鋳造兵器を見ることで、いっそう理解されることなのだが、戦国韓国における血縁原理の重視を見て取ることができる。また韓氏族員ばかりでなく、趙氏一族の県令就任と司寇担当が見られる（15〜17の鄭県令「趙距」と21〜24の司寇「趙它」）。韓氏と趙氏は春秋晋国における有力世族であった時代から、友好関係にあり、また趙武霊王は韓の女を娶っており、婚姻関係にあった。

いずれにせよ、戦国韓国において、なぜ宗室一族が多く中央・地方の要職を担当しているのか、そのことのもつ同時代的な意味・論理を検討すべきである。

なお、中央の兵器鋳造機構には、そのほかに冢子系兵器が知られている。すでに資料の紹介は江村氏によってなされており、(38)ここでは繰り返さない。ただ、仮に李学勤氏のように「冢子」を「庖宰」と解して飲食を掌る官職と考えるにせよ、[39]黄盛璋氏のように太子のことと考えるにせよ、[40]その監造者は「韓熷」・「韓担」といった韓氏一族なのであり、宗室の監督するもう一つの武器製造機構が存在したことは注目に値する。その編年は桓恵王の十八年（前二五五年）、十九年（前二五四）、三十年（前二四三）とほぼはっきりしており、戦国韓国の後期にそうした機構を必要とした理由について、今後さらに考えていきたい。

おわりに

本章では、鄭韓故城出土の銅兵器を中心に、基礎的な釈読・編年作業を進めてきた。これらの銅兵器銘文は戦国韓国の県制・官僚機構の理解から、政権上層部の構成・手工業機構の解明に至るまで、極めて重要な素材を提供してくれる。戦国韓国の権力構造については別の機会にまとめたので、[41]ここでは繰り返さないが、これらの資料群の資料的価値はもっと注目されてよいだろう。

最後に本章の作業の意義を従来の基礎研究との関係で述べれば、以下の通りである。

本章では、第二節において鄭韓兵器の釈読・編年作業を行い、一覧表を作成した。これによって、鄭県の令や司寇などの交替の実態が明らかとなり、秦漢県制の前史に貴重な基礎資料を提供することになった。あたりまえといえばそうかもしれないが、すでに県令の世襲は廃されている。また、韓氏一族の県令への就任が明らかになり、権力構造にしめる宗室の重みを再認識することになったが、一方で、官僚機構を支える一歯車として異姓とともに位置づく宗室のあり方も具体的に確認できた。そこからは戦国後期、同国における能力主義と血縁主義の折衷の様相がうかがえる。そして、さらに興味深いことには趙氏一族の県令・司寇の着任も明らかとなり、既存文献からも知られていた韓氏・趙氏の良好な関係を裏付けることになった。魏氏・田氏などの存在はまだ韓国兵器からは知られていないが、六国宗室貴族間の相互関係の検討に道を開く可能性を持つだろう。

戦国銅兵器の銘文は短文のものが多いとはいえ、戦国各国で文体・形式に個性があり、各国の官僚機構・手工業機構の解明にとどまらず、各国の社会のありよう・権力関係などを読み解く上でも魅力的な資料である。筆者は中原地域の国家形成と権力構造の研究のために、今後もこうした基礎作業を進めていきたい。

注

(1) 河南省博物館新鄭工作站・新鄭県文化館「河南新鄭鄭韓故城的鉆探和試掘」『文物資料叢刊』三、一九八〇年。李宏「新鄭鄭韓故城考古概述」河南博物院・台北国立歴史博物館編『新鄭鄭公大墓青銅器』大象出版社、二〇〇一年ほか。

(2) 郝本性「新鄭〝鄭韓故城〟発現一批戦国銅兵器」『文物』一九七二年第一〇期。

(3) 郝前掲論文。黄茂琳（盛璋）「新鄭出土戦国兵器中的一些問題」『考古』一九七三年第六期（『歴史地理与考古論叢』斉魯書社、一九八二年所収）。

(4) 佐原康夫「戦国時代の府・庫について」『東洋史研究』第四三巻第一号、一九八四年（『漢代都市機構の研究』汲古書院、二〇〇二年所収）。江村治樹「戦国出土文字資料概述」林巳奈夫編『戦国時代出土文物の研究』京都大学人文科学研究所、一九八五年（『春秋戦国秦漢時代出土文字資料の研究』汲古書院、二〇〇〇年に補訂の上、所収）。

(5) 呉雅芝「戦国三晋銅器研究」『国立台湾師範大学国文研究所集刊』第四一号、一九九七年。

(6) 郝前掲論文三二一頁。

(7) 郝前掲論文三三三頁。

(8) 呉雅芝前掲論文六四三頁

(9) 郝前掲論文三三三頁。

(10) 李健民「戦国青銅矛」中国社会科学院考古研究所編『中国考古学論叢』科学出版社、一九九三年、三四〇頁。
(11) 郝前掲論文三四頁。
(12) 郝前掲論文三四～三五頁。
(13) そのほか劉雨・盧岩編著『近出殷周金文集録　四』（中華書局、二〇〇二年、以下『近出』と略称）一一六五番に収録された太原収集の一件の銅戈「鄭□造□□□□」がある（原載は張徳光「太原揀選一件韓国銅戈」『文物』一九八六年第三期、二七頁。張氏は三字目を「敬」と読む）。しかし腐食のため大部分の文字が読めず、銘文形式も異例であることから、ここには含めなかった。
(14) 黄盛璋「試論三晋兵器的国別和年代及其相関問題」『考古学報』一九七四年第一期、一四～一五頁、前掲書所収。
(15) 戦国韓国の地方鋳造兵器をめぐっては、拙稿「戦国韓国の地方鋳造兵器をめぐって―戦国後期韓国の領域と権力構造―」『学習院史学』第四三号、二〇〇五年（本書第二章）。
(16) 高明『中国古文字学通論』北京大学出版社、一九九六年、四三六～四三七頁。なお、何琳儀『戦国文字通論（訂補）』（江蘇教育出版社、二〇〇三年、一一七頁）は黄氏の分類に依っている。
(17) 黄前掲「試論三晋兵器的国別和年代及其相関問題」四三頁。
(18) 裘錫圭氏は「市」と解し（「戦国文字中的〝市〟」『考古学報』一九八〇年第三期、『古文字論集』中華書局、一九九二年所収）、黄盛璋氏は「寺」（「寺工新考」『考古』一九八三年第九期）、徐中舒氏は「皇」（『殷周金文集録』四川人民出版社、一九八四年）、何琳儀氏は「襄」とする（「戦国兵器銘文選釈」『考古与文物』一九九九年第五期、『古文字研究』第二〇輯、二〇〇〇年）。
(19) 江村前掲書一九三頁。
(20) 佐原前掲書一三七頁。
(21) 周世栄「湖南楚墓出土古文字叢考」『湖南考古輯刊』第一集、一九八二年、八七頁。同「湖南出土戦国以前青銅器銘文考」『古文字研究』第一〇輯、一九八三年、二四八頁。

(22) 黄茂琳前掲論文三七九～三八〇頁、何琳儀『戦国古文字典』下冊、中華書局、一九九八年、一一二三頁。華東師範大学中国文字研究与応用中心編『金文引得（春秋戦国巻）』広西教育出版社、二〇〇二年、七四六九・一一六八二番。郝前掲論文三五頁。中国社会科学院考古研究所編『殷周金文集成釈文』第六巻、香港中文大学中国文化研究所、二〇〇一年、一一五五一番。湯余恵主編『戦国文字編』福建人民出版社、二〇〇一年、八三二頁。

(23) 前掲『殷周金文集成釈文』第六巻、一一三七二番と一一三七三番。

(24) 黄盛璋「三晋銅器的国別、年代与相関制度」『古文字研究』第一七輯、一九八九年、一八～一九頁。

(25) 林清源「従『造』字看春秋戦国文字異形現象」謝雲飛等著／輔仁大学中国文学系所中国文字学会主編『中国文字学国際学術研討会論文集』第三届、輔仁大学出版社、一九九二年。

(26) 林清源「戦国〝冶〟字異形的衍生与制約及其区域特徴」陳勝長主編『第二届国際中国古文字学研討会論文集（続編）』問学社有限公司、一九九五年。また拙稿「戦国韓の有銘青銅兵器について（補論）―『冶』字の分類を兼ねて―」（太田幸男・多田狷介編『中国前近代史論集』汲古書院、二〇〇七年）を参照。

(27) 黄盛璋「戦国〝冶〟字結構類型与分国研究」常宗豪主編／国際中国古文字学研討会論文集編輯委員会編輯『古文字学論集』初編、香港中文大学中国文化研究所、一九八三年。

(28) 郝本性「新鄭出土戦国銅兵器部分銘文考釈」『古文字研究』第一九輯、一九九二年、一一六頁。

(29) そのほか、鄭韓兵器の釈読・編年・書体・形式などの基本問題については、前掲の呉雅芝氏が周到に整理しているので、そちらを参照されたい。

(30) 本邦において古典的な位置にある林巳奈夫『中国殷周時代の武器』（京都大学人文科学研究所、一九七二年）のほか、江村治樹「春秋戦国時代の銅戈・戟の編年と銘文」『東方学報』五二、一九八〇年（江村前掲書所収）や宮本一夫「七国武器考―戈・戟・矛を中心にして―」『古史春秋』第二号、一九八五年など。

(31) 『戦国策』韓策三（四二六）「建信君軽韓熙。趙敖為謂建信侯曰、（中略）今君之軽韓熙者、交善楚魏也。秦見君之交反善於楚魏也、其収韓必重矣。」なお、引用記事の通番は近藤光男訳『戦国策』（全釈漢文大系、集英社、一九七五～七九年）による。

(32)『戦国策』趙策三（二五六）に「希写見建信君。建信君曰、文信侯之於僕也、甚無礼」とある。なお、呂不韋が丞相となり、文信侯に封ぜられたのは、荘襄王の立年（前二五一年）のことである（『史記』巻八十五呂不韋列伝）。

(33) 黄茂琳前掲論文三七六〜三七七頁。

(34) 呉振武「趙武襄君鈹考」（『文物』二〇〇〇年第一期）等。趙国兵器の編年問題については、近年進展があり、筆者は別の機会に検討を準備している（本書第四章）。

(35) そのほか一般的な編年の根拠を示せば、戦国韓の王号採用は威侯（のちの宣恵王）八年（前三二六）のことであるから、「王二年」は襄王二年（前三一〇）を遡ることはあり得ない。また銘文には十七年以降の紀年をもつ兵器があり、とりわけ三〇年を超える紀年をもつものも四件知られるが、襄王の卒年は十六年であり、次の釐王も二十三年までで、以上から桓恵王期のものであることがわかる。なお桓恵王の卒年は三十四年（前二三九）で、最後の王安は九年に秦の虜となる。あとは監造者・主造者・製造者の連続と官職の前後関係などから編年を行い、それを一覧にまとめたものが本章の表一である。

(36) 近年注目の出土資料では、尹湾漢墓簡牘（一九九三年出土、一九九七年報告書出版）と張家山漢簡（一九八三年出土、二〇〇一年報告書出版）が挙げられる。前者は東海郡の吏員の構成と人数、長吏名籍など地方統治の豊富な内容を記す。後者は呂后二年とされる《二年律令》を含み、秩律には各官職の官秩や県名などを記す。ただいずれも数十年にわたる県令の交替を明らかにするものではない。一部公開された里耶秦簡（二〇〇二年出土、二〇〇三年簡報）についても同様である。資料の性格も異なり、多言無用であろう。

(37) 郝前掲論文三六・三七頁。

(38) 江村前掲書一九三〜一九四頁。

(39) 李学勤「湖南戦国兵器銘文選釈」『古文字研究』一二、一九八五年、三三〇頁。

(40) 黄盛璋「関于魯南新出趙𢀛工剣与斉工師銅泡」『考古』一九八五年第五期、四六三頁。

(41) 拙稿「戦国韓国の権力構造―政権上層部の構成を中心に―」『史海』第五一号、二〇〇四年（本書第三章）。

著録一覧（本章の兵器図版の写真・拓本は集成に、模写は集録による。その他は別にまるで囲って示した。）

（1）鄭韓兵器1号・図17　集録139　総集10・7376　集成17・10995　戦国三晋020　金文引得7069・11300
（2）鄭韓兵器2号・図18　集録140　総集10・7625　集成18・11485　戦国三晋021　金文引得7425・1161
（3）鄭韓兵器3号・図欠　戦国三晋019
（4）文物1960–3、p.27、図28下　湖南考古輯刊1、1982、p.90図2.1　古文字研究10、1983、p.271図20　総集10・7375　集成17・10994　戦国三晋018　金文引得7061・11297
（5）鄭韓兵器4号・図19　集録141　総集10・7377　集成17・10991　戦国三晋022　金文引得7061・11296
（6）三代19・32・2　奇觚10・14・1　小校10・28・2　周金6・54前　題銘概述p.60　三晋兵器p.14（1）　総集10・7366　集成17・10990　戦国三晋023　金文引得7061・11295
（7）鄭韓兵器5号・図20　集録142　総集10・7378　集成17・10993　戦国三晋025　金文引得7064・11298
（8）文物資料叢刊10、1987、p.94図14　集成17・10992　戦国三晋024　国別特質p.194　金文引得7064・11297
（9）鄭韓兵器6号・図21　集録143　総集10・7632　集成18・11507　戦国三晋026　金文引得7439・11638
（10）三代18・31・1　陶斎5・30　題銘概述p.60　総集10・7952　集成18・11590　戦国三晋027　金文引得7496・11721
（11）鄭韓兵器7号・図22　集録144　総集10・7528　集成17・11328　戦国三晋028　金文引得7284・11090
（12）鄭韓兵器8号・図26　考古1973–6、p.375図5・1　集録145　総集10・7546　集成17・11357　戦国三晋029　金文引得7324・11092
（13）三代19・52・1　文物1959–8、p.60　考古1973–6、p.375図1・3　総集10・7512　集成17・11336　戦国三晋036　金文引得7303・10951
（14）鄭韓兵器9号・図24　考古1973–6、p.375図5・5　集録146　総集10・7657　集成18・11551　戦国三晋040　金文引得7469・11682
（15）鄭韓兵器10号・図27　集録147　総集10・7558　集成17・11387　戦国三晋043　金文引得7348・11040

（16）鄭韓兵器11号・図28　集録148　総集10・7559　集成17・11388　戦国三晋044　金文引得7346・11041
（17）鄭韓兵器12号・図29　集録149　総集10・7560　集成17・11389　戦国三晋045　金文引得7347・11042
（18）鄭韓兵器13号・図版4・1　集録150　総集10・7561　集成17・11371　戦国三晋046
（19）鄭韓兵器14号・図版5・4　総集10・7553　集成17・11372　戦国三晋050
（20）鄭韓兵器15号・図30　考古1973-6´ p.375図5・6　総集10・7562　集成17・11373　戦国三晋051
（21）鄭韓兵器16号・図版4・4　総集10・7563　集成17・11398　戦国三晋053
（22）鄭韓兵器17号・図版4・6　集録151　総集10・7663　集成18・11555　戦国三晋054　金文引得7472・11686
（23）鄭韓兵器18号・図25　考古1973-6´ p.375図5・4　集録152　総集10・7739　集成18・11693　戦国三晋055　金文引得7536・11824
（24）鄭韓兵器19号・図版4・2　総集10・7667　集成18・11560　戦国三晋056
（25）鄭韓兵器20号・図版5・5　集録153　総集10・7664　集成18・11552　戦国三晋057
（26）鄭韓兵器21号・図版5・1　総集10・7668　集成18・11563　戦国三晋058
（27）鄭韓兵器22号・図23　総集10・7665　集成18・11559　戦国三晋059
（28）鄭韓兵器23号・図版4・5　考古1973-6´ p.375図5・2　集録154　総集10・7568　集成17・11384　戦国三晋060　金文引得7344・11060
（29）鄭韓兵器24号・図版5・2　考古1973-6´ p.375図5・3　集録155　総集10・7569　集成17・11385　戦国三晋062　金文引得7351・11123
（30）三代20・40・5　貞松12・16・2　文物1959-8´ p.60　考古1973-6´ p.375図1・2　総集10・7652　集成18・11553　戦国三晋063
（31）鄭韓兵器25号・図版5・6　総集10・7570　集成17・11397　戦国三晋064
（32）鄭韓兵器26号・図版4・3　総集10・7666　集成18・11554　戦国三晋066
（33）鄭韓兵器27号・図版5・3　総集10・7571　集成17・11386　戦国三晋067

図四Ａ　鄭右庫戈（1）

図四Ｂ　鄭右庫戈（1）

図五Ａ　鄭右庫矛（2）

図五Ｂ　鄭右庫矛（2）

図六　鄭左庫戈（4）

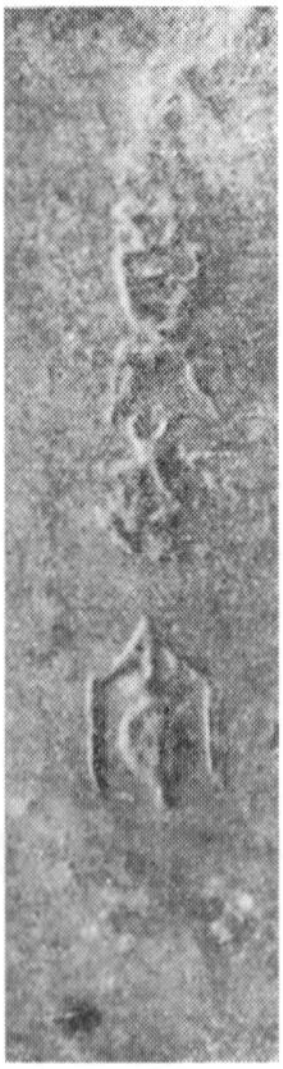

図七Ａ　鄭武庫戈（5）

図七Ｂ　鄭武庫戈（5）

図八　鄭武庫戈（6）

図九A　鄭㞷庫戈（7）

図九B　鄭㞷庫戈（7）

図一〇　鄭㞷庫戈（8）

図一二　鄭武庫？（10）

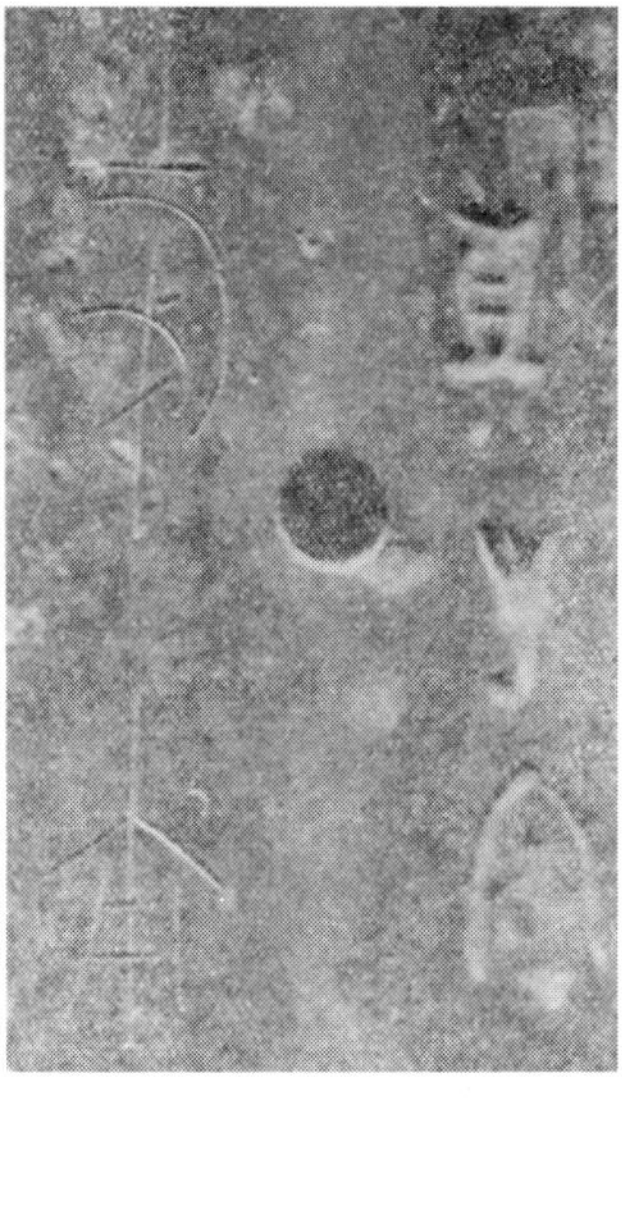
図一一A　鄭㞷庫矛（9）

図一一B　鄭㞷庫矛（9）

図一三A　王二年鄭令戈（11）

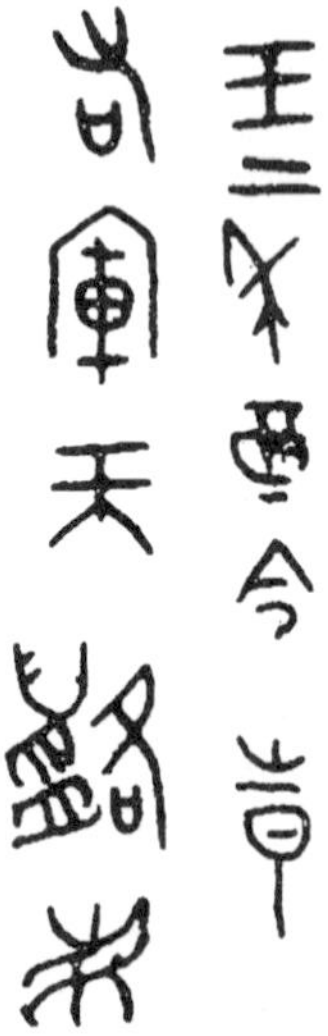

図一三B　王二年鄭令戈（11）

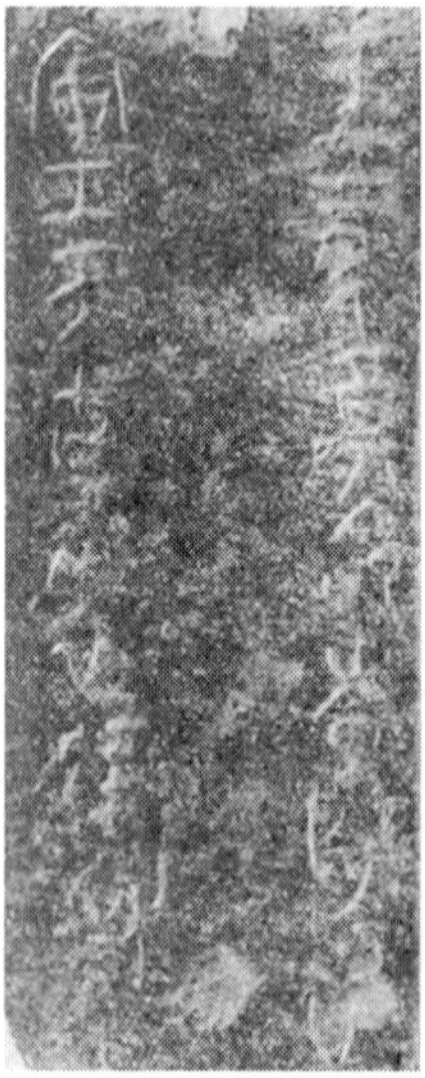

図一四A　王三年鄭令戈（12）

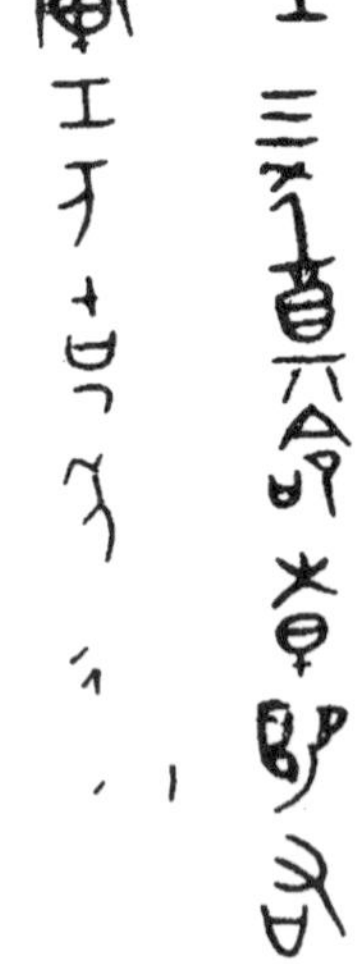

図一四B　王三年鄭令戈（12）

図一六A　九年鄭令矛（14）

図一六B　九年鄭令矛（14）

図一七A　十四年鄭令戈（15）

図一七B　十四年鄭令戈（15）

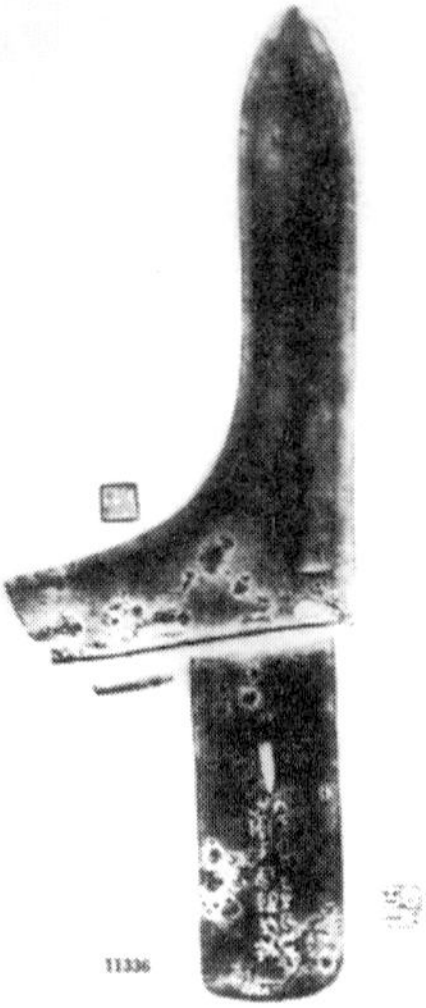

図一五　六年鄭令戈（13）

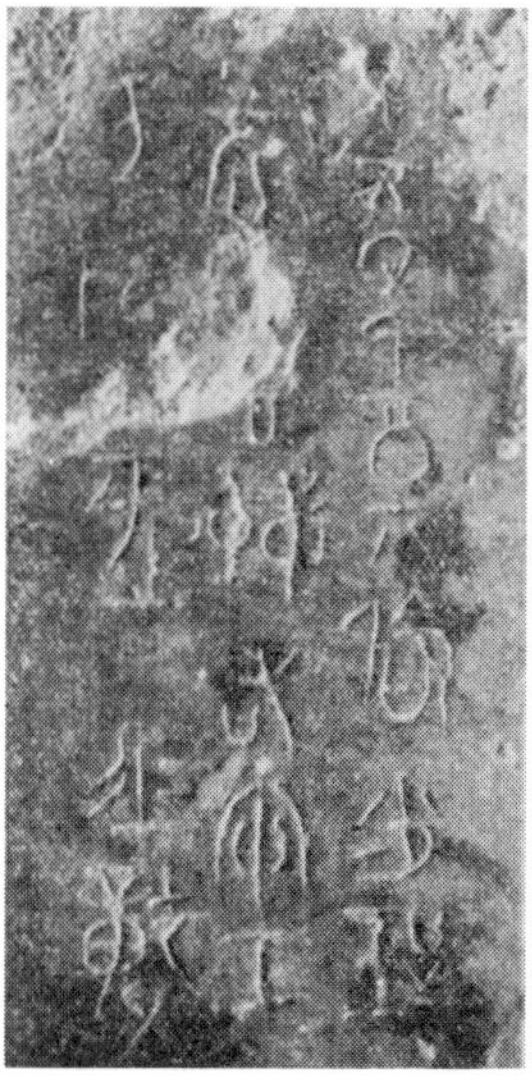

図一八A　十五年鄭令戈（16）

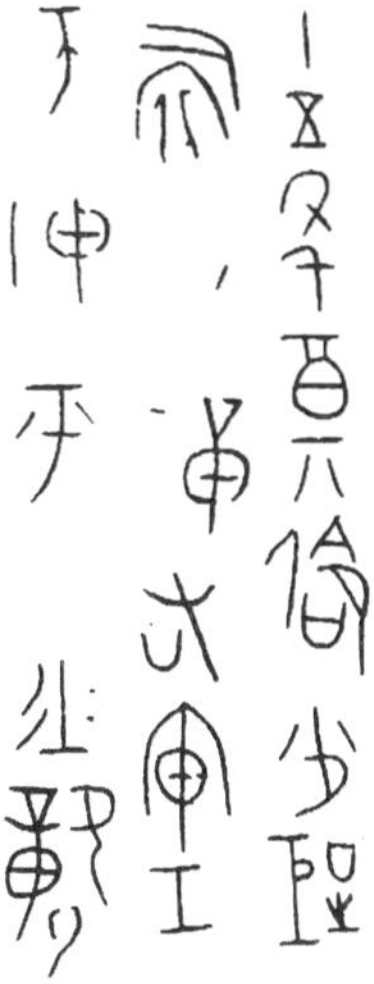

図一八B　十五年鄭令戈（16）

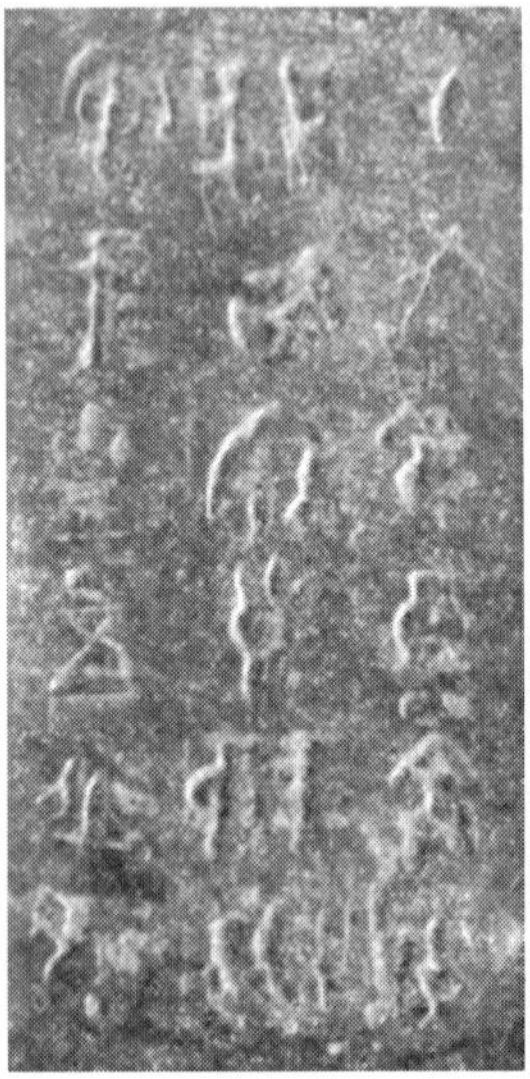

図一九A　十六年鄭令戈（17）

図一九B　十六年鄭令戈（17）

図二〇A　十七年鄭令戈（18）

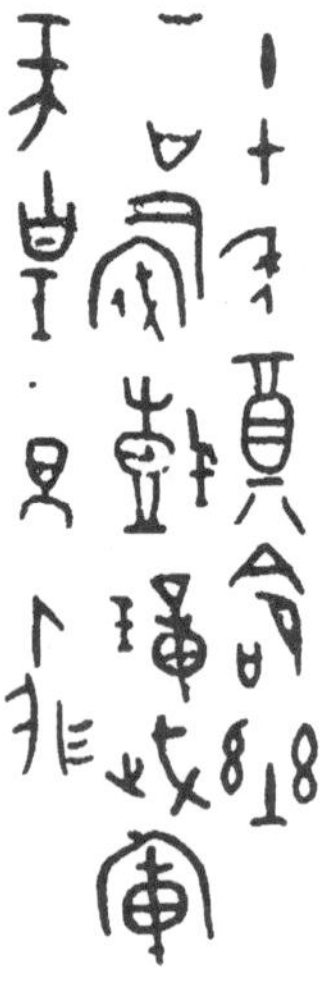

図二〇B　十七年鄭令戈（18）

図二一　廿年鄭令戈（19）

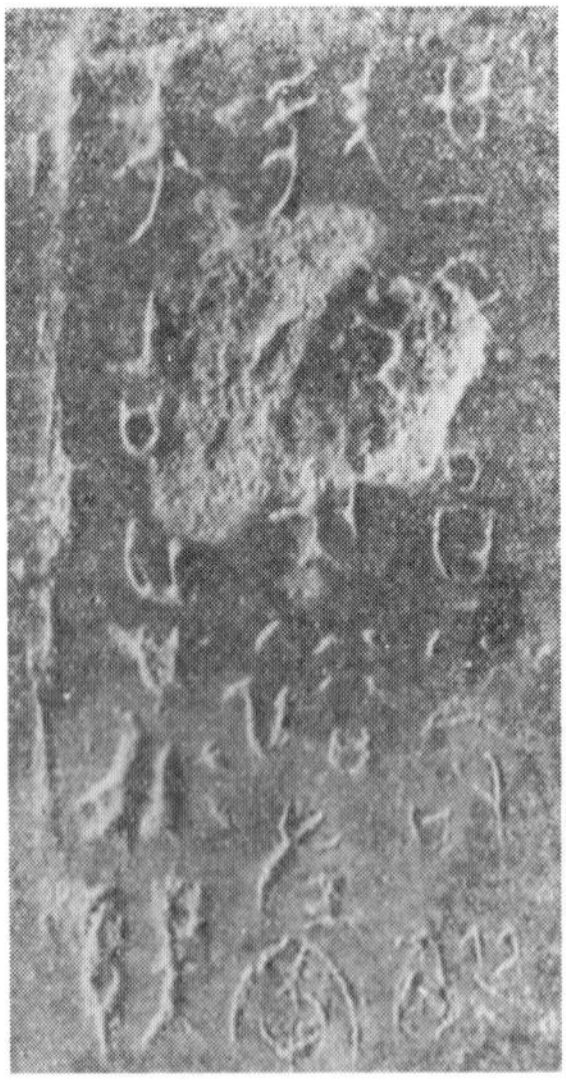

図二二　廿一年鄭令戈（20）

図二三　卅一年鄭令戈（21）

図二四A　卅二年鄭令矛（22）

図二四B　卅二年鄭令矛（22）

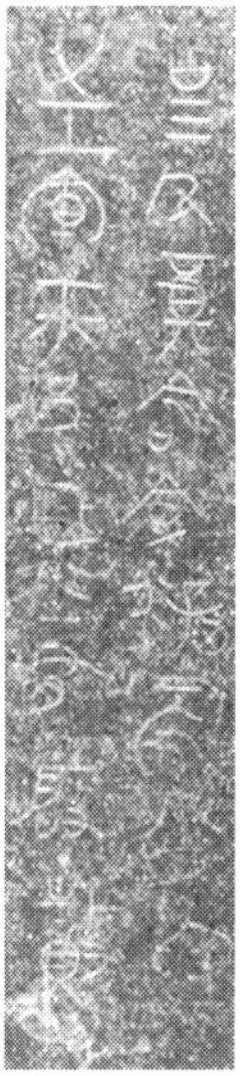

図二五A　卅三年鄭令剣（23）

図二五B　卅三年鄭令剣（23）

図二六　卅四年鄭令矛（24）

図二八　二年鄭令矛（26）

図二七A　元年鄭令矛（25）

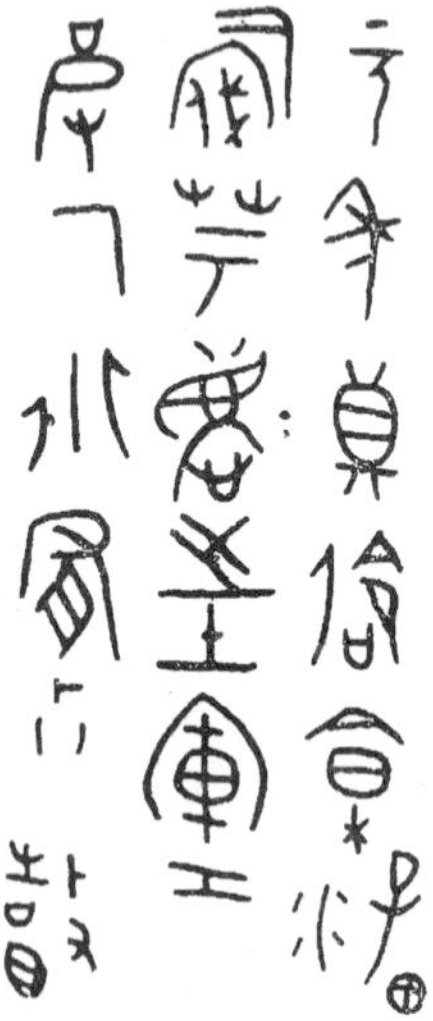
図二七B　元年鄭令矛（25）

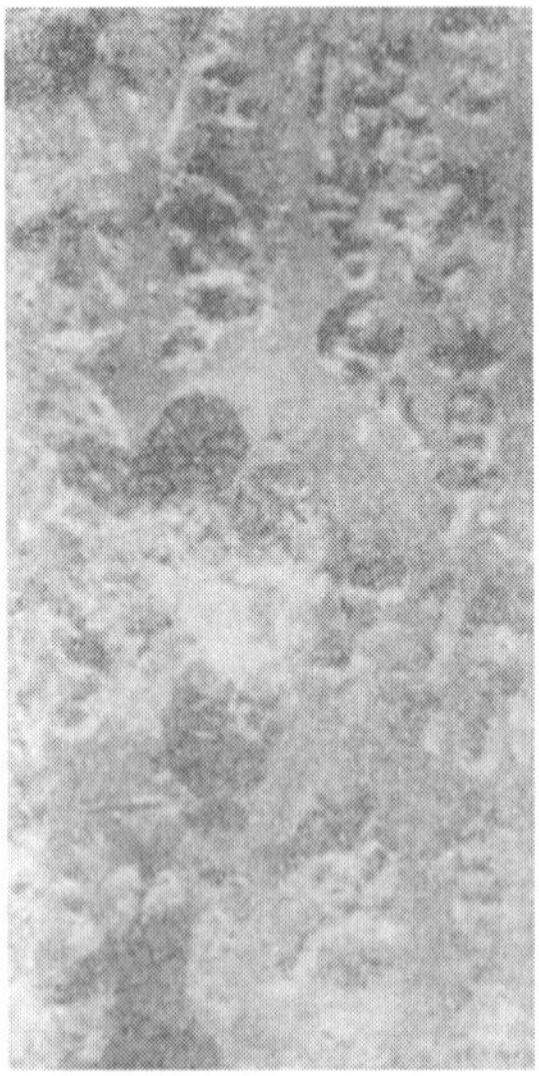
図二九　三年鄭令矛（27）

図三〇A　四年鄭令戈（28）

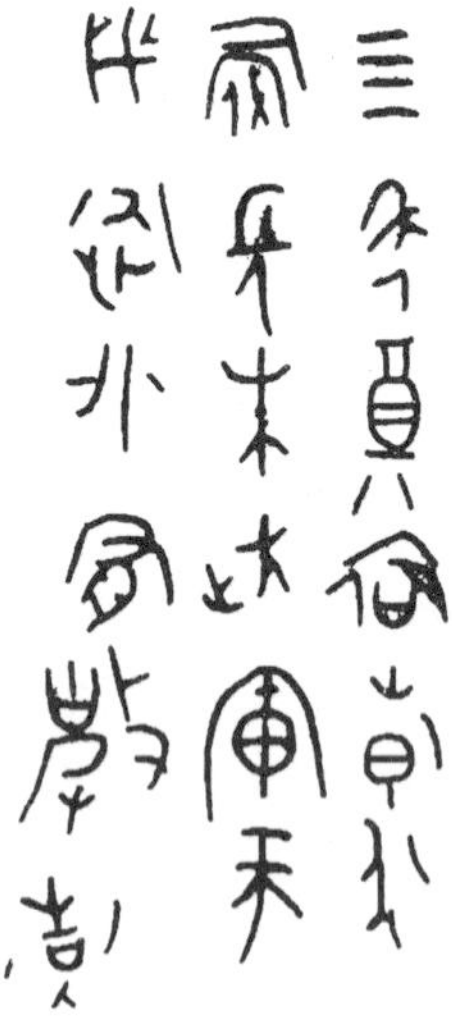
図三〇B　四年鄭令戈（28）

図三二　五年鄭令矛（30）

図三一A　五年鄭令戈（29）

図三一B　五年鄭令戈（29）

図三三　六年鄭令戈（31）

図三四　七年鄭令矛（32）

図三五　八年鄭令戈（33）

第二章　韓国兵器の基礎的考察（下）

——戦国韓国の地方鋳造兵器を中心に——

はじめに

筆者は前章において、鄭韓故城出土の銅兵器を整理・検討し、戦国後期韓国における県令の交替と韓氏一族の要職就任を指摘した。(1) しかし、地方鋳造の兵器については取り上げることができず、いまだ韓国兵器全体にわたる検討には至らなかった。筆者の主張は、地方鋳造兵器と併せ見ることでいっそう補強されるものと考える。

第二章では、戦国韓国の地方鋳造兵器を中心に、その出土・伝世の経緯や器制、釈読・編年といった基礎作業を進める。その上で筆者が関心を持つ権力構造の問題について論を進めたい。なお、検討の結果、戦国後期韓国の領域についても、従来あまり知られることのなかった理解を示すことになった。

一　資料の紹介

戦国韓国の地方製造の銅兵器は管見で三〇件ほど確認している。そこには地名が記されており、（6）からのものには紀年も記されている。地名はおおむね戦国韓の「県」名のようである。(2) 地名については、銅兵器のほか、銅器・貨幣・璽印・陶文からも知られており、体系的な整理の必要性を感じている。

（1）〜（5）の事例は地名のみ記すものである。（1）銘文の「露」は漢の上党郡潞県（現在の山西省潞城市）、江村治樹氏は器形から春秋後期後半のものとする。(3)（2）閼輿（与）は山西省沁県、（3）屯留は山西省屯留県、（4）盧氏と（5）格氏は後述する。(4)

以下、本章では、前章との関連から「物勒工名」形式の銅兵器（6）〜（31）を主対象に、釈読・編年・地名考証を行う。出典については、本章末の著録一覧をご参照いただきたい。

ところで、江村氏の整理・紹介は概ね一九九七年までの出土文字資料であったが、その後（二〇〇四年一〇月現在）にも注目すべき発見や新たな釈読が現れている。(5) とりわけ蔡運章氏による宜陽銅戈の紹介を受けた黄錫全「新見宜陽銅戈考論」(6) や黄盛璋氏の釈読を一部訂正する呉振武「東周兵器銘文考釈五篇」は従来の編年作業に重大な変更を迫った。(7) また『近出殷周金文集録』に収録された六年陽城令戈や(8)『四川考古報告集』の表紙を飾る七年盧氏令戈、(9) 香港某私人所蔵の六年襄城令戈の「発見」(10) などは、貴重な事実を改めて私たちに教えることになった。本章では新出兵器を中心に基礎作業を進めたい。

（1）⿱雨各（露）（戈、一九八三年山西省潞城市潞河戦国墓出土）
（2）閼輿（戈、一九七五年山西省臨県窰頭古城出土、山西省博物館蔵）
（3）屯留（戈、一九七七年遼寧省建昌県石仏公社湯土溝大隊西北山出土、朝陽市博物館蔵）
（4）盧氏（戈、一九七三年安徽省阜陽県廃品倉庫揀選、安徽阜陽地区博物館蔵）

（5）格氏、冶𩏂（矛、故宮博物院蔵）
（6）〔二一（?）年、命（令）〕𠕇（麗）𧫷（諄）、宜陽右庫工帀（師）長（張）埔、冶市（戈、一九九九年河南省宜陽県韓城郷城角村出土、図一①②）
（7）二年、命（令）𠕇（麗）𧫷（諄）、宜陽右庫工帀（師）長（張）圤、冶瘍（戈、二〇〇〇年黄錫全氏鑑定、図二①②）
（8）二年、命（令）𠕇（麗）𧫷（諄）、宜陽右庫工帀（師）長（張）彧、冶兌（戈、董珊氏臨写、図三）
（9）四年、命（令）韓訷、宜陽工帀（師）播憙、冶庶（戈、中国国家博物館蔵、図四①②）
（10）三年、𠍡余命（令）韓譙、工帀（師）罕瘳、冶𨸏（戈、羅振玉旧蔵、図五①②）
（11）三年、𠍡余命（令）韓譙、工帀（師）罕瘳、冶𨸏（戈、故宮博物院蔵、図六①②）
（12）三年、𠍡余命（令）韓譙、工帀（師）罕瘳、冶竈（戈、上海博物館蔵、図七）
（13）七年、盧氏命（令）韓歳（?）厥、工帀（師）司馬隊、作余（余）（戈、四川省滎経県同心村出土、図八①～③）
（14）八年、亲（新）城大命（令）韓定、工帀（師）宋費、冶褚（戈、一九四二年安徽省寿県出土、図九）
（15）十一年、咎（皐）茖（落）太命（令）少斤㖃、工帀（師）舒憙、冶午（戈、一九八六年河南省伊川県出土、図一〇）
（16）十六年、喜倫（令）韓䲨、左庫工帀（師）司馬裕、冶何（戈、故宮博物院蔵、図一一①②）
（17）王二年、成算令佃章、工帀（師）事□、冶□（車軎、南陽市博物館蔵）
（18）王三年、昜（陽）人命（令）卒止、左庫工帀（師）□、冶□（戈、小校10・33・1）
（19）五年、桐丘命（令）脩、工帀（師）章（竜）、冶金（?）（戈、一九八四年湖南省古丈県白鶴湾楚墓二八号墓出土、図一二①～③）
（20）六年、格氏命（令）韓臾、工帀（師）亘（恒）公（宮）、冶焦（戈、湖南省博物館蔵、図一三）

(21) 六年、陽城命（令）韓季、工帀（師）憲、冶□（戈、一九八七年三月河南省登封市告成郷八方村出土、河南省文物研究所蔵、図一四）

(22) 七年、侖（綸）氏命（令）韓化、工帀（師）栄原、冶謀（戈、故宮博物院蔵、図一五）

(23) 九年、京令□▨／▨工師有、冶▨（戈、カナダ、ロイヤル・オンタリオ博物館蔵、図一六①②）

(24) 十年、汝陽倫（令）長（張）疋、司寇（寇）平相、左庫工帀（師）重（董）朱（棠）、冶明、無（模）鋳（鋳）戟（戟）（戈、一九八一年山東省莒県城陽鎮桃園村出土、莒県博物館蔵、図一七①～④）

(25) 十七年、堯倫（令）艐貨、司寇（寇）奠（鄭）宮、左庫工帀（師）器較、冶㢴散（造）（戈、善斎10・39、図一八①②）

(26) 廿三年、襄城倫（令）爻牛忽、司寇（寇）麻維、右庫工帀（師）甘（邯）丹（鄲）𨥈、冶向散（造）（矛、上海博物館蔵、図一九）

(27) 廿四年、郚陰（陰）命（令）萬為、右庫工帀（師）莧、冶豎（豎）（戈、三代20・26・1、図二〇①②）

(28) 廿七年、安陽倫（令）敬章、司寇（寇）梋衣田、右庫工帀（師）梁丘、冶衣事右莖萃戟（戟）（戈、一九八〇年代山西省太原市電解銅廠揀選、山西省博物館蔵、図二一）

(29) 四年、□雍命（令）韓匡、司寇（寇）刑它、左庫工帀（師）刑秦、冶袋散（造）、戟（戟）束（刺）（矛、中国国家博物館蔵、図二二①②）

(30) 六年、安陽倫（令）韓𡈼（望）、司寇欣餘、右庫工帀（師）若固、冶𤦡散（造）、戟（戟）束（刺）（矛、故宮博物院蔵、図二三①②）

(31) 六年、襄城倫（令）韓沽、司寇（寇）反淮、右庫工帀（師）甘（邯）丹（鄲）𨥈、冶疋散（造）𧼘戟（戟）刃（戈、香港某私人蔵、図二四①②）

二　宜陽戈の発見

まず（6）〜（9）の宜陽戈（二年令戈・四年令戈）について見てみよう。蔡運章氏によると、一九九九年一〇月、洛陽市宜陽県韓城郷より一件の銅戈が発見された。城角村の農民が村南部の用水路を修理しているとき、地表深さ約一・四メートルの所から有銘銅戈一件が現れたという（本章6番兵器）。この地は戦国韓国の重要拠点であった宜陽故城の東垣遺址内部にあたる。県城の武器鋳造工房において製造された可能性が高い。器物のスケールは表二に記したが、器形については、長い胡を持ち、援前部はやや上に揚がり、刃先は鋭利で、中脊は隆起して、断面はおよそ菱形を呈している。闌に近いところには三カ所の長方形の穿がある（図一①参照）。

同器は、蔡氏によると秦国の伝世兵器とされる廿一年相邦冉戈（三代20・23・2–20・24・1）や鄭韓兵器のⅡ式銅戈に似ているとし、それは戦国中後期の特徴を備えるものである[11]。ちょうど同じ頃、黄錫全氏のもとに、ある収蔵者から一件の銅戈が届けられたという[12]。国別・釈読の鑑定を依頼するものだった（本章7番兵器）。出土地は、残念ながら、次の（8）とともに不明である。器形はほぼ（6）と同じである（図二①参照）。（6）〜（9）の銘文の形式は、やや個性的である。多くの韓国兵器は「某年（地名）令某某、某庫工師某某、冶某」の形式を取るのだが、いきなり「命（令）」と出てきて人名が続き、「宜陽右庫工師某某」なる文面はほかに類例がない。ひとまずは黄氏のように「令」は宜陽県令と考え、宜陽の地の右庫と理解するのが妥当だろう。銘文については概ね黄氏の釈読に従った。四字目の「⿱丆介」字は「麗」字の古文（戦国文字）の「丽」と読むことや、五字目を『説文』三篇上「誖」の籀文「𧬅」と釈読するなど卓見である。

たまたま北京大学大学院博士課程の董珊氏も同様の銅戈を見たことがあるといい、臨写した銘文が黄錫全氏の論文に掲載されている（本章8番兵器）。工師の人名と冶の人名が違うようで、工師は「長」の下の字は、偏は「立」に従い、旁は「或」に従うようである。とりわけ重要なことは宜陽の地は韓の襄王五年（紀元前三〇七）に秦に奪われたということである。これまで宣恵王期（襄王の一代前）の縶式銅戈は見つかっていない。さらに襄王六年以降、同地は秦の支配下にあるのだから、同器の「二年」・「四年」は襄王の二年（前三一〇）・四年（前三〇八）となる（表一参照）。こうして襄王期の縶式銅戈が発見されたわけだが、その意義は大きいといわなければならない。従来より鄭韓兵器に

〔表1　戦国韓国の地方の県令〕

番号	官名（地名）	人　名	時　　期
6	県令（宜陽）	麗詩	襄王2年 310B.C.（?）
7	県令（宜陽）	麗詩	襄王2年 310B.C.
8	県令（宜陽）	麗詩	襄王2年 310B.C.
9	県令（宜陽）	韓詌	襄王4年 308B.C.
10	県令（負黍）	韓譙	襄王3年 309B.C. or
11	県令（負黍）	韓譙	釐王3年 293B.C. or
12	県令（負黍）	韓譙	桓恵王3年 270B.C.
13	県令（盧氏）	韓歳厥	襄王7年 305B.C.
14	県令（新城）	韓定	襄王8年 304B.C.
15	県令（皐落）	少曲咳	襄王11年 301B.C.
16	県令（喜）	韓鴟	襄・釐王16年
17	県令（成算）	旧章	襄・釐・桓恵王2年
18	県令（陽人）	卒止	襄・釐・桓恵王3年
19	県令（桐丘）	脩	襄・釐・桓恵王5年
20	県令（格氏）	韓臾	襄・釐・桓恵王6年
21	県令（陽城）	韓季	襄・釐・桓恵王6年
22	県令（綸氏）	韓化	襄・釐・桓恵王7年
23	県令（京）	□	襄・釐・桓恵王9年
24	県令（汝陽）	張疋	桓恵王10年 263B.C.
25	県令（堯）	艇肯	桓恵王17年 256B.C.
26	県令（襄城）	爻牛忽	桓恵王23年 250B.C.
27	県令（郙陰）	萬為	旧稿の考えを改めた。注33参照。
28	県令（安陽）	敬章	桓恵王27年 246B.C.
29	県令（□雍）	韓匡	王安4年 235B.C.
30	県令（安陽）	韓望	王安6年 233B.C.
31	県令（襄城）	韓沽	王安6年 233B.C.

〔表2　韓国兵器（銅戈）器形表〕

番号	全長	援長	援 幅	内長	内幅	胡長	闌長	胡穿	内穿	重さ
1	—	19.0	—	9.0	—	—	—	3	1	—
2	26.5	17.0	—	10.3	—	12.0	16.5	4	1	—
3	26.2	16.3	—	9.7	—	—	—	4	1	—
4	20.0	15.5	—	4.5	—	12.0	13.0	—	—	—
6	25.1	—	—	9.1	3.3	—	12.2	3	1	297.5
7	23.5	15.0	2.5	8.5	3.0	—	12.0	3	1	—
13	23.6	14.7	2.9/2.7	8.9	3.0	7.5	11.7	3	1	—
15	22.0	—	3.0	8.0	3.5	—	11.4	3	1	250
19	24.6	15.7	2.1	8.9	3.0	8.2	—	3	1	—
21	22.8	14.3	—	8.5	—	—	—	3	1	205
24	24.0	15.0	—	9.0	—	10.5	—	3	1	350

見える「王二年」・「王三年」の紀年から、繁式韓国兵器は襄王二年より遡ることはないと考えられていた。韓の王号採用は前三二六年、威侯（称王後は宣恵王）の八年だからである。ただ、実際は黄盛璋氏の編年成果を受けて、韓国兵器の繁式・最繁式は概ね桓恵王・王安期にあたると考えられていたので、今回の発見は従来の編年作業に再考をうながすことになった。かつて（9）は黄盛璋氏によって、「四年命（令）韓譙、右庫工帀（師）类、冶□」と釈読されていた。それは（10）・（12）と関連づけて判断したものだったが、「宜陽」を「右庫」と読むなど誤読もあり、そうした問題は呉振武氏によって指摘されている。[13]

三　呉振武氏の新釈　―「負黍」令戈―

（10）～（12）の銅戈銘文についても、黄盛璋氏の釈読に修正を迫る重要な試案が提出された。（10）・（12）はこれまで黄氏の釈読によって脩余令戈として知られていた。そして「脩余」は、『史記』巻四十五韓世家に見える「脩魚」（秦本紀は「修魚」に作る）と考えられていた。[14]（11）は黄氏未収のもので、『殷周金文集成』[15]に初めて収録された銅戈である。器形についてはやや大振りだが（図六①参照）、銘文は（10）と同文である。最近、呉振武氏はこの三戈の地名を「侸余」と読み、『史記』鄭世家・韓世家に見える負黍（河南省登封市西南）に比定した。[16]字形から見る限り呉氏の指摘・説明は妥当といえ、筆者は呉氏の新釈に従いたい。呉雅芝氏は黄盛璋説によって、同三器を桓恵王三年（前二七〇）と編年しているが、[17]必ずしも正しいとはいえない。すでに（6）～（9）の宜陽戈で述べたように、襄王期の繁式銅戈が出土しており、桓恵王三年に限定することは適当ではないだろう。一方で、『史記』韓世家に「（桓恵王）十七年、秦 我が陽城・負黍を抜く」とあり、この三戈は桓恵王三年を下ることもない。以上から、筆者は表一のように三つの可能性を提示するにとどめた。

四　戦国韓国の勢力圏（西境・南境）と銅兵器

（13）～（17）の銅兵器の編年をおよそ確定し得たのは、当時の韓国の勢力圏との関係である。（13）は四川省滎経県同心村の巴蜀墓から出土した銅戈である。[18]一九八五年一一月～八六年五月にかけての調査で、二十六座の巴蜀墓が発掘された。そのうちの一号墓に中原式の本件銅戈が含まれていた。「工師」・「司馬」を合文にしたり、銘文の構成など三晋兵器と見てまちがいないだろう（図八①～③参照）。墓葬年代は戦国晩期とされる。銘文解釈は概ね四川大学の伍仕謙氏の釈読に拠った。盧氏は（4）同様に、河南省盧氏県で洛水の中流に位置し、秦と近接する。宜陽は同じく洛水の下流に位置するが、前述の通り、襄王五年に奪われた。

そして伊水流域の（14）新城も釐王八年の段階ですでに韓地と考えられないことから、襄王七年と比定した（表一参照）。これは状況証拠に基づく暫定的な編年である。宣恵王期に遡る可能性もないわけではない。しかし呉雅芝氏のように（14）を桓恵王八年とするのは誤りではないかと考える。たしかに秦昭襄王の十三年（韓釐王二年・前二九四）

に、韓は新城を保っていた。ただ、二十五年（韓釐王一四年・前二八二）には秦王は韓王と新城に会しており、同地は秦に帰している。前二九三年（韓釐王三年）には新城近郊の伊闕（河南省洛陽市南）において、韓は秦に斬首二十四万の大敗を喫しており、五城を割譲されている。あるいはこの五城のなかに新城も含まれていたかもしれない。こうした条件を考慮して、筆者は（14）八年新城大令戈を襄王八年と判断した。

（15）の十一年皐落戈については、蔡運章・楊海欽両氏による釈読とそれを再検討する李家浩氏の研究がある。[19] 銘文中（図一〇）、「咎」・「舒憙」の釈読は確かに李家浩氏に一日の長があるが、「會」の解釈は何ともいえない。鄂君啓節の「大」との関連を指摘する蔡氏の「太」とする解釈も字形から見る限り、捨て難いように思う。編年について、呉雅芝氏は前述よりの基準で、桓恵王十一年とするが、やはり蔡氏らのいう襄王十一年の方が適当だろう。皐落は春秋期の東山皐落氏の地と考えられ、今の山西省垣曲県東南で、武遂に近い。その武遂はすでに襄王期に複雑な状況で、釐王六年（前二九〇）に完全に秦に奪われてしまった。そうであれば、近隣の皐落県も維持し得ただろうか。

（16）は、黄盛璋氏によって三晋未確定の兵器として紹介された。[20] 黄氏は人名から韓器の可能性が高いと述べていた。何琳儀氏・呉良宝氏はともに呉振武氏の「喜」を「釐」と読み、韓器とする研究を紹介している。[21] 地名を確定しがたいので、韓国の領域の変遷から年代を想定することもできないのだが、銘文の特色より襄王の十六年（前二九六）か釐王の十六年（前二八〇）だろう。

（17）は兵器でなく、車軸の頭の部分である。器形・拓本など公開されていないため、釈読は尹俊敏・劉富亭両氏の読みを示した。南陽地区の廃品会社から収集されたものであり、両氏は銘文の形式と書きぶりから韓国の遺物と判断している。[22] 韓国は一貫して維持したかどうかは不明といえ、楚の方城以南の地を得ていた。『史記』韓世家「（襄王）十一年（前三〇一）、秦 我を伐ち、穰（今の河南省鄧州市南）を取る」とあり、張守節『正義』は郭仲産の『南雍州記』

を引いて「楚の別邑、（中略）後、韓に属し、秦昭王之を取るなり」と韓に帰属していた時期の存在を指摘している。また釐王の五年（前二九一）には、「秦　我が宛（河南省南陽市）を抜く」（韓世家）といい、あるいはこの前後に、方城以南の地を失ったかに見える。尹氏らはこうした状況を総合的に判断して、釐王二年（前二九四）としたのだろう。しかし「成算」の地が何処であるか不明であり、また南陽地区で収集されたから、同地で鋳造されたといえるわけでもない。本章ではやや消極的だが、銘文の書式などから襄王二年（前三一〇）・釐王二年（前二九四）・桓恵王二年（前二七二）の三つの時期を想定するまでとした。

五　鄭韓故城近隣の県城と銅兵器

（18）～（23）についても、前述の三件の負黍戈や「成算」の銘を持つ車軸同様に、三つの可能性を示すことになった。（18）王三年陽人令戈はすでに黄盛璋氏によって紹介される兵器で、「陽人」とは漢の河南郡梁県で、現在の河南省汝州市西にあたる。のち前二五五年（桓恵王十八年／楊寛前二四九年・桓恵王二十四年）の東周滅亡に際し、秦は陽人の地を賜っているから、桓恵王三年以前ということになる。（19）の五年桐丘令戈は公開されている図版が小さいため、文字の判読は困難である（図一二①～③）。「桐丘」と読んだのは黄盛璋氏で、韓地に属することを考証した。[23] 桐丘の地は、『左伝』荘公二十八年に「鄭人将に桐丘に奔る」とあり、戦国史料には確認できないが、現在、河南省扶溝県西二十里に桐丘故城が知られている。（20）の六年格氏令戈は湖南古墓中出土の一品で（図一三）、周世栄氏の紹介と李学勤氏の考釈がある。[24] 格氏の地名について、既存文献には未見だが、周氏は「梧」と読んでおり、おそらく『左伝』襄公十年「晉師、梧及び制に城く」に見える「梧」（河南省滎陽県）の地を想定しているのだろう。『史記』韓世家「(桓恵王)二十四年(前二四九)、秦、我が城皋(六国韓表・蒙恬列伝は「成皋」に作る)滎陽を抜く」とあり、この時期を下限とした。

(21)六年陽城令戈は東周陽城遺址から西に一キロほどの八方村から出土した(25)。陽城(河南省登封市東南)は三年負黍戈でも引用したように、桓恵王十七年(前二五六)に秦に奪われるまで、戦国韓国の重要拠点の一つだった。過去には鋳鉄遺址の発掘で知られ、さらに陽城遺址からは「陽城倉器」・「陽城、五」・「陽城、公」といった陶文や「陽城」の銘を持つ貨幣(方足布)も発見されている(26)。本器は襄・釐・桓恵王いずれかの六年と考えられる。

(22)七年綸氏令戈も黄盛璋氏の紹介によるもので、詳しくは黄氏の考察に譲る。ただし、釈文については、黄氏は「韓□」としていたが、拓本を見る限り(図一五)、『集成』釈文・『金文引得』のように「韓化」と読めそうである(27)。『史記』巻七十三白起列伝に「(昭襄王)四十六年(前二六一)、秦　韓の緱氏・藺を攻め、之を抜く」とあり、秦昭襄王の四十六年は韓桓恵王の十二年である。「藺」とは「綸氏」のことで、河南省登封市西南にあり、本器もまた襄・釐・桓恵王いずれかの七年と考える。(23)はカナダの宣教師明義士(Menzies, James Mellon)の収集品によるもので、内の一部のみ存する(28)。銘文に見える「京」とは河南省滎陽県東南の地で、もと鄭の地であった。『史記』巻四十二鄭世家に「繻公十五年(前四〇八)、鄭　京に城く」といい、『集解』は杜預の注を引いて「今の滎陽京県」という。明文はないが、京は鄭滅亡とともに韓に吸収されたのだろう(29)。京を失った時期についても明らかではないが、負黍・陽城などを手放した時期と重なるであろうから、表一のように考えた。

六 「司寇」監造の地方鋳造兵器

最後に（24）～（31）の釈読・編年・地名の考証を行う。（24）～（31）の編年を決定した根拠は「司寇」の記載である。黄盛璋氏は鄭韓故城出土兵器の編年を行うにあたって、九年鄭令戈より「司寇」が鋳造監督者に加わったことに注目した[30]。筆者はこの考えをもう一歩進めて、地方製造の兵器編年にも広げて考えた。当然、中央での変化がストレートに地方に適用されたかどうか、判断の材料はないのであり、一定の問題を承知している。しかし（28）安陽矛の「廿七年」といえば、宣恵王以降では桓恵王しかありえないのであり、ほかの条件を総合して考えたとき、比較的妥当と思われる。この観点については、筆者は呉雅芝氏と同様の見解・編年観に立っている。

まず（24）十年汝陽令戈（戟）については、孫敬明・蘇兆慶両氏の紹介と何琳儀氏による主に地名の検討がある[31]（図一七①～④）。問題の中心は地名の理解にあるが、前者は名剣を産する墨陽の地ではないか（「墨」と「洱」の音通）とし、方城以南の帰属の状況を考察している。後者は十年の次の二文字を「汝陽」とし漢代の汝南郡汝陽の地（『漢書』巻二十八上地理志の「女陽」）と理解する。なお、孫・蘇両氏、何琳儀氏・呉雅芝氏ともに銘文の形式から、桓恵王の十年（前二六三）と考えることに異論はない。ここでは何琳儀氏の説を支持しておく。

（25）十七年彘令戈・（27）廿四年邮陰令戈・（29）四年□雍令矛・（30）六年安陽矛についてはすでに黄盛璋氏の検討があるので、いくつかの問題に触れるまでとする。（25）は人名の釈読に諸説あるが、筆者は林清源・呉雅芝両氏のように拓本の字形に近い形で記した[32]。彘の地は現在の山西省霍州市であるが、三晋の交錯地帯ということもあって、その帰属の判断は難しい。本章においても先行研究と同じく、銘文の形式より韓国兵器とする。その時代は、「司寇」

の記載から、桓恵王の十七年（前二五六）でよいだろう。続いて（27）でまず問題となるのは郚陰令の人名である。黄盛璋氏は「韓□」と読み、『集成』・『金文引得』は「萬為」と読んでいる（図二〇①②）。二番目の文字はたしかに二年寧鼎（三代2・24・8）などの「為」字に似て、後者の読みがよいようである。郚陰の地は黄氏のいうとおり、西周時に封ぜられた姜姓の申国に基づき、南陽市北の地であろう。郚（申）の陰（山の北面の地）といい、申の地は「申陰」と「申陽」などのように複数の県が置かれていたのかもしれない。本器には「司寇」の記載が見られないが、廿四年の紀年から桓恵王二十四年（前二四九）と判断した。「司寇」は編年の基準として有効だが、地方に一様に適用されたか、確認できない。先の九年京令戈に桓恵王九年を含めて考えたのもそのような理由からで、一定の問題を残す。(33)

（29）四年□雍令矛は、地名・人名の釈読にいくつかの試釈が提出されている。□雍の地は黄盛璋氏はじめ諸氏の検討を経るものの、依然どの地にあたるのか不明である。近年『金文引得』は「武雍」と読んでいるが、地名比定は不明である。韓器と断定する根拠は前述の「戟刺」の記載で、これは韓兵器以外に見られない特徴である。「司寇」監造より、王安四年（前二三五）とした。

（30）六年安陽令矛は近出の（28）廿七年安陽令戈と併せて検討する。（30）六年安陽令矛はもと剣に分類されていたが、矛類にすべきことは黄盛璋氏や『集成』に説く通りである。本器についても人名の解釈をめぐっては諸説ある。「韓望」については呉雅芝氏の判断と筆者の考えに特に違いはないので省くが、「欣鄶」・「若固」など『集成』は黄氏の読みを一歩進めている。本器も「造」の字形や「戟刺」の記載などから韓器と判断した。時代は桓恵王の六年の可能性もないわけではないが、筆者の基準により王安六年（前二三三）とした。しかしこの理解が正しいとすると、「安陽」の地名比定との関係から、やや興味深い問題へとも発展する。（28）は（30）と同じく「安陽」県令の監造する銅戈であるが、八〇年代に山西省太原市にある電解工場から選びとられたものであるという。(34)釈文は概ね『近出』に従った。銘文の書きぶりから、本器も韓器とみてよいと思うが、そうであれば、廿七年は桓恵王の二十七年（前二四六年）だろう。安陽の地名考証の困難さはすでによく知られるところで、戦国貨幣からは趙・魏・韓・燕・斉など各国に同地名が認められる。(35) 呉雅芝氏は河南省陝県を想定されているが、筆者は桓恵王後半期以降の韓国の領域との関連から、黄氏や曾庸氏・張徳光氏のように漢代の汝南郡安陽の地を考える方がよいかと思う。(36)

最後に（26）・（31）の両器の検討を行おう。（26）廿三年襄城令矛は従来未見で、『集成』に始めて著録された。地名について、『集成』は「襄攷」とし、『金文引得』は「敱田」とするが、どちらも正しくないようである。近年、香港の某私人の所蔵なる銅戈が張光裕・呉振武両氏によって紹介された（本章31番兵器）。そこには同じ地名が記されており、両氏は「襄城」と読んでいる。(37)（31）の六年襄城令戈については王人聰氏による考察もあり、字形から「襄」字の演変を論じている。(38) 筆者は張光裕氏・王人聰氏らの見解に従う。（26）の銘文について、もう一つ・二つ指摘しておくと、令の人名「爻牛⿱夕心」の三字目は夕に従い、心に従うようである。それから、興味深いことに（26）と（31）の右庫工師は「邯鄲魠」（あるいは邯鄲戗）と同一人物のようである。（26）と（31）の銅兵器には、何らかの関係があると見てまちがいないだろう。それから『集成』は「貞寺」の二字を加えているが、拓本からは不明である。問題となるのは、「襄城」の所在で、何琳儀氏は『漢書』巻二十八地理志に見える趙国の襄国との関係を想定する。(39) しかし筆者は王人聰氏らの考証の通り、河南省襄城県の地で、同地は魏国の領域となったこともあったが、戦国末年には韓国の境域に組み込まれていたものと考える。『漢書』地理志下の韓地の分野に襄城が含まれているのは、そうした状況をふまえるものなのだろう。ただ、その編年について、（26）については桓恵王の二十三年（前二五〇）でよいかと思うが、（31）の王人聰氏の説には疑問もある。(40) 王氏は桓恵王六年（前二六七）とし、その可能性がないわけではないが、筆者は六年安陽令矛と同じく、前述からの理由により王安の六年（前二三三）と判断した。

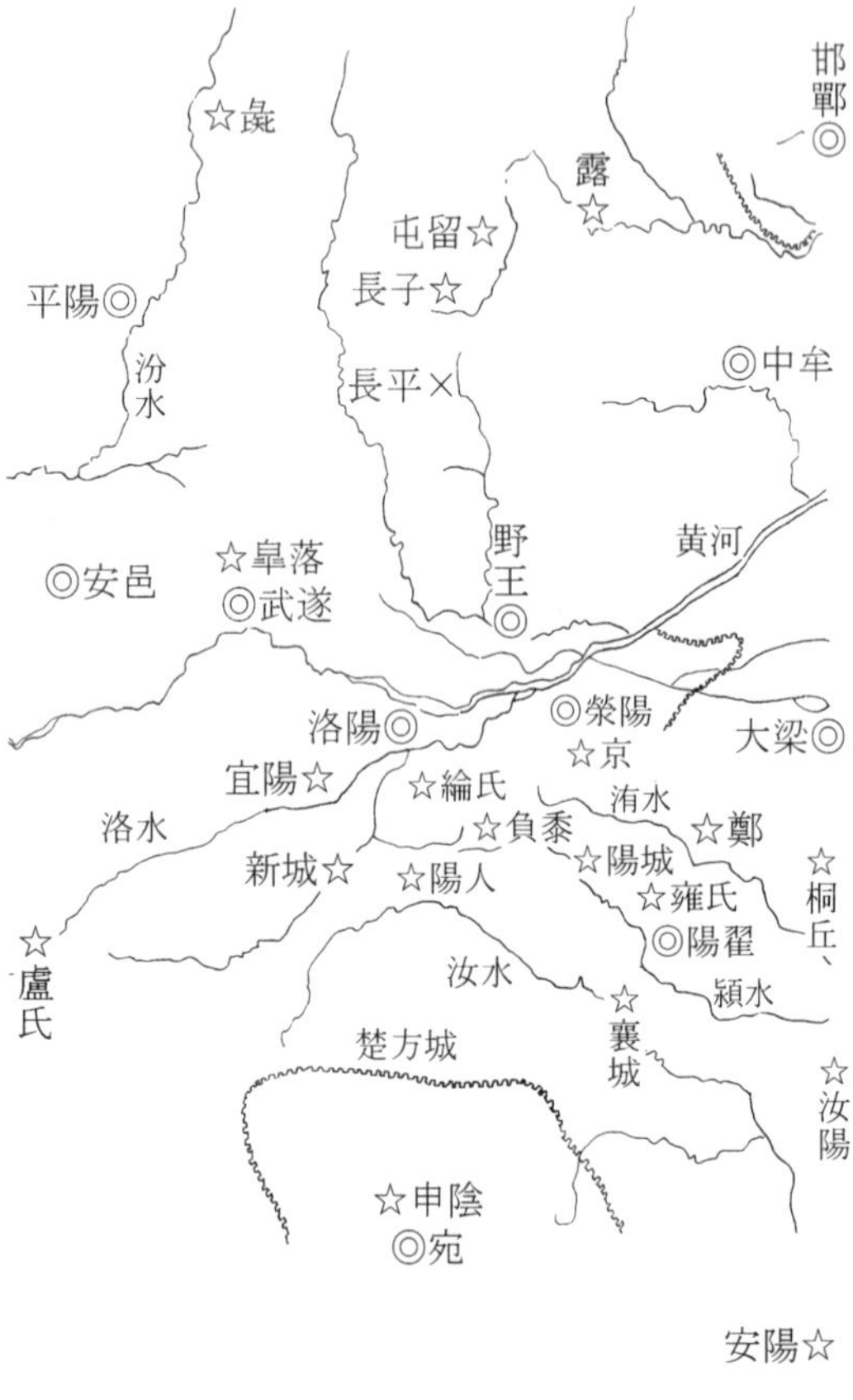

地図　銅兵器よりみた戦国韓の県

なお、地図は本章で取り上げた銅兵器からみた韓国の県である。[41] 譚其驤氏主編『中国歴史地図集』第一冊に基づき作成した。☆マークは本章で整理した銅兵器で確認される県城であり、◎マークは主要県城である。邯鄲・大梁など韓国の領域以外の地も含む。また一時期にすべての県城を領していたわけではないことに注意されたい。

おわりに

以上、三〇件あまりの地方鋳造銅兵器を整理・紹介してきた。そのほか未確定の韓国兵器もあり、さらなる考証が待たれるのだが、別の機会としたい。郝本性氏によると、鄭韓兵器の中に鄭県の令監造の兵器だけでなく、Ⓐ陽人・Ⓑ郫・Ⓒ陽城・Ⓓ梁・Ⓔ焦・Ⓕ雍氏・Ⓖ平陶・Ⓗ安成・Ⓘ格氏・Ⓙ東周・Ⓚ長子などの地名をもつ兵器があるといい、そのうちⒶ・Ⓑ・Ⓓ・Ⓘについては本章紹介の兵器の中にも見られた(42)。これらの銅兵器はいまだ未公開であり、将来の公開の日にはさらに戦国韓国についての知見を増やしてくれることだろう。ここで、長きにわたった本章の検討をまとめておきたい。

本章では、前章での鄭韓兵器を中心とした中央監造兵器の考察をふまえ、地方鋳造の兵器の銘文を釈読し、編年と地名比定の作業を進めてきた。その作業過程では、古文字学者・考古研究者の成果に学びつつも、新出の資料と新たな研究の展開を受けて、釈読・編年・地名比定に一部変更を加えた。こうした整理の過程で、筆者が特に関心を持ったのは、鄭県同様に多くの韓氏一族が地方の県令に就任していることであった。表一によれば、宜陽・負黍・盧氏・新城・喜・格氏・陽城・綸氏・□雍・安陽・襄城の十一県に及ぶ。こうした事実の発掘は、戦国中後期の郡県制・官僚制の成立過程、君主権の問題などを考える上で、貴重な一次史料の提供といえるだろう。筆者の戦国韓国の権力構造に対する理解は次章に示したので、ここでは繰り返さない。

そのほかにも興味深い発見はある。すでに趙氏一族の要職就任については前章において指摘したが、兵器鋳造の監督者の人名に注目してみると、その姓に一定の偏りを見せている。たとえば張氏では、廿年鄭令戈の右庫工師「張阪」、四年～五年鄭令戈の司寇「張朱」、本章（6）宜陽右庫工師「張埔」、（24）汝陽令「張疋」など。司馬氏では、六年鄭令戈の右庫工師「司馬鴟」、本章（13）盧氏県工師「司馬隊」、（16）喜県左庫工師「司馬裕」がおり、史氏では、王三年鄭令戈の右庫工師「史狄」、七年～八年鄭令戈の司寇「史陉」がいた。前漢の功臣張良は、大父開地以来、代々韓国に相を務めた一族であったが、宗室・有力世族による国家支配体制が、出土史料からも浮かび上がってきた。

最後に本章の作業の特徴を従来の基礎研究との関係で述べると、以下の通りである。

地方鋳造兵器の編年については、宜陽令戈の編年観を基礎に、新城大令戈・盧氏戈などを襄王期に位置づけることになった。従来、桓恵王期としていた銅兵器（「司寇」銘をもたないもの）の多くは、襄王・釐王・桓恵王三王のいずれかとするやや消極的ではあるが、妥当なラインに修正した。第六節に検討した「司寇」の記載をもつ銅兵器を桓恵王の後年以降に位置づける点については、それほど異論はないだろうと思うが、安陽矛や襄城戈など新出資料を加えた。かりに両器の検討が認められるなら、戦国韓国はその滅亡直前の時期に、後の潁川郡南部・汝南郡にあたる地方の一部を維持していたことになり、文献からは知り得なかった同国末年の領域を確認することになる。今後、同地を領有していたことの意味を考えていく必要があるだろう。

近年、筆者は戦国三晋諸国の権力構造について、既存文献と銅兵器銘文を素材に研究を進めている。(43) 前二稿と本章は韓国に関する研究をまとめたものである。筆者の初歩的な見通しによれば、戦国三晋諸国は、比較的共通した国家形成の過程と政治形態・権力構造を取るのではないかと考えており、今後も各国の個性に配慮しつつ、研究を進めていきたい。

付記　本章執筆にあたっては、崎川隆氏より直接関連する論考として蘇輝「韓国紀年兵器研究」『中国社会科学院歴史研究所学刊』第三集（商務印書館、二〇〇四年一〇月）をご紹介いただいた。二〇〇五年三月発表の本章の原載となる原稿は蘇論文と同時期に執筆したものであるが、（6）～（9）宜陽戈（数字は本章の兵器番号）と（26）・（31）襄城令戈の編年や（10）～（12）負黍令戈に関する呉振武説の採用などで結論を共有する。一方、（27）郚陰令戈については大きな相違を示した。筆者は別稿にて再検討をおこない、蘇輝氏の考えを採用するに至っている（本章注三三参照）。また呉振武「十六年喜令戈考」『長春文史資料《海角濡樽集》（羅継祖先生八十寿辰紀年文集）』一九九三年第一期については、呉振武氏よりご提供いただいた。ここに記して感謝申し上げたい。

注

（1）拙稿「鄭韓故城出土銅兵器の基礎的考察」『学習院大学人文科学論集』第一三号、二〇〇四年（本書第一章）。

（2）呉良宝「戦国文字所見三晋置県輯考」『中国史研究』二〇〇二年第四期など参照。

（3）江村治樹「戦国時代出土文字資料の国別特質」『春秋戦国秦漢時代出土文字資料の研究』汲古書院、二〇〇〇年、一九四頁。

（4）露戈は山西省考古研究所・山西省晋東南地区文化局「山西省潞城県潞河戦国墓」『文物』一九八六年第六期、九・一一～一二頁と黄盛璋「新発現之三晋兵器及其相関的問題」『文博』一九八七年第二期、五六～五七頁。閼輿（与）戈は陶正剛「山西臨県窰頭古城出土銅戈銘文考釈」『文物』一九九四年第四期、八四～八五頁。屯留戈は馮永謙・鄧宝学「遼寧建昌普査中発現的重要文物」『文物』一九八三年第九期、六七頁。盧氏戈は韓自強・馮耀堂「安徽阜陽地区出土的戦国時期銘文兵器」『東南文化』一九九一年第二期、二五八頁をそれぞれ参照。

（5）その後の研究成果をふまえ、二〇〇七年四月現在として、韓国兵器の補足を別稿にておこなった（拙稿「戦国韓の有銘青銅兵器について（補論）―『冶』字の分類を兼ねて―」太田幸男・多田狷介編『中国前近代史論集』汲古書院、二〇〇七年）。

（6）『考古与文物』二〇〇二年第二期。蔡運章「論新発現的一件宜陽銅戈」『文物』二〇〇〇年第一〇期。

（7）黄盛璋「試論三晋兵器的国別和年代及其相関問題」『考古学報』一九七四年第一期（『歴史地理与考古論叢』斉魯書社、一九八二年所収）。以下、「三晋兵器」と略称。広東炎黄文化研究会・紀念容庚先生百年誕辰暨中国古文字学学術研討会合編『容庚先生百年誕辰紀念文集―古文字研究専号』広東人民出版社、一九九八年。以下、「東周兵器」と略称。

（8）劉雨・盧岩編、中華書局、二〇〇二年。なお、六年陽城令戈の原載は河南省文物研究所「河南登封県八方村出土五件銅戈」（『華夏考古』一九九一年第三期）である。

（9）四川省文物考古研究所・滎経厳道古城遺址博物館「滎経県同心村巴蜀船棺葬発掘報告」四川省文物考古研究所『四川考古報告集』文物出版社、一九九八年。

(10) 王人聡「六年襄城令戈考釈」張光裕等編『第三届国際中国古文字学研討会論文集』香港中文大学中国文化研究所・中国語言及文学系、一九九七年。張光裕・呉振武「武陵新見古兵三十六器集録」『中国文化研究所学報』第六期、一九九七年。

(11) 蔡運章前掲論文七六～七八頁。本章（6）釈文は黄錫全氏が（7）・（8）を基礎に作成したものに概ね拠っている。ただし、〔 〕補釈部分の如く、「二年」とできるかどうは検討の余地もある。

(12) 黄錫全前掲論文六八～七一頁。

(13) 黄盛璋「三晋兵器」一五頁。呉振武「東周兵器」五五三～五五四頁。

(14) 黄盛璋「三晋兵器」一五～一六頁。

(15) 中国社会科学院考古研究所編、中華書局、一九八四～九四年。なお、本書所収青銅兵器銘文の釈文は、同編『殷周金文集成釈文』（香港中文大学中国文化研究所、二〇〇一年）を参照。

(16) 呉振武「東周兵器」五五四～五五五頁。

(17) 呉雅芝「戦国三晋銅器研究」『国立台湾師範大学国文研究所集刊』第四一号、一九九七年、二六～二八頁。以下、「戦国三晋」と略称。

(18) 前掲『四川考古報告集』二四一～二四三頁。

(19) 蔡運章・楊海欽「十一年皋落戈及其相関問題」『考古』一九九一年第五期、四一三～四一六頁。李家浩「十一年皋落戈銘文釈文商榷」『考古』一九九三年第八期、七五八～七五九頁。なお何琳儀氏は、魏国兵器に分類している（『戦国文字通論（訂補）』江蘇教育出版社、二〇〇三年、一三二頁）。

(20) 黄盛璋「三晋兵器」三六～三七頁。

(21) 何琳儀前掲著一一七頁。呉良宝前掲論文一二頁。呉振武「十六年喜令戈考」『長春文史資料《海角濡樽集》（羅継祖先生八十寿辰紀年文集）』一九九三年第一期。呉良宝氏は杜平安「新鄭博物館蔵戦国帯銘青銅器」（『中原文物』一九九九年第三期）に掲載された「鼄」銅戈により、呉振武説は重なってしまうことから、「鼓」と読む李家浩説を採用し、趙国兵器とする（呉良宝前掲論文一二頁）。ただし、李説も他説を排除するまでには至っていないようである（「从戦国〝忠信〟印談古文字中的

異読現象」『北京大学学報』（哲学社会科学版）一九八七年第二期、一五頁）

(22) 尹俊敏・劉富亭「南陽市博物館蔵両周銘文銅器介紹」『中原文物』一九九二年第二期、九〇頁。

(23) 湖南省博物館・湘西土家族苗族自治州文物工作隊「古丈白鶴湾楚墓」『考古学報』一九八六年第三期、三五一頁図九・五、図版一四・一。黄盛璋「新出五年桐丘戈及其相関古城問題」『考古』一九八七年第一二期、一一〇七～一一一一頁。呉良宝前掲論文は魏国県名と判断する（一三～一四頁）。

(24) 周世栄「湖南楚墓出土古文字叢考」『湖南考古輯刊』第一集、一九八二年、九一頁。同「湖南出土戦国以前青銅器銘文考」『古文字研究』第一〇輯、一九八三年。李学勤「湖南戦国兵器銘文選釈」『古文字研究』第一二輯、一九八五年、三二九頁。

(25) 河南省文物研究所前掲論文二九～三一頁。

(26) 中国歴史博物館考古調査組・河南省博物館登封工作站・河南省登封県文物保管所「河南登封陽城遺址的調査与鋳鉄遺址的試掘」『文物』一九七七年第一二期、五二～六五頁。李先登「河南登封陽城遺址出土陶文簡釈」『古文字研究』第七輯、一九八二年、二〇七～二一〇頁。

(27) 華東師範大学中国文字研究与応用中心編『金文引得（春秋戦国巻）』広西教育出版社、二〇〇二年。

(28) 方輝「〝九年京命戈〟考」『中国文物報』一九九八年七五期三版。方氏は京令の名を「鈇」と読み、また銅戈銘の「九年」を桓恵王の九年（前二六四）とする。

(29) 李暁傑「戦国時期韓国疆域変遷考」『中国史研究』二〇〇一年第三期、一八頁。

(30) 黄茂琳（盛璋）「新鄭出土戦国兵器中的一些問題」『考古』一九七三年第六期、三七七頁（黄盛璋前掲書所収）。

(31) 孫敬明・蘇兆慶「十年洱陽令戈考」『文物』一九九〇年第七期、三九～四〇頁（孫敬明『考古発現与斉史類徴』斉魯書社、二〇〇六年所収）。何琳儀「莒県出土東周銅器銘文彙釈」『文史』第五〇輯、二〇〇〇年第一期、三一～三四頁。

(32) 黄盛璋「三晋兵器」一八頁、呉雅芝「戦国三晋」四七三頁、林清源「従『造』字看春秋戦国文字異形現象」謝雲飛等著・輔仁大学中国文学系所中国文字学会主編『中国文字学国際学術研討会論文集』第三届、輔仁大学出版社、一九九二年、二八五頁。

(33) 本戈の編年上の疑問について、蘇輝「韓国紀年兵器研究」『中国社会科学院歴史研究所学刊』第三集（商務印書館、二〇〇四年）は昭侯二十四年（前三四〇）とする新説を提出し、筆者も本章に述べた桓恵王二十四年とする考えを改めている（前掲拙稿「戦国韓の有銘青銅兵器について（補論）──『冶』字の分類を兼ねて──」参照）。
(34) 張徳光「試談山西省博物館揀選的幾件珍貴銅器」『考古』一九八八年第七期、六一七〜六一八頁。
(35) 江村治樹「戦国時代尖足布・方足布の性格」『名古屋大学文学部研究論集』史学四九、二〇〇三年、三三二頁。
(36) 呉雅芝「戦国三晋」一五六頁。黄盛璋「三晋兵器」一八頁。曾庸「若干戦国布銭地名之辨釈」『考古』一九八〇年第一期、八四頁。なお、呉良宝氏は安陽の地を『漢書』地理志の記載より汝南郡に求めつつも、秦が韓を滅ぼした際、潁川郡をたてていることから、韓の安陽の地もそこから遠くないだろうとし、待考とする（「《戦国時期韓国疆域変遷考》補正」『中国史研究』二〇〇三年第三期、一七二頁）。
(37) 張光裕・呉振武前掲論文三四四頁。
(38) 王人聰前掲論文四一五頁。
(39) 何琳儀『戦国古文字典』上冊、中華書局、一九九八年、六九〇頁。
(40) 王人聰前掲論文四一八頁。
(41) 戦国韓の地域的概略については、藤田勝久「『史記』韓世家の史料的考察」『史記戦国史料の研究』東京大学出版会、一九九七年、三三五頁参照。
(42) 郝本性「新鄭"鄭韓故城"発現一批戦国銅兵器」『文物』一九七二年第一〇期、三六頁。
(43) 本書第一章・第三章を参照。なお、趙国兵器については、拙稿「（大会報告要旨）趙国兵器の基礎的考察──相邦・守相関連兵器の編年を中心に──」（『学習院史学』四三、二〇〇五年、一八六頁）、本書第四章を参照。

著録一覧（本章の兵器図版は集成・近出による。それ以外は別にまるで囲って示した。）

（1）文物1986-6、p.9、p.11図24・2、p.12図27・1～2　文博1987-2、pp.56～57　戦国三晋011　国別特質p.194
（2）文物1994-4、p.84図4、p.85　山西出土文物117　集成17・10929　戦国三晋012　国別特質p.194　金文引得7001・11161、12298
（3）文物1983-9、pp.66～72　集成17・10927　戦国三晋013　金文引得7005・11077
（4）東南文化1991-2、p.258　近出1105
（5）三代20・35・1　貞松12・13・4　総集10・7626　集成18・11499　金文引得7437・11630
（6）文物2000-10、pp.76～78　考古与文物2002-2、pp.68～71
（7）考古与文物2002-2、pp.68～71
（8）考古与文物2002-2、pp.68～71
（9）録遺579　三晋兵器p.15（8）　総集10・7523　集成17・11316　戦国三晋034　金文引得7288・11054
（10）三代20・25・1　貞松12・7・3　小校10・54・4　三晋兵器p.15（6）　総集10・7524　集成17・11317　戦国三晋031　東周兵器p.554　金文引得7286・11001
（11）集成17・11318　戦国三晋032　東周兵器p.554　金文引得7286・11002
（12）貞松12・8・1　小校10・54・3　三晋兵器p.15（7）　集成17・11319　戦国三晋033　東周兵器p.554　金文引得7286・11003
（13）四川考古報告集pp.241～243
（14）巌窟下57　録遺581　三晋兵器p.15～16（9）　総集10・7544　集成17・11345　戦国三晋039　金文引得7300・10744
（15）考古1991-5、pp.413～416　考古1993-8、pp.758～759　戦国三晋042　金文引得7327・12691
（16）三代20・27・2　貞松12・10・1　双剣下34　三晋兵器p.36（10）　総集10・7549　集成17・11351　戦国三晋194　長春文史資料1993-1、pp.94～95、111、金文引得7311・11032
（17）中原文物1992-2、p.90　近出附94

（18） 善斎古兵上33 小校10・53・1 三晋兵器p.16（10） 戦国三晋030
（19） 考古学報1986-3、p.351図9・5、図版14・1 考古1987-12、p.1107～1111 近出1173
（20） 湖南考古輯刊1、1982、p.91、図版拾肆2 古文字研究10、1983、p.251 古文字研究12、1985、p.329 集成17・11327 戦国三晋037 金文引得7294・10950
（21） 華夏考古1991-3、pp.29～31 近出1175
（22） 三晋兵器p.17（12） 集成17・11322 戦国三晋038 金文引得7282・10991
（23） 中国文物報1998年75期3版 近出1169
（24） 文物1990-7、pp.39～40 戦国三晋041 文史50、2000-1、pp.32～34 近出1195
（25） 善斎10・39 小校10・59・5 三晋兵器p.17（15） 総集10・7572 集成17・11382 戦国三晋047 金文引得7345・11039
（26） 集成18・11565 金文引得7478・11696
（27） 三代20・26・1 積古9・5・2 金索96 周金6・5・1 攈古2・2・21・3 小校10・56・1 三晋兵器p.16（11）総集10・7542 集成17・11356 戦国三晋052 金文引得7317・10855
（28） 考古1988-7、pp.617～620 金文引得7369・13228 近出1200
（29） 考古1973-6、p.374図4・4 三晋兵器p.17（13） 総集10・7669 集成18・11564 戦国三晋061 金文引得7476・11695
（30） 陶続2・25 周金6・91 考古1973-6、p.378 三晋兵器p.17（14） 考古1980-1、p.84 総集10・7670 集成18・11562 戦国三晋065 金文引得7475・11693
（31） 第三届国際中国古文字学研討会論文集pp.415～422 中国文化研究所学報1997-6、p.344、p.378図32 近出1196

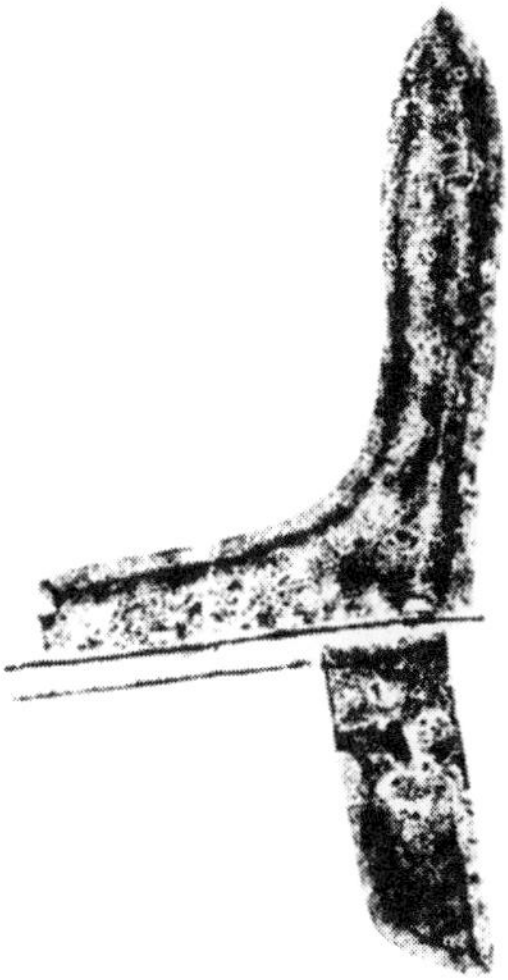

図一①　宜陽戈（6）全形拓本

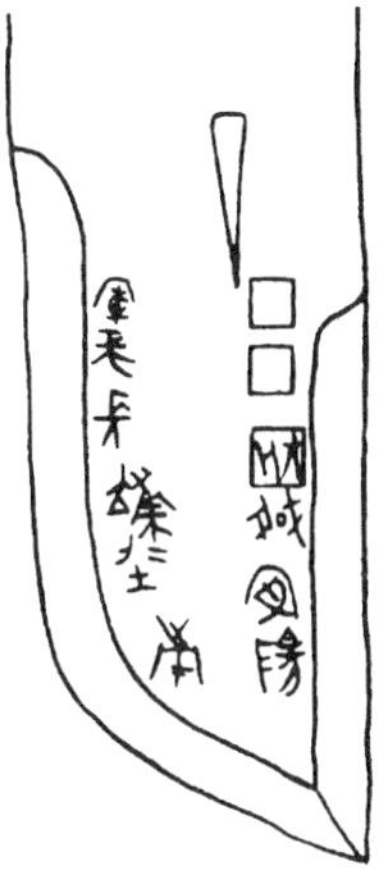

図一②　宜陽戈（6）内部模本

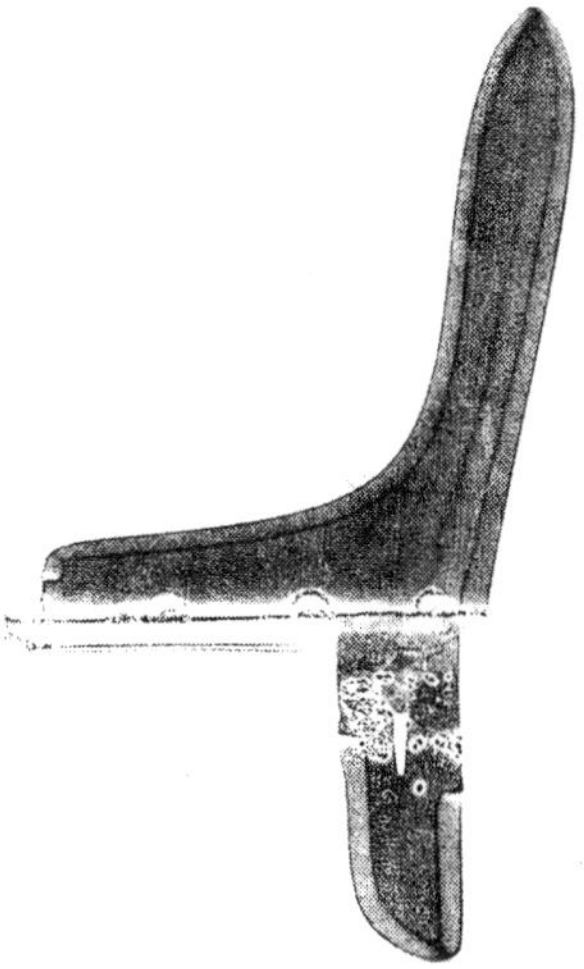

図二①　二年令戈（7）全形拓本

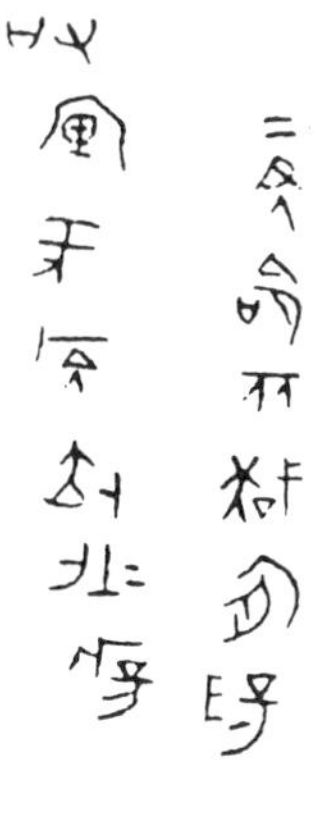

図二②　二年令戈（7）銘文模本

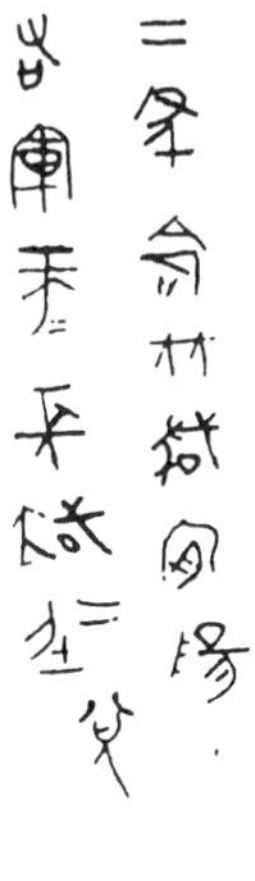

図三　二年令戈（8）銘文模本

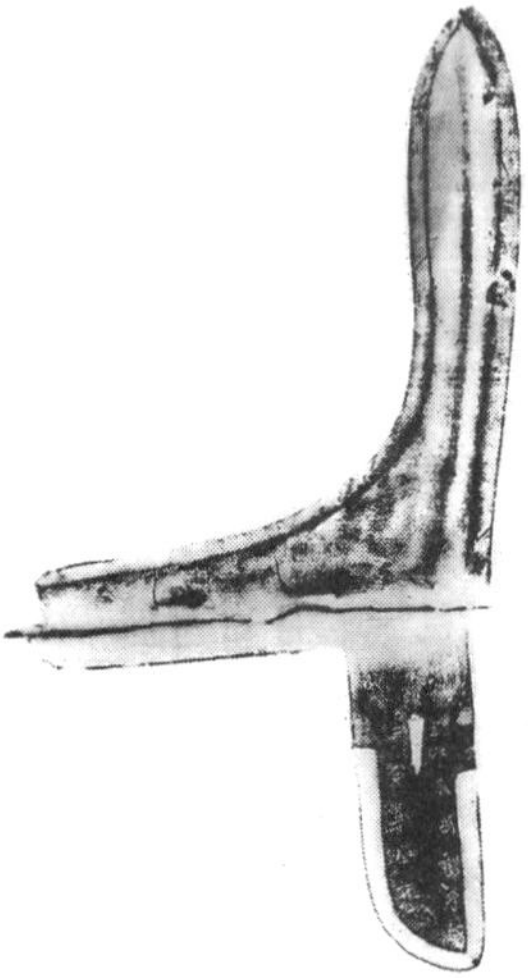

図四①　四年令戈（9）全形拓本

図四②　四年令戈（9）内部拓本

図五①　三年負黍令戈（10）全形拓本

図五②　三年負黍令戈（10）内部拓本

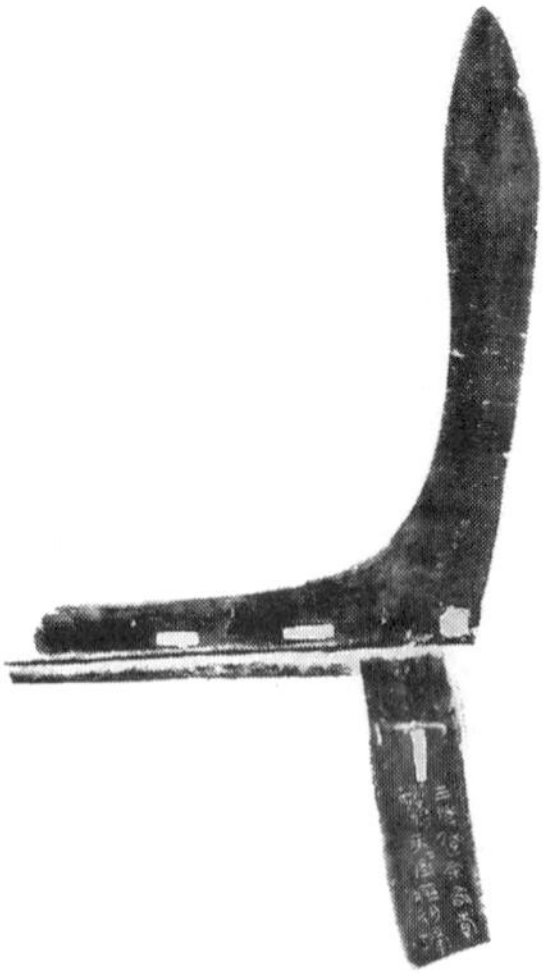

図六①　三年負黍令戈（11）全形拓本

図六②　三年負黍令戈（11）内部拓本

図七　三年負黍令戈（12）内部拓本

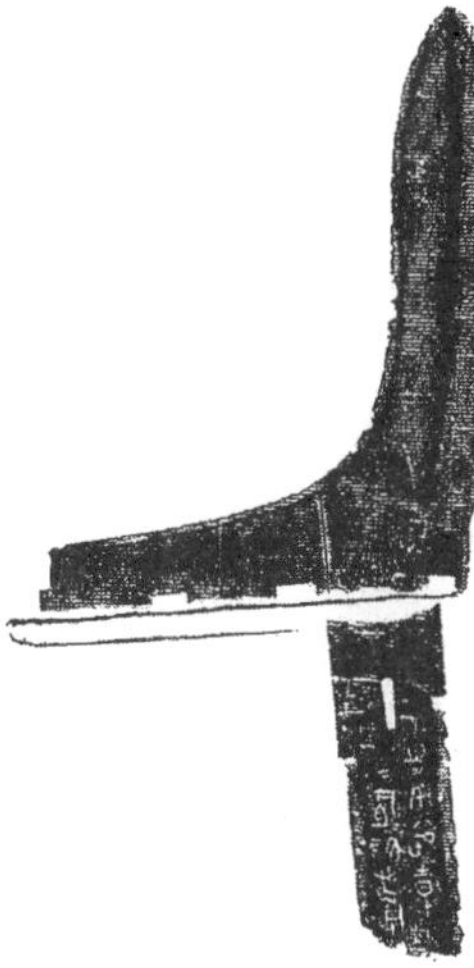

図八①　七年盧氏令戈（13）全形拓本

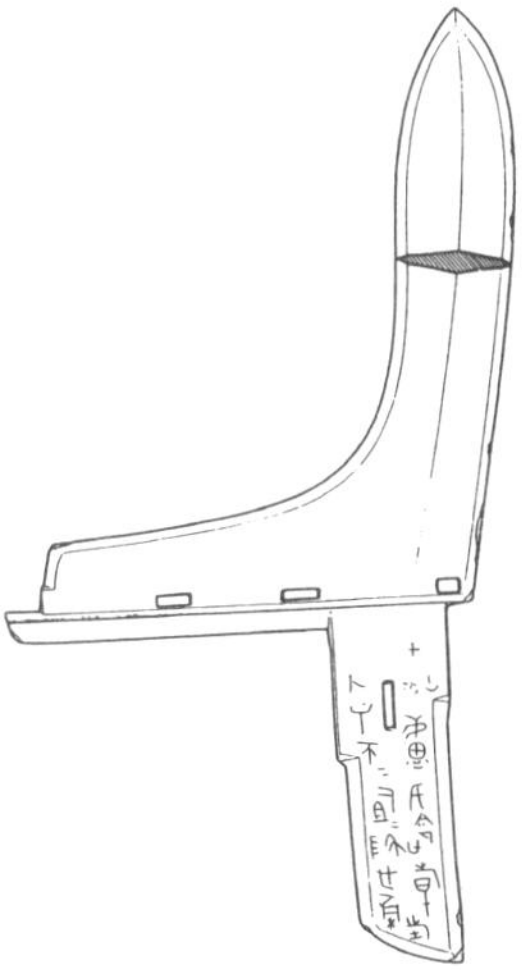

図八②　七年盧氏令戈（13）全形模本

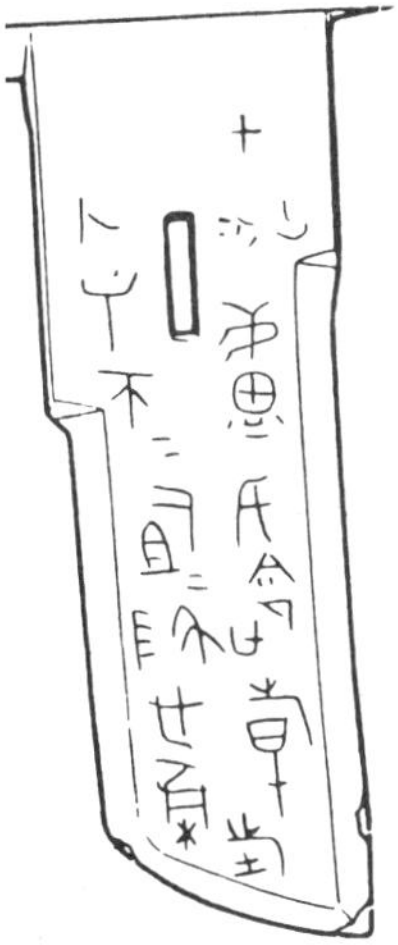

図八③　七年盧氏令戈（13）内部模本

図九　八年新城大令戈（14）内部拓本

図一〇　十一年皋落戈（15）銘文部位拓本

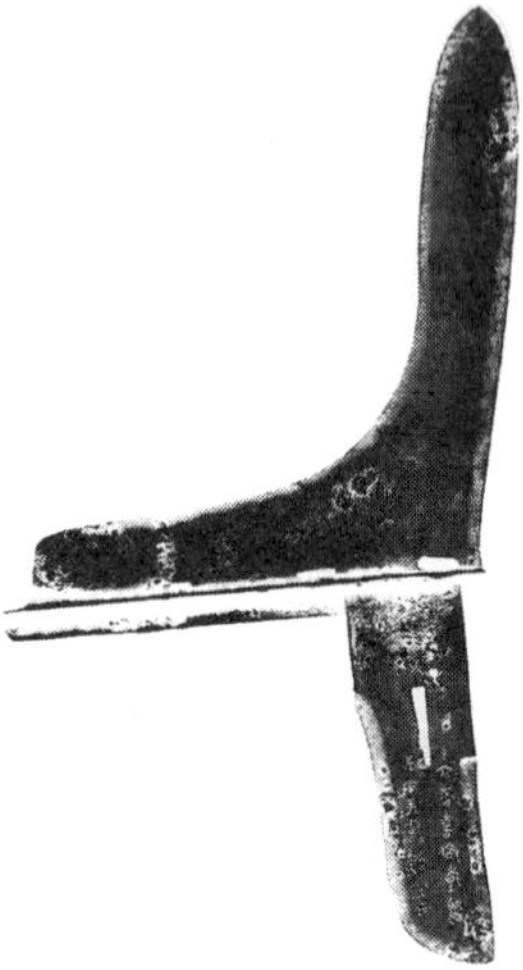

図一一① 十六年喜令戈（16）全形拓本

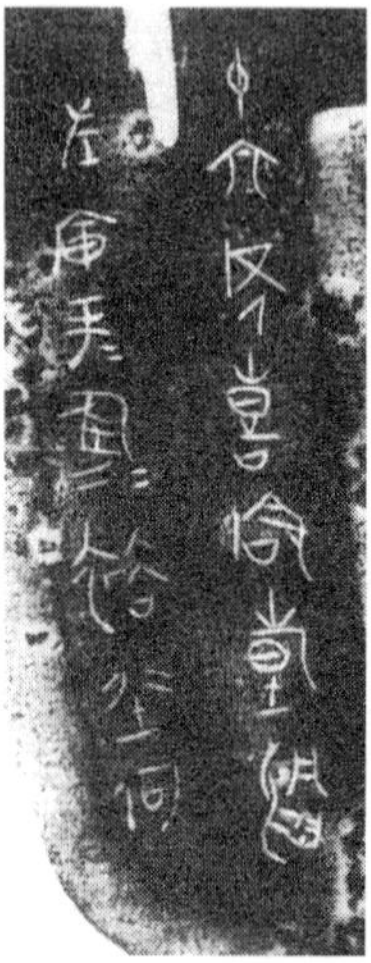

図一一② 十六年喜令戈（16）内部拓本

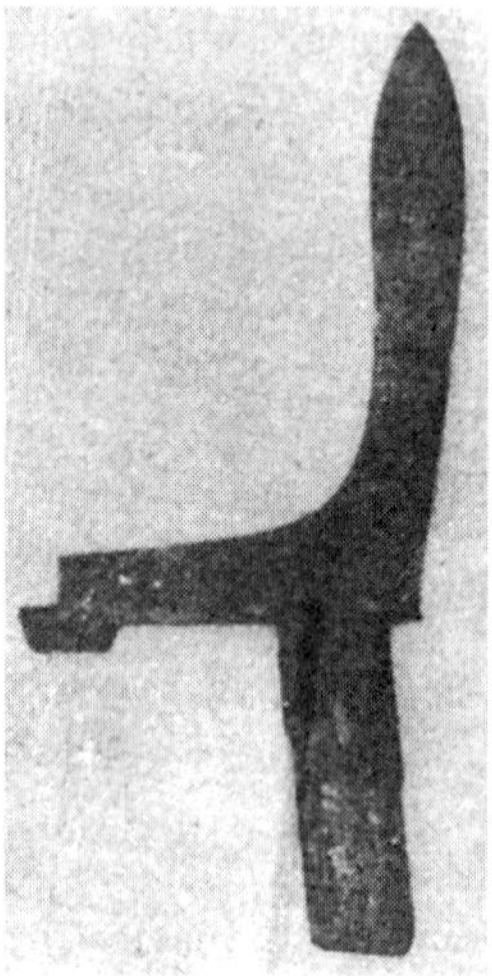

図一二① 五年桐丘令戈（19）全形写真

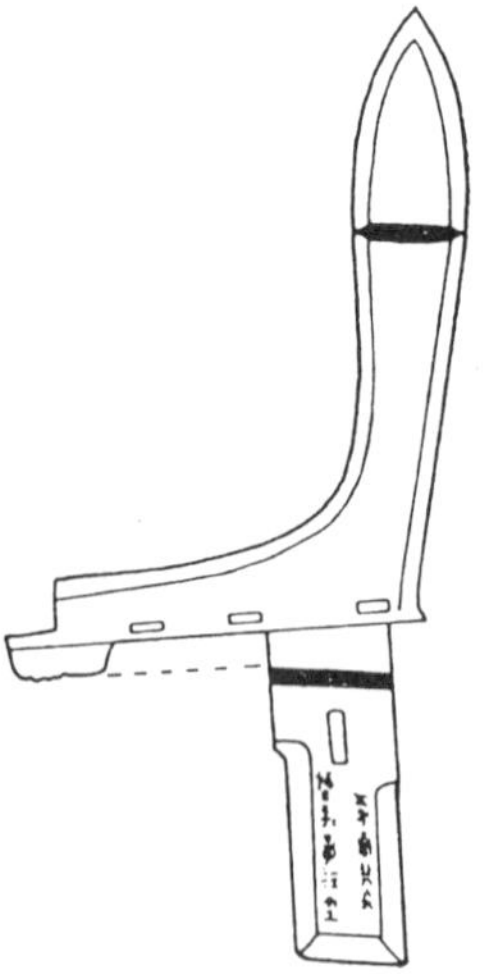

図一二② 五年桐丘令戈（19）全形模本

図一二③ 五年桐丘令戈（19）内部模本

図一三 六年格氏令戈（20）内部拓本

図一四　六年陽城令戈（21）内部拓本

図一五　七年綸氏令戈（22）内部拓本

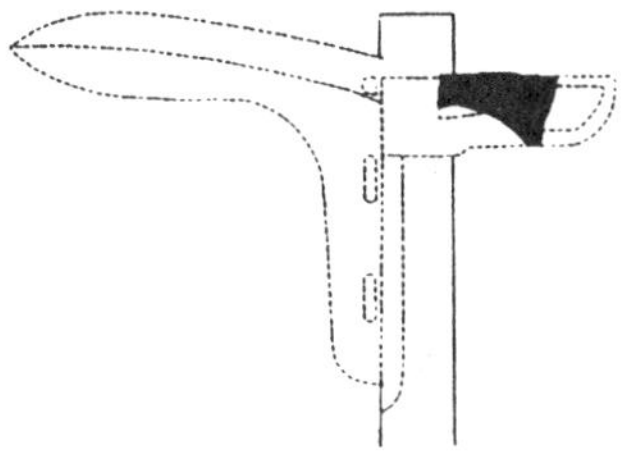

図一六①　九年京令戈（23）想像復元図

図一六②　九年京令戈（23）内部模本

図一七① 十年汝陽令戈（24）全形写真

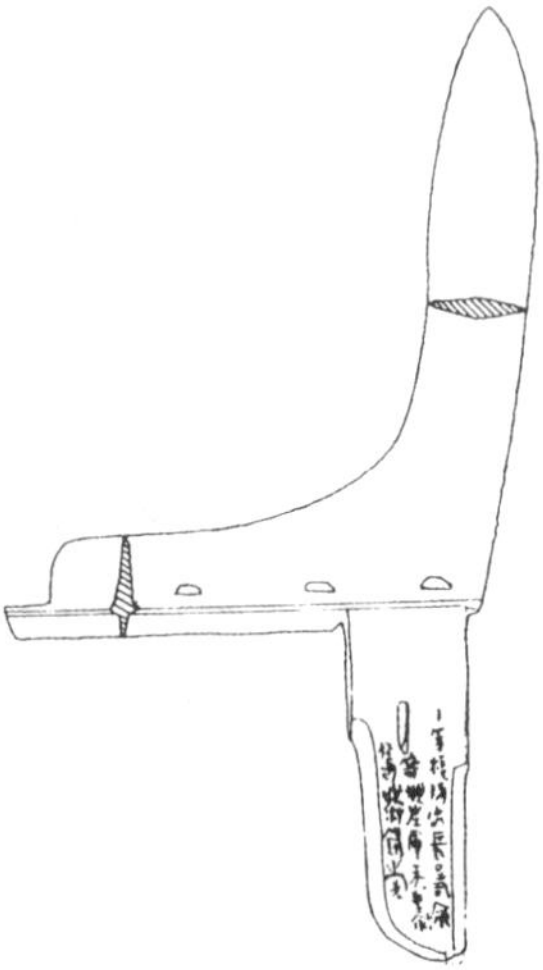

図一七② 十年汝陽令戈（24）全形模本

図一七③ 十年汝陽令戈（24）内部拓本

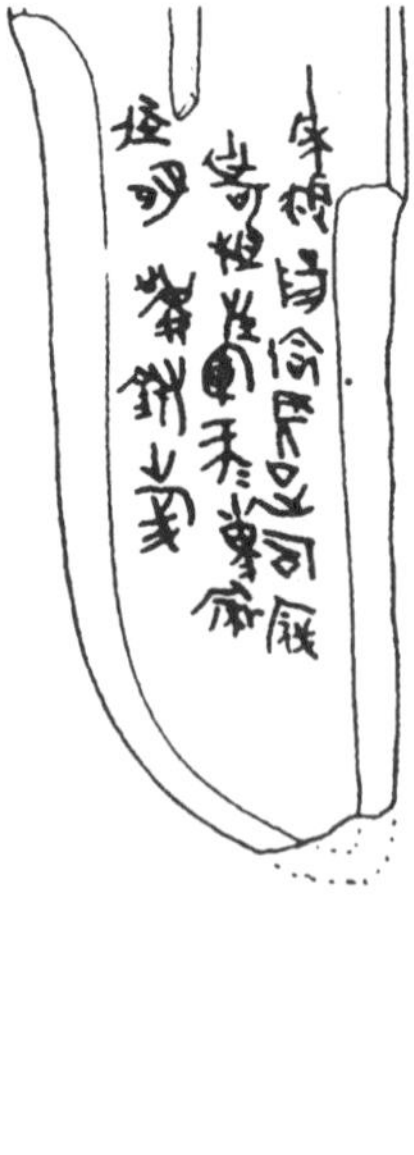

図一七④ 十年汝陽令戈（24）内部模本

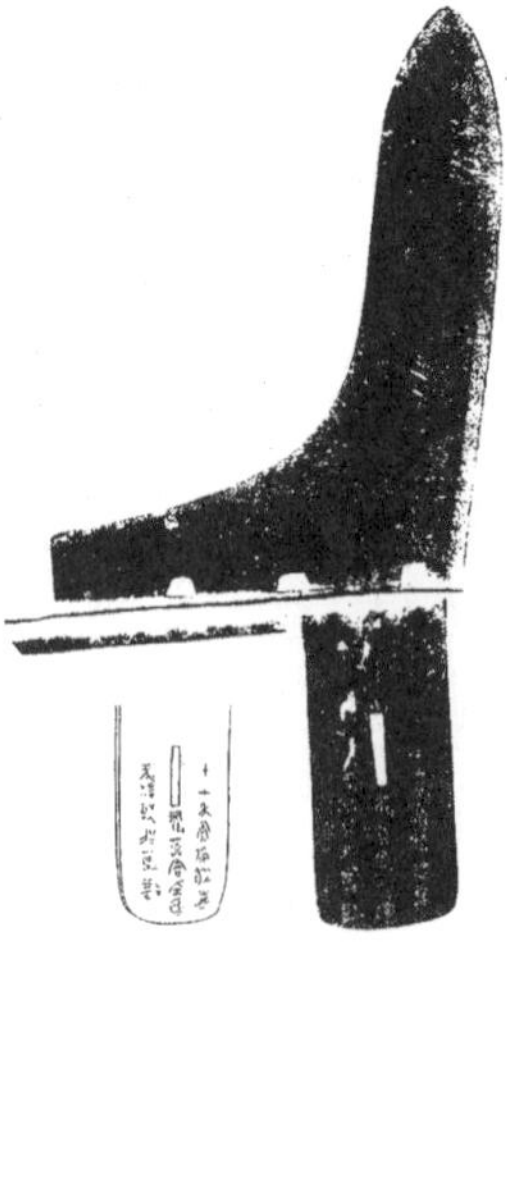

図一八① 十七年垸令戈（25）全形拓本

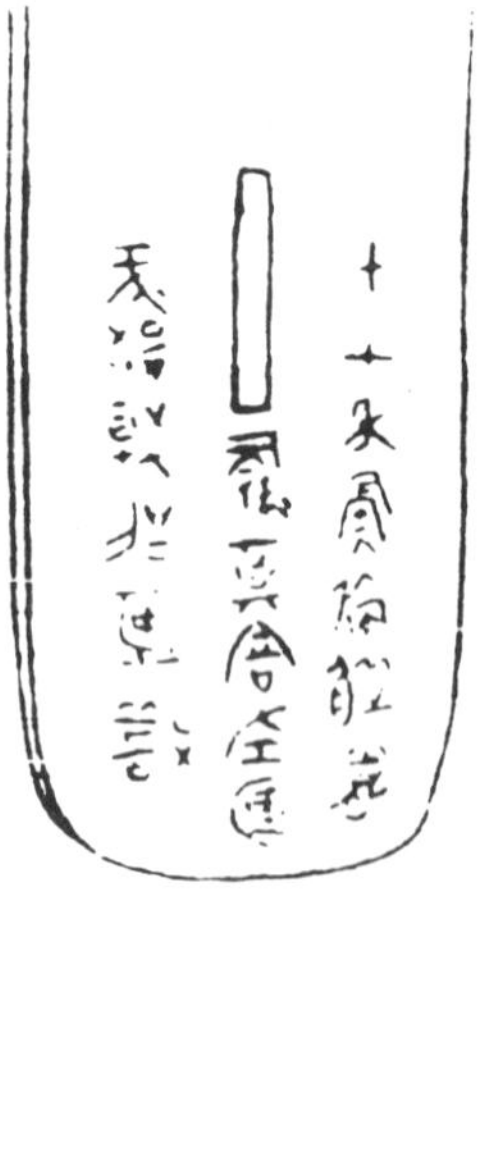

図一八② 十七年垸令戈（25）内部模本

図一九　廿三年襄城令矛（26）銘文部位拓本

図二〇①　廿四年郙陰令戈（27）全形拓本

図二〇②　廿四年郙陰令戈（27）内部拓本

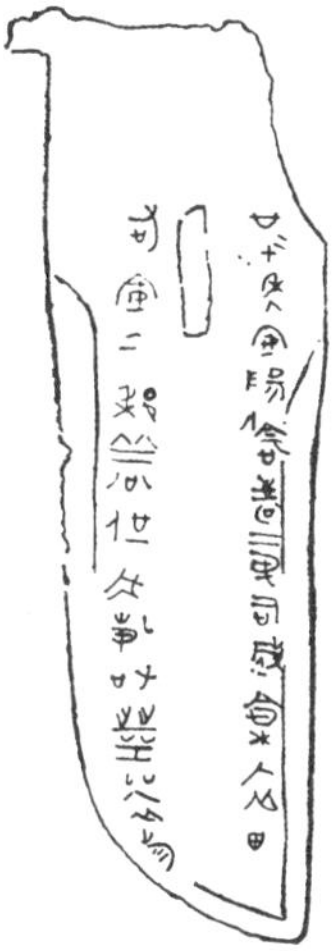

図二一　廿七年安陽令戈（28）内部模本

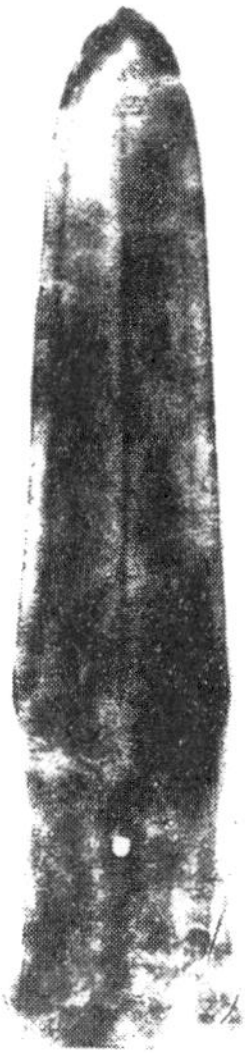

図二二①　四年□雍令矛（29）全形拓本

図二二②　四年□雍令矛（29）銘文部位模本

図二三① 六年安陽令矛（30）全形拓本

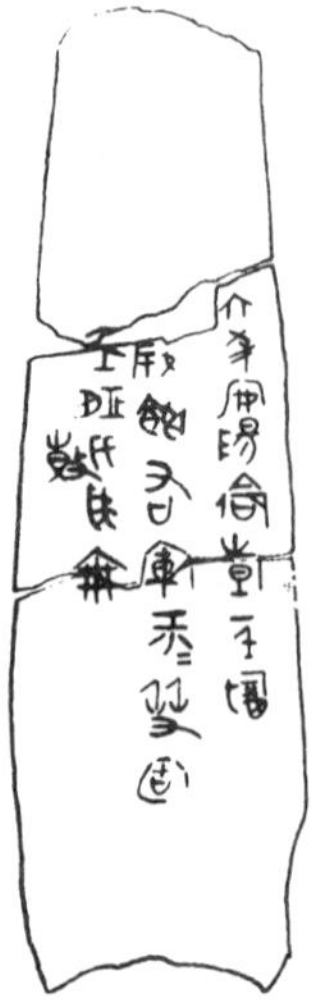

図二三② 六年安陽令矛（30）全形模本

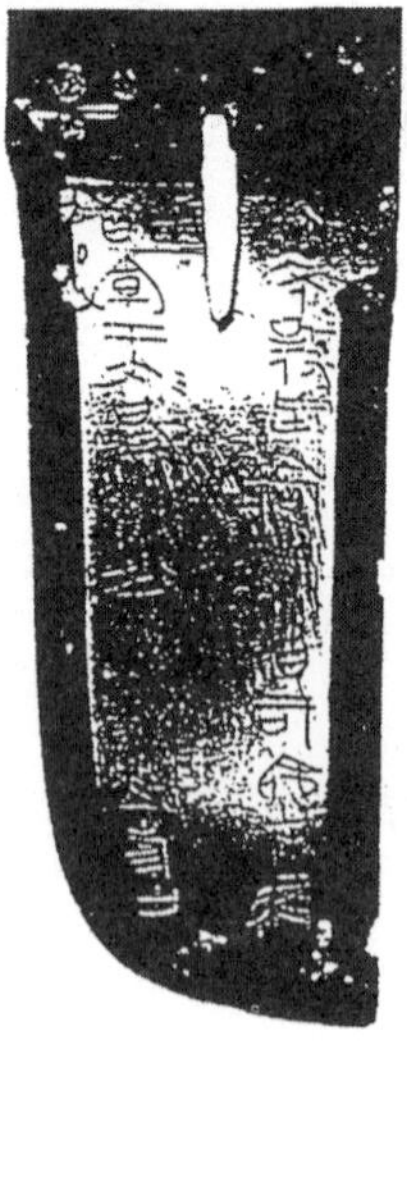

図二四① 六年襄城令戈（31）全形写真

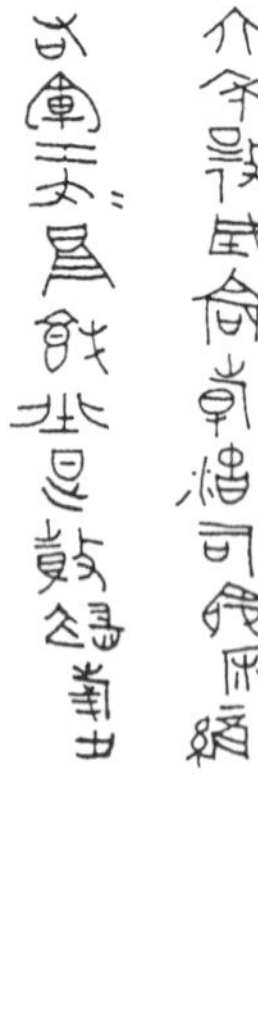

図二四② 六年襄城令戈（31）銘文部位模本

第三章　戦国韓国の権力構造

――政権上層部の構成を中心に――

はじめに

紀元前二三〇年、戦国韓国は秦の内史騰の攻撃を受け、最後の韓王安は虜となり、その地を献じて滅亡した。鄭国の間諜行為・韓非の外交努力もむなしく、東方六国においては最初の滅亡であった。秦はこれを皮切りに、一〇年足らずの間に六国の併合に成功し、天下統一を実現する。

戦国韓国崩壊の原因は何だろう。その理由は政治・経済・軍事・社会各側面からの検討を要するが、筆者はその大きな要因の一つに血縁原理の強さを考えている。それは能力主義的官僚採用や中央集権的改革を進める上で、一定の阻害要因となった。

戦国韓国は春秋期以来の宗族的秩序の根強い存在と、一方で戦国の緊迫した国際関係の中で要請される君主権強化という相反する側面を内包していた。こうした矛盾の克服は戦国国家に共通の課題であったが、これまでの戦国史研究は秦史に圧倒的な重点があり、六国側の固有の条件に専論するものが少なかった。

そうした中で、東方六国に固有の国家機構・社会構造の解明と統一秦との比較を視野に国別研究を進められた太田幸男・江村治樹両氏の成果は貴重といえる[1]。

太田氏は、家父長権の拡大によって国家機構を成立させる田斉の型と共同体を基礎に専制権力を確立する秦の型の違いを明らかにした。田斉の型は内部に同様の家父長権力を生み、分解していくという[2]。残念ながら、氏は戦国三晋については見通しの域に留まっている。戦国韓国（或いは三晋）の権力構造はどのような特徴を持つのか、性急に解答の出る問題ではないが、本章は氏の問題提起を継承するものである。

江村氏は出土文字資料の網羅的整理から、戦国三晋諸国の「都市」の経済的・軍事的自立性を明らかにした。その上で、「都市」の自立性の低い周辺地域（秦・楚・燕）と自立性の高い中原地域（三晋）という見取り図を提出している。それは中央集権的な専制支配を成立させた周辺地域（とりわけ秦）と十分にはなしえなかった三晋という対比でもある。氏の指摘は大変興味深いのだが、その自立的な「都市」と三晋宗主あるいは支配層がどのような関係を取り結んだのか、あまり言及されていない。筆者は韓について、その点を検討していきたい[3]。

本論に入る前に本章の構成を確認しておこう。第一節では、県制研究で著名な『左伝』昭公五年「韓賦七邑」の史料を再読し、春秋末あるいは戦国中期に至る韓氏一族の構成を確認する。第二節では、まず申不害の改革と宗室血縁との関係について考察し、その上で、戦国韓国の中央・地方官制と軍制における官職担当者を『史記』『戦国策』等の既存文献と出土銅兵器銘文より整理し、政権上層部の構成とその特徴を明らかにする[4]。

一　春秋後期～戦国中期における韓氏一族の構成

本節では、戦国韓国成立の前史として、春秋後期から戦国中期にかけての時期における韓氏一族の構成を見ていく。

韓氏の出自をめぐっては諸説あるのだが、簡単に確認しておくと、司馬遷は周と同姓の姫氏で、その後裔が晋に仕え、韓武子の時に韓原に封を得たものと理解していた。(5)『国語』巻十四晋語八には韓宣子の言葉として、曲沃桓叔（晋侯の分族で紀元前七〇九年に太宗に取って代わる）の子が万で韓の地を受け、韓氏の始祖韓万となったと伝えている。(6)

韓氏は周知の通り、春秋晋国の有力世族であった。韓氏は郤氏・欒氏・先氏といった有力世族の中にあって、控えめな勢力であり、春秋晋国の歴史を通じて見れば、必ずしも「勝ち抜けた」というより、「最後に残った」といった方が適切である。(7) 春秋晋国における三晋の動向と「三家分晋」・鄭征服への過程については、すでに優れた研究があり、本章では繰り返すことはしない。(8) ここでは韓氏一族の県邑支配を知る上で、これまでも注目されてきた『春秋左氏伝』昭公五年の説話を取り上げる。この説話（その会話部分）は韓氏一族の構成を伝える貴重な史料でもある。

韓宣子（韓起）は、昭公二年（前五四〇年）、趙文子の死を受け、執政の座に着いた。宣子が叔向を伴い、楚霊王へ晋の公女を届けに行った場面、楚王は二人を刑しようとした。それを諌めた薳啓彊の言葉である。

韓起の下、趙成・中行呉・魏舒・范鞅・知盈あり。羊舌肸の下、祁午・張趯・籍談・女斉・梁丙・張骼・輔躒・苗賁皇あり。皆な諸侯の選なり。韓襄、公族大夫為り、韓須、命を受けて使いす。箕襄・邢帯・叔禽・叔椒・子羽、皆な大家なり。韓の賦する七邑、皆な成県なり。羊舌の四族、皆な彊家なり。晋人若し韓起・楊肸を喪わば、五卿八大夫、韓須・楊石を輔けて、其の十家九県、長轂九百、其の余四十県の遺守四千に因り、其の武怒を奮い、以て其の大恥に報いんと、伯華之を謀り、中行伯・魏舒、之を帥いれば、其れ済《な》らざる蔑《な》けん。

（『左伝』昭公五年）

箕襄・邢帯は杜預の注に「韓氏の族」といい、叔禽・叔椒・子羽は杜注に「韓起の庶子」といい、或いは会箋に劉炫を引いて「韓起の族」[9]というように、この五人は韓氏の族員である。続いて「韓賦七邑」とあり、それはみな「成県」であったのだから、この七邑（県）の管領者は韓須・韓襄・箕襄・邢帯・叔禽・叔椒・子羽の七人だろう。[10]この時晋は全部で四十九県あったというのだから、その七分の一を韓氏は占めていたことになる。

この史料において、まず注目したいのは、韓氏一族が県邑の管領者となっていることである。杜注をどこまで信用するかという問題もあるが、箕襄・邢帯はそれぞれ箕（山西省太谷県東）・邢（河北省邢台市）を第二次氏とする韓氏族員ということだろう。叔禽・叔椒は兄弟の排行と考えられる。本伝は説話の会話部分にあたり、昭公五年当時の実態と理解してよいか、それとも戦国中期の左伝編者の認識の投影とみるか、判断は難しい。ただ、筆者は後者だとしても、何らかの基づく所があると思われ、春秋後期から戦国中期のいずれかの時期に、こうした韓氏一族による邑支配が存在しただろうと考える。

もう一点、注意したいのは、宗族の肥大化・分裂の様相についてである。本説話に見えるように、箕襄・邢帯・叔禽・叔椒・子羽は「大家」と記された。別の所で、知氏・韓氏・魏氏を指して、「三家未だ睦まず」（『左伝』定公十三年）と述べられる通り、韓氏もまた「家」であったのだから、左伝編者の認識の中で「家」は重層化している。韓氏宗主はこうした「大家」をどの程度、意のままに従わせることができただろうか、疑問なしとしない。さらに韓襄は、韓無忌の子であり、韓起（韓宣子）に宗主の位置を譲った人物の子である（『国語』巻十三晋語七）。韓須は、韓宣子の子であって、こうして韓宣子―韓須、韓無忌―韓襄の両系統が晋の要職につくようになった。これはすでに滅亡した先氏、郤氏、欒氏のたどった道筋同様、危険な方向である。韓氏宗主は依然、宗族内部に確固たる地位を築いていたとはいえず、実際、知氏滅亡後、族内部の矛盾は顕在化する。[11]ときに三晋宗主は王朝との関係構築や遷都問題など新たな事態への対応も迫られていたのだが、この点については先行研究に譲り、繰り返さない[12]。次章ではまず、史料も比較的そろう昭侯期・宣恵王期における君主権の確立を見てみよう。

二　戦国中後期韓国の権力構造　―君主権の成立と政権上層部の構成を中心に―

前三六三年（楊寛前三六二）、「明君」として名高い昭侯が即位する。その八年（前三五六年／楊前三五五）、昭侯は申不害を相に採用し、一定の改革を実施した[13]。秦における商鞅変法と時をほぼ同じくする。申不害は京（河南省滎陽県）の人で、元鄭の賤臣であり、治国の「術」に通じていた。「術」とは『韓非子』定法篇第四十三に「任によりて官を授け、名に循いて実を責め、殺生の柄を操り、群臣の能を課する者なり。此れ人主の執る所なり」と定義するもので、人主の掌握する秘密・恣意的な手段である。

申子の学については、『史記』巻六十三老子韓非列伝に著書二篇といい、あるいは『漢書』巻三〇芸文志は六篇というが、今に伝わらない。その思想の大要は『群書治要』巻三十六の『申子』大体篇からうかがえる。たとえば、「明君は身の如く、臣は手の如し。君は号の若く、臣は嚮（響）の如し。君は其の本を設け、臣は其の末を操る。君は其の要を治め、臣は其の要を行い、臣は其の詳を行う。君は其の柄を操り、臣は其の常を事とす」と君臣の区別をはっきりさせ、それぞれの職務を明確にする。筆者が注目したいのは、前述した宗族の肥大化・分裂と君主権強化の関係についてである。君臣関係の明確化の焦点は、一族近親を臣下に位置づけることにあったかと思われる。次の史料を見てみよう。

魏の恵王、人をして韓の昭侯に謂わしめて曰く、「夫れ鄭は乃ち韓氏之を亡ぼせるなり。願わくは君其の後を封ぜんことを。（中略）君若し之を封ぜば、則ち大名たらん」と。昭侯之を患う。公子食我曰く、「臣請う、往きて之に対えん」と。（『呂氏春秋』巻十八審応覧・審応篇）

魏の邯鄲を囲むや、申不害始めて韓王に合う。然れども未だ王の欲する所を知らざるなり、言いて未だ必ずしも王に中たらざらんことを恐るるなり。王、申子に問いて曰く、「吾れ誰と与にせば可ならんか」と。対えて曰く、「此れ安危の要、国家の大事なり。臣請う深く惟いて之を苦思せん」と。乃ち微かに趙卓・韓鼂に謂いて曰く、「子は皆な国の弁士なり。夫れ人臣たる者、言必ず用いらる可けんや。忠を尽くすのみ」と。二人各々進んで王に議するに事を以てす。申子微かに王の説ぶ所を視て、以て王に言う。王大いに之を説ぶ。

（『戦国策』巻二十六韓策一）

最初の史料は『史記』巻四十四魏世家索隠引『竹書紀年』「魯の恭侯・宋の桓侯・衛の成侯・鄭の釐侯来朝す」（魏恵王十四年は踰年法年次・前三五六）との関連が指摘されている。[14]『呂氏春秋』によれば、魏の恵王が鄭の復国を要求してきて、昭侯は困惑してしまったという。それに対し公子食我が「臣請う」と昭侯に臣従して、魏王への対応を願い出ている。公子食我は『韓非子』説林上第二十二にも見え、そこでは公乗無正と張譴後の「相」の位を争う場面となっている。陳奇猷氏は公子食我を「韓の諸公子、韓昭侯の時の人」と解している。[15]

二つ目の史料は、申不害が初めて昭侯に謁見するときの場面とされるが、昭侯の好悪を伺うため、趙卓・韓鼂の「議」を観察して後、自ら進言したという。この史料も『韓非子』内儲説上第三〇に節録された形で見え、そこでは趙紹・韓沓の名で登場する。陳氏は同一人物と考えている。[16]申不害もまた「臣請う」と臣従し、趙卓・韓鼂に対しては「人臣たる者」と一般論を述べている。

ともに戦国後期以降における編纂者の認識の投影を想定させ、とりわけ後者については王号を採用していないはずの昭侯を「韓王」と称しており、改作が認められる。とはいえ称王は次の宣恵王の時代である（前三二六年／楊前三二五）[17]。遠からぬ時期に一族に対して君臣関係を確認する場面は訪れただろう。昭侯はかつての宗主分族や所謂「大家」といった族内部の有力集団を臣下に位置づけることに成功しつつあった。

申不害は「術」を以って君主専制支配体制を築こうとしたとされるが、法令を重視したことも事実である。法的支配の様式もまた非合理的ながら形成されてきていたことは『韓非子』定法篇第四十三に見える。著名な史料なので全体の引用は割愛するが、「晋の故法」・「韓の新法」の併存は、宗室貴戚の支持する世族世官制と「能に因りて官を授く」（『韓非子』外儲説左上第三十二）新たな官僚制との交錯を示しているだろうし、「先君の令」・「後君の令」の混在は、法的支配の未熟さを伝えるものである[18]。そして能力主義を説いた申子自身、その従兄を官に仕えさせようとしたように、改革は中途に終わった。

しかし、後述の韓国兵器の繁式・最繁式銘文によれば、武器製造の厳格な要求と責任の所在の明確化を伝えており、法の存在を予想させる。また近年とみに増加する出土文字資料も、戦国中後期韓国の、各部門における官僚機構の急速な成立・発展を示している[19]。変法政治の芽は確かに継承されたといえる。

それでは次に、こうした官僚機構と法的支配の枠組みの成立に向かった戦国中後期における、韓国の中央・地方官制と軍制の主要な担い手を見てみよう。

1　中央官―相について―

昭侯と申不害の死に引き続き、威侯（のちの宣恵王）の時代（前三三三～前三一二年）、公仲が相として見える。この時期、戦国韓には公仲と勢力の拮抗する存在として公叔がいた。ともに「仲」・「叔」というのだから、昭侯か威侯の兄弟であろう。宣恵王はかつて「公仲・公叔を両用」（『戦国策』巻二十六韓策一）せんと希望し、摎留にとめられた経緯がある。その理由は「其の多力なる者は、内に其の党を樹て、其の寡力なる者は、外権を籍らん」というもので、実際、両者は周辺諸国を巻き込み、韓国内に派閥構造を形成した。宣恵王から襄王（前三一一～前二九六年）にかけて、おおむね公叔の斉・魏・韓ラインと公仲の秦・楚・韓ラインが対立した。ただし、その公仲も前三〇六年に死去した模様で、その後、韓辰が相になったという（『戦国策』巻二十八韓策三）。興味深いのはいずれも韓氏一族が百官の長たる相に就任していることである。公仲・公叔・韓辰のほか、すでに前章に見た韓相俠累（韓傀）、前二六〇年前後の桓恵王期には韓熙、そして最後の韓王安（前二三八～前二三〇年）の相国は韓玘だったという（『史記』巻八十七李斯列伝）。官位世襲も存在した。後に劉邦集団の功臣となる張良の祖先（開地・張平）は代々、韓の相を務めたという（『漢書』巻四〇張良伝）。

ただし国家建設の途上、戦国韓には段規・厳遂・許異・張譴・公乗無正・申不害など非血縁一代限りの相も存在する。[20]そして、外交に特化した相も存在した。[21]所謂遊説の士で蘇秦（前三一八～前三一七年）や犀首（前三一三年）、樗里疾（前三〇八年）などである。こうした人物の担当期間は外交関係の変化に左右され、概ね短期に終わった。

2　地方統治機構と県令

地方統治機構については、銅兵器銘文により一部復元が可能になってきた。文献史料の欠を補うものとして注目に値する。その基礎作業（釈読・編年）は別稿に行ったので参照されたい。[22] ここでは別稿の作業をふまえ、次頁に県令の担当者のみ表示した。

表一・二は銅兵器銘文より見た戦国韓国の県令である。興味深いのは鄭（後述）・宜陽（韓誹）・負黍（韓譙）・盧氏（韓歳厥）・新城（韓定）・喜（韓鴟）・格氏（韓臾）・陽城（韓季）・綸氏（韓化）・□雍（韓匡）・安陽（韓望）・襄城（韓沾）の各県に韓氏一族が就任している。これは第一章に見た『左伝』昭公五年「韓賦七邑」の支配体制を実地に確認するものである。しかし、変化の側面も見逃せない。戦国韓の国都・鄭県の令について、韓熙（前二七一～前二六七年）→向彊（前二六四年）→趙距（前二五九～前二五七年）→茲恒（前二五六年）→韓恙（前二五三年）→𦨡□（前二五二年）→楫滔（前二四二～前二三六年）→韓半（前二三五～前二三四年）→𥧋曾（前二三三～前二三一年）と、県令が次々と交替している。なお、県令の交替は必ずしも矢印の順序ではなく、途中に別人の入る可能性はある。また、鄭県のみの事例という制約もある。しかしこれらの一次資料は、極めて貴重な事実を教えてくれる。まず県令の任用期間について、紀年の連続から「楫滔」は桓恵王三十一年から韓王安三年までの最低七年間は担当しただろうし、「韓半」の二年間・「𥧋曾」の三年（或いは四年）間は確実だろう。県令の任期は、固定していなかったようである。次に韓氏一族の着任についてである。「韓熙」「韓恙」「韓半」といった韓氏一族が官僚機構の中に組み込まれ、少なくとも任期においては特別扱いされていないようである。[23] ここでの異姓のものが、どのような来歴の者かは、残念ながらわからない。軍功の士なのか、文士なのか、はたまた韓氏を第一次氏とする第二・第三の氏なのか、不明である。もう一点興味深いのは、「趙距」の存在で、表一の一一～一四番の銅兵器には司寇として「趙它」も見え、韓氏と婚姻関係にあった趙氏一族が要職に就任している。前引の「趙卓（趙紹）」は弁舌の士として登場した。筆者は別の機会に、三晋相互は通

表１　鄭県の令

	官　名	人名	時　　期	出　　　典
1	県令（鄭）	韓□	桓恵王２年　271B.C.	集成17・11328戈、郝表７号
2	県令（鄭）	韓熙	桓恵王３年　270B.C.	集成17・11357戈、郝表８号
3	県令（鄭）	韓熙	桓恵王６年　267B.C.	集成17・11336戈
4	県令（鄭）	向彊	桓恵王９年　264B.C.	集成18・11551矛、郝表９号
5	県令（鄭）	趙距	桓恵王14年　259B.C.	集成17・11387戈、郝表10号
6	県令（鄭）	趙距	桓恵王15年　258B.C.	集成17・11388戈、郝表11号
7	県令（鄭）	趙距	桓恵王16年　257B.C.	集成17・11389戈、郝表12号
8	県令（鄭）	茲恒	桓恵王17年　256B.C.	集成17・11371戈、郝表13号
9	県令（鄭）	韓恙	桓恵王20年　253B.C.	集成17・11372戈、郝表14号
10	県令（鄭）	艈□	桓恵王21年　252B.C.	集成17・11373戈、郝表15号
11	県令（鄭）	棺活	桓恵王31年　242B.C.	集成17・11398戈、郝表16号
12	県令（鄭）	棺活	桓恵王32年　241B.C.	集成18・11555矛、郝表17号
13	県令（鄭）	棺活	桓恵王33年　240B.C.	集成18・11693剣、郝表18号
14	県令（鄭）	棺活	桓恵王34年　239B.C.	集成18・11560矛、郝表19号
15	県令（鄭）	棺活	王安元年　238B.C.	集成18・11552矛、郝表20号
16	県令（鄭）	棺活	王安２年　237B.C.	集成18・11563矛、郝表21号
17	県令（鄭）	棺活	王安３年　236B.C.	集成18・11559矛、郝表22号
18	県令（鄭）	韓半	王安４年　235B.C.	集成17・11384戈、郝表23号
19	県令（鄭）	韓〔半〕	王安５年　234B.C.	集成17・11385戈、郝表24号
20	県令（鄭）	韓半	王安５年　234B.C.	集成18・11553矛
21	県令（鄭）	彘瞥	王安６年　233B.C.	集成17・11397戈、郝表25号
22	県令（鄭）	彘瞥	王安７年　232B.C.	集成18・11554矛、郝表26号
23	県令（鄭）	彘瞥	王安８年　231B.C.	集成17・11386戈、郝表27号

〔略称〕郝表：郝本性「新鄭〝鄭韓故城〟発現一批戦国銅兵器」『文物』1972-10
黄論文：黄盛璋「試論三晋兵器的国別和年代及其相関問題」『考古学報』1974-1

表２　韓国地方の県令

	官　名	人名	時　期	出　典
24	県令（宜陽）	麗諄	襄王２年　310B.C.（？）	文物2000-10、p.76
25	県令（宜陽）	麗諄	襄王２年　310B.C.	考古与文物2002-2、p.70
26	県令（宜陽）	麗諄	襄王２年　310B.C.	考古与文物2002-2、p.70
27	県令（宜陽）	韓訷	襄王４年　308B.C.	集成17･11316戈
28	県令（負黍）	韓譙	襄王３年　309B.C. or 釐王３年　293B.C. or 桓恵王３年　270B.C.	集成17･11317戈
29	県令（負黍）	韓譙		集成17･11318戈
30	県令（負黍）	韓譙		集成17･11319戈
31	県令（盧氏）	韓歳厥	襄王７年　305B.C.	四川考古報告集pp.242～243
32	県令（新城）	韓定	襄王８年　304B.C.	集成17･11345戈、黄論文(9)
33	県令（皐落）	少曲啵	襄王11年　301B.C.	考古1991-5、考古1993-8
34	県令（喜）	韓鴟	襄・釐王16年	集成17･11351戈
35	県令（成算）	佃章	襄・釐・桓恵王２年	中原文物1992-2、p.90
36	県令（陽人）	卒止	襄・釐・桓恵王３年	小校10･53･1、黄論文(10)
37	県令（桐丘）	脩	襄・釐・桓恵王５年	考古1987-12、p.1107
38	県令（格氏）	韓臾	襄・釐・桓恵王６年	古文字研究12、1985、p.329
39	県令（陽城）	韓季	襄・釐・桓恵王６年	華夏考古1991-3、p.31
40	県令（綸氏）	韓化	襄・釐・桓恵王７年	集成17･11322戈、黄論文(12)
41	県令（汝陽）	張疋	桓恵王10年　263B.C.	文物1990-7、p.39
42	県令（堯）	艉胥	桓恵王17年　256B.C.	集成17･11382戈、黄論文(15)
43	県令（襄城）	爻牛忿	桓恵王23年　250B.C.	集成18･11565
44	県令（安陽）	敬章	桓恵王27年　246B.C.	考古1988-7、pp.617～618
45	県令（□雍）	韓匡	王安４年　235B.C.	集成18･11564矛、黄論文(13)
46	県令（安陽）	韓望	王安６年　233B.C.	集成18･11562矛、黄論文(14)
47	県令（襄城）	韓沽	王安６年　233B.C.	第三届国際中国古文字学研討会論文集

集成：中国社会科学院考古研究所編『殷周金文集成17戈・戟』、『殷周金文集成18矛・剣・雑兵・車馬器』中華書局、1994年。詳細は本章注22拙稿参照。

婚関係にあり、韓国で趙氏、趙国で韓氏、魏国で趙氏の者が要職に就任していることから、宗室と姻戚を併せて「宗親」勢力と呼び、彼らの政権構造に占める重要な位置について注意を促した。(24) こうした点については、本章末尾で再び触れたい。

なお異民族については、屭羌鐘銘文に見るように族集団の首長を安堵する形で、貢納・軍役を課したのではないかと思われる。(25) 編年については白川静氏は晋の烈公二十二年（前三九八）とし、平勢氏は晋の孝桓公二十二年（前三六八）とする。また封君については楊寛氏のあげる安成君・公子長・山陽君・成陽君・市丘君・陽城君と春成君(26)であるが、いずれも数世代に渡って世襲されたようには見えない。そして楊氏もいうように概ね韓氏一族であったものと思われる。(27)

3　軍事組織—将について—

最後に軍事組織を見ておこう。蘇秦の宣恵王への献策に次のように述べている。

> 韓は北に鞏・洛・成皐の固め有り、西に宜陽・常阪の塞有り、東に宛・穣・洧水有り、南に陘山有り。地、方千里、帯甲数十万あり。天下の強弓勁弩は、皆な韓自り出づ。谿子・少府の時力、距黍は、皆な六百歩の外を射る。韓卒、足を跕んで射ば、百発止むるに暇あらず。遠き者は胸を達き、近き者は心を掩う。
>
> （『戦国策』巻二十六韓策一）

蘇秦の言葉には誇張が見られるが、韓は「帯甲数十万」を擁したという。別の所である人物は釐王（在位前二九五

〜前二七三年）に対して「之を悉すも三十万に過ぎず」（韓策一）と、一転、韓兵の少なさを述べるのだが、ともに戦国中期における郡県徴兵制の成立を背景とするものだろう。前節に引いた『左伝』には「長轂九百」と戦車の数で示されていた軍隊の規模も、数十万単位の歩兵の数で戦力を誇示するようになった。最後に将の担当者を見ておこう。

韓挙（将・宣恵王八年　前三二五　韓世家）
申差（将・同十六年　前三一七　秦本紀・韓世家）
䱸（将・同十六年　前三一七　韓世家）
犀首（将・同二一年　前三一四　秦本紀）
韓明（韓朋の誤）（将［率師］・同二一年　前三一二　済水注引竹書紀年・魏襄王七年）
公孫喜（将・釐王三年　前二九三　秦本紀・韓世家）[28]
暴鳶（将・釐王十三、二一年　前二九九、前二八四　秦本紀・韓世家）

将についても、韓挙・韓朋（前述の公仲のこと）[29]と一族の担当が認められる。前三一七年の脩魚の戦いでは将の申差・䱸とともに太子奐も従軍しており、斬首八万二千の大敗を喫している（『史記』巻五秦本紀）。

以上、本章では中央官（相）・地方統治機構（県令・異民族・封君）・軍事組織（将）の各担当者を通観してきた。議論は戦国中後期における韓国の権力構造全般にわたったが、政権上層部の構成の特徴として韓氏一族の要職就任は指摘できたと思う。そのほか、張良のように数代にわたって相を担当した一族の存在や趙氏一族の要職就任もあり、宗親・有力世族の根強い存在は戦国韓国の富国強兵を阻害したことだろう。

まさに韓非が「重人」「大臣」として糾弾する者たちは、実名こそ記さずといえ、本節に示した戦国韓国の宗室貴戚を中心とする勢力を指しているといえる。(30) 戦国韓国の中央集権的改革は道半ばに終わったといえるだろう。

おわりに

本章では戦国韓国の権力構造を、政権上層部の構成を中心に二節にわたって、論じてきた。筆者が新たに述べたことは、およそ以下の二点である。

①『左伝』昭公五年の著名な史料「韓賦七邑」の再検討から、春秋後期から戦国中期にかけての時期に、韓氏一族による県邑管領の可能性を指摘した。

②戦国韓国は血縁原理を重視し、韓氏一族で中央官・地方官・軍事の要職の多くを固めた。筆者は第二節において『史記』・『戦国策』などの既存文献に見える相・将の担当者と銅兵器銘文に見える県令担当者を整理し、そのことを述べてきた。

こうしてみると、韓氏一族は春秋後期から戦国中後期に至るまで、その血縁的な結束を維持していたようである。しかし①と②の間の変化を見逃すことはできない。第二節の前半に詳論したように、韓氏宗主は昭侯期・宣恵王期には宗族内部に確固たる地位を築き、一族を臣下に位置づけた。そして臣となった韓氏一族は新たに整備された国家機構の官僚となった。新しい機構・制度の中に旧来からの血縁秩序を位置づけたのである。肯定的にとらえればそう評価できよう。ただ実際は、王族の身分を利用し、私利の追求に奔る者あり、命令に従わない者あり、韓国の国家支配にとっては負の側面の方が目立っていった。韓非の怨嗟から、私たちは逆に出土史料からは知り得ない、もう一つの現実を知ることになる。

最後にこれらの検討をふまえ、はじめに提示した先行研究との関連を述べれば、戦国韓国は太田幸男氏の検討した田斉と比較的類似した人事配置を示していると指摘できる。ただし、なぜこれほど多くの韓氏族員が出現するのか、それは田氏のように後宮の開放など何らかの擬制化があったのか、詳しいことはわからない。

江村治樹氏の「都市」論については、三晋諸国の「都市」の経済的・軍事的自立性は確かとしても、その「都市」のトップ（県令）には韓氏一族が就任していた、という事実を筆者は重視したい。それは戦国韓の地方統制の特徴と理解できるだろう。秦では郡守が兵器鋳造に関与しており、また県独自の貨幣発行も認められていないようである。そうした秦と比較すれば、韓の中央集権化は不徹底といえるが、筆者は今後、三晋諸国それぞれの支配の特質を見ていきたいと思う。

注

（1）太田幸男「田斉の成立―斉の田氏について・その二―」中国古代史研究会編『中国古代史研究 第四』雄山閣、一九七六年、「田斉の崩壊―斉の田氏について・その三―」『史海』二一・二二合併号、一九七五年、ともに『中国古代国家形成史論』汲古書院、二〇〇七年に改題の上、所収）。江村治樹「戦国時代の出土文字資料と都市の性格」『春秋戦国秦漢時代出土文字資料の研究』第二部、汲古書院、二〇〇〇年。近年の中国における研究では、田昌五・臧知非『周秦社会結構研究』（西北大学出版社、一九九六年）が国別の研究ではないとはいえ、六国側の条件を考慮し、春秋戦国の社会変動を体系的に論ずる。

（2）太田幸男「中国古代国家成立に関するノート―最近の諸説への批判をふまえて―」『歴史評論』三五七、一九八〇年（『中国古代史と歴史認識』名著刊行会、二〇〇六年に改題の上、所収）。なお楚国の権力構造については、岡田功氏が呉起変法の検討から、中原諸国と比べ生産力の低い楚において、分解の進まない邑共同体を基盤に、楚王が近親の新興世族層を通して権力の確立をはかったと述べ、秦の型との近似を指摘する（「楚国と呉起変法―楚国の国家構造把握のために―」『歴史学研究』四九〇、一九八一年）。

（3） 三晋については、吉本道雅「三晋成立考」（平成七年度～九年度科学研究費補助金基盤研究（C）（二）研究成果報告書『春秋戦国交代期の政治社会史的研究』一九九八年、『中国先秦史の研究』第三部第一章、京都大学学術出版会、二〇〇五年に改題の上、所収）も有益な研究である。

（4） そのほか史料学的な研究として、藤田勝久『史記戦国史料の研究』（東京大学出版会、一九九七年）は韓世家（『史記』巻四十五）の構成分析を行い、戦国韓の地域的特色にも言及する。また戦国史料の紀年矛盾については、平勢隆郎氏の『新編史記東周年表―中国古代紀年の研究序章』（東京大学出版会、一九九五年）が体系的な編年観を提出している。本章においては、通説的な楊寛『戦国史（増訂本）』（上海人民出版社、一九九八年）等と比較参照した。

（5） 『史記』韓世家「韓之先、与周同姓、姓姫氏。其後苗裔事晋、得封於韓原、曰韓武子。武子後三世有韓厥、従封姓為韓氏。」

（6） 『国語』巻十四晋語八「叔向見韓宣子、宣子憂貧、叔向賀之。……（韓宣子）曰、……其自桓叔以下嘉吾子賜。」

（7） 増淵龍夫「春秋戦国時代の社会と国家」『岩波講座世界歴史古代四東アジア世界の形成』岩波書店、一九七〇年、一八〇頁。

（8） 吉本前掲書参照。平勢隆郎「晋国の県」『左伝の史料批判的研究』汲古書院、一九九八年。初出一九八二・八三年。）

（9） 〔隋〕劉炫『春秋規過』巻下九葉（〔清〕馬国翰『玉函山房輯佚書』経編春秋類所収）。

（10） 平勢前掲『左伝の史料批判的研究』三四九頁。

（11） 前三九八年、厳遂は刺客聶政を使って韓相俠累（韓傀）を殺害し（『史記』韓世家）、前三七四年に韓厳（韓山堅）は哀侯を弑殺した（『史記』韓世家索隠引『竹書紀年』）。

（12） 戦国初期の系譜・都城の変遷・鄭征服の過程については、平勢・吉本両氏前掲書参照。

（13） 申不害の思想の概要については、郭沫若（野原四郎ほか訳）「前期法家の批判」『中国古代の思想家たち　下』第八章、岩波書店、一九五七年。重沢俊郎「中国古代の法治学説」『法制史研究』十九号、一九六九年等参照。

（14） 吉本前掲書四七九頁と注一三八。

(15)『韓非子新校注』上冊、上海古籍出版社、二〇〇〇年、四七八頁。
(16)『韓非子新校注』上冊、五六六～五六七頁。
(17)戦国王権の成立として、その観念的・イデオロギー的形態は別に問われる必要がある。尾形勇・平勢隆郎『世界の歴史二　中華文明の誕生』中央公論社、一九九八年参照。
(18)法的規範の一端と職官について〔明〕董説著・繆文遠訂補『七国考訂補』（上海古籍出版社、一九八七年）「韓職官」・「韓刑法」を参照。
(19)江村治樹「戦国時代出土文字資料の国別特質」前掲書所収、参照。
(20)厳遂は「君に重んぜらる」（『韓非子』内儲説下第三十一）といい、許異は刺客聶政が宰相の刺殺に留まらず、韓列侯を巻き添えにしたときこれを蹴倒し救ったという。その功績あって終身、相をつとめた（『戦国策』巻二十八韓策三）。公乗無正は三十金の賄賂によって張譴の推薦・保障を得た（『韓非子』説林上第二十二）。
(21)相原俊二「三晋文化の一考察―相について」中国古代史研究会編『中国古代の社会と文化―その地域別研究』東京大学出版会、一九五七年。
(22)拙稿「鄭韓故城出土銅兵器の基礎的考察」『学習院大学人文科学論集』一三、二〇〇四年（本書第一章）。拙稿「戦国韓国の地方鋳造兵器をめぐって―戦国後期韓国の領域と権力構造―」『学習院史学』第四三号、二〇〇五年（本書第二章）。旧稿の表二中、43番郙陰令戈は編年を改めた。第二章注33参照。
(23)あるいは昇進などの差別はあったかもしれない。黄茂琳（黄盛璋）「新鄭出土戦国兵器中的一些問題」『考古』一九七三年第六期、三七六～三七七頁。
(24)拙稿「〈報告記事〉戦国中後期における三晋諸国の政権構造試論」『史学雑誌』第一一二編第一二号、二〇〇三年。本書結語注三参照。
(25)白川静『金文通釈』巻四　二〇四、羼羌鍾、白鶴美術館、一九七一年。
(26)楊前掲書六八八～六八九頁。黄盛璋「三晋銅器的国別、年代与相関制度」（『古文字研究』第十七輯、一九八九年）等によ

ると鄭韓兵器に「春成君」「春成□相邦」なる銘の銅兵器があり、韓国の封君で、かつて相国であったという。

(27) 楊前掲書二六六頁。

(28) 公孫喜は韓・魏両国の将を兼ねたようである。梁玉縄『史記志疑』巻四「案上文言魏使公孫喜攻楚、則喜是魏将也。故穰侯伝称虜魏将公孫喜、乃此紀及白起伝、不言喜為何国之将、而六国表書虜喜于韓表中、韓世家謂使公孫喜攻秦、秦虜喜、似喜又為韓将矣。蓋伊闕之役韓為主兵而実使魏之公孫喜将之、故所書不同。」

(29) 『水経注』巻八済水注引『竹書紀年』に「襄王七年、韓明率師伐襄丘」とあり、雷学淇・楊寛氏は時の相国韓朋（公仲）と考えている（『竹書紀年義証』巻四〇、『戦国史料編年輯証』上海人民出版社、二〇〇一年、五四九頁）。問題は同じく済水注引『紀年』に「梁恵成王五年、公子景賈率師伐鄭、韓明戦于陽、我師敗逋」とあることで、梁恵成王五年は前三六五年にあたる。ここの韓明もまた公仲朋とすると、彼は大変な長寿となってしまう。楊氏は范祥雍説によって、梁恵成王五年を後元五年の誤りとする（『輯証』二七〇頁）。あるいは公仲朋とは別の「韓明」という人物を想定することも可能であろう。

(30) 上原淳道氏は韓非自作諸篇において、あえて「韓」の字が避けられていることを手がかりに、韓非は「重人」・「邪臣」に細心の注意をしながら、改革に遅れる韓国を批判していると指摘する（「韓非、および、『韓非子』に関する一考察」『上原淳道中国史論集』汲古書院、一九九三年。初出一九六九年）。

第四章　趙国兵器の基礎的考察

——相邦・守相監造兵器の編年を中心に——

はじめに

近年、中国考古・先秦史における地域文化研究の進展を受け、趙国史ないしは趙文化の研究はにわかに活況を呈している。沈長雲等著『趙国史稿』や孫継民・郝良真等著『先秦両漢趙文化研究』などの出版は、そうした動向を反映するものである(1)。

本章は戦国後期の趙国政治を復元する前提として、相邦・守相監造の青銅兵器を取り上げる。題名の「監造」とは、製造の監督者であることを示す。

現在までのところ、筆者は戦国趙において製造された有銘青銅兵器を一〇〇件ほど確認している。その中で今回取り上げる相邦・守相監造の兵器は五二件と過半を数える。

そもそもどのような基準から戦国趙において製造された兵器（以下、「趙国兵器」と呼ぶ）と判断するか、大きな問題である。出土地点・兵器の形式や記載された銘文の形式・文字の形・地名・人名などから総合的に国別・年代を判断するのだが、これまで考古学・古文字学研究者によって、地道な研究が積み重ねられてきた。本章では前記のような

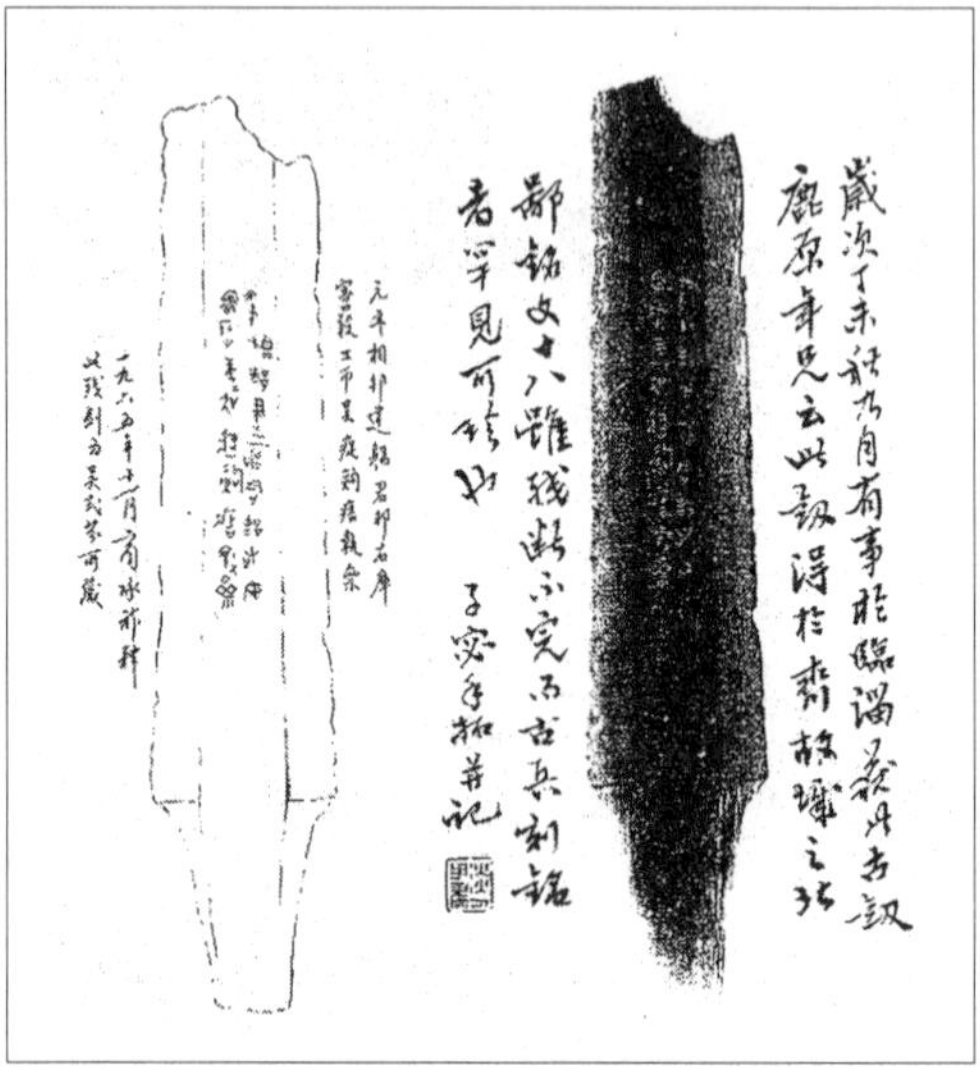

図1　新公開の元年建信君鈹の拓本と模本
（『故宮文物月刊』194、p.28）

目的を持つため、「趙国兵器」とは何か、何をもって「趙国兵器」とするかといった議論については必要に応じた言及にとどめる。

さて、戦国青銅兵器、とりわけ本章で取り上げる趙国兵器は三晋兵器研究の一部として、李学勤氏・林巳奈夫氏・黄盛璋氏らによって基礎を与えられた[2]。九〇年代後半、新しい動向をふまえ、江村治樹氏・呉雅芝氏らによって再整理されたが、その後（一九九七年以後）も新資料の公開は続いている[3]。

（1）「元年」の紀年を持つ建信君鈹の紹介（済南博物館所蔵／于中航氏[4]）

（2）守相信平君鈹の公開（スウェーデン、東アジア博物館蔵／呉振武氏[5]）

（3）武襄君鈹の新釈（河北省博物館蔵／呉振武氏[6]）

（4）相邦司空馬鈹の公開（保利芸術博物館所蔵／李学勤氏[7]）

こうした「新出」資料の公開は、議論百出であった戦国後期趙の相邦建信君・春平侯監造青銅兵器の編年に関する研究を進展させることとなった。本資料群は同時期の趙国政権の意志決定や国際環境への対応を見定める上で、重要な実物資料であり、次節では資料の紹介と研究動向を整理し、私見を述べたい。

本論に先立ち、「相邦」・「守相」とはどのような官職であるのか、簡単に確認しておく[8]。「相邦」とはいわゆる宰相のことで、『史記』・『戦国策』には「相」・「相国」(相国の「国」とは、劉邦の「邦」の字を避けたものである)とも記され、百官の長といわれる。「相」は、『史記』や『春秋左氏伝』には春秋時代以前にも存在したように記述されているのだが、一部の例を除き、戦国中期以降の認識の表現と考えられる。

「相」・「相邦」は世襲ではないため、「将」・「将軍」同様に王権の強化、宗法制の崩壊過程を示す一つの証左とされる。職務としては『荀子』王覇篇によれば、王の政務を助けるものとして、とりわけ人事権を掌握するものとして述べられる。また銅兵器銘文によれば、手工業機構の監督責任を負っていたことも知ることができる。

「相邦」を助ける官職として「丞相」はあり、秦武王二年の二丞相制はそのスタートとされる。近年、「丞藺相如」戈の発見により、趙にも「丞相」が存在していたことがいっそう明確になった(本章兵器番号39番と後引一一四頁の『戦国策』趙策三を参照)。

「守相」とは『戦国策』秦策五「文信侯出走し、司空馬趙に之き、趙以て守相と為す」の高誘注に「守相、仮なり」とあるように、相邦の代理と考えられる。『史記』巻八十一廉頗藺相如列伝には「仮相国」とも記され、兵器資料とあわせて考えれば、守相の言い換え(別の表現)と見られる。ただし、守相の職は一過性の側面があり(資料的には趙孝成王十五年~悼襄王九年の間に存在)、なぜこの職を設置する必要があったのか、さらなる追求を要する。

第一節　趙国兵器の性格

戦国時代前期~中期(ここでは林巳奈夫氏の基礎的編年に沿い、紀元前四五〇年頃~紀元前二五〇年)にかけて三晋諸国においては、地名のみ、あるいはAのように地名+庫名(武器庫の名称)を記した段階から、Bのように王(あるいは侯)

〔表1　趙国兵器の銘文形式〕

A　地名＋庫名

B　某年某令某＋（右・左・上・下）庫工師某＋冶某（＋執斎）

C　某年（相邦・守相）某＋邦（右・左）庫工師某＋冶某＋執斎

D　某年（相邦・守相）某＋邦（右・左）庫工師某＋冶某＋執斎【正】
　　大工尹某【背】

の何年＋県令某の監督＋ある武器庫の現場責任者某＋実際の製造者某といった形式、Cのように中央の宰相である相邦が監督者となる形式、DのようにCに加えて裏面に「大工尹」という製造責任者が追加される形式が見られるようになる（表一参照）[9]。

B～Dの形式については、考古学においては「物勒工名」（物に工名を勒〔キザ〕む）の青銅器として、これまでも注意されてきた。一般に戦国時期の富国強兵の要請にこたえ、製造責任を明示するようになったと理解している。私見によれば、紀元前三四一年から紀元前三三六年の間に魏において他国に先行して、そうした形式は採用されるようになったと考えている[10]。以下、簡単にそれぞれの形式の具体例を見てみよう。

Aは最も簡略な形式で、「甘丹（邯鄲）上〔庫〕」【銅戈】（一九五七或いは一九五九年邯鄲百家村三号戦国墓出土、集成17･10996）などの銘を持ち、戦国前期～中期のものである。Bは主に地方鋳造の兵器である。「八年茲氏令呉庶下庫工師長武」【銅戈】（内蒙古境内出土、集成17･11323）などの銘を持ち、地方の県令が監造者となっている。現在までのところ、邢・欒・藺など十数箇所の地名・県名が確認されている[11]。

C・Dは本章で取り上げる中央製造の兵器である。たとえば、図一の新公開の元年建信君鈹について、商承祚氏の釈文によれば、「元年相邦建躳君邦右庫嗇段工市（師）呉症痾（冶）痦執棄（斎）」（次節、本章兵器番号1番）とあり、相邦が最上級の監造者となっている。これは秦国兵器と趙国兵器によく見られる形式である[12]。なお、趙国兵器には「庫」（武器の製造工房かつ管理庫）名の位置に「伐器」の銘を記す兵器も多数知られており、その意味については諸説あるのだが、おそらくは趙国後期の一時期に邦左（右）庫と併存した武器庫の一つだろう。(13) 最後に趙国兵器の大きな特色として、銘文の最後に記される「執斎」があげられる。この二文字の意味は長く不明であったが、近年、黄盛璋氏は「執斎」を「撻斉」と読み、兵器製造技術上の専門用語で、兵器製造過程を「執斎」二文字をもって代表させたものと解釈している。(14)

銘文形式については、ほかに「王立事」形式もある。(15)「立事」とは政務を執ることで、王が政治にあたることを示している。たとえば従来著録未見の「王立事相邦春平侯邦左庫工師趙㾀冶尹朏執斎」【銅鈹】（故宮博物院蔵、集成18・11688）などの形式で、次節に検討するように、本器には紀年は記されていないが、「春平侯」・「趙㾀」といった人名の連続から時代の推定が可能である。次節では実際にC・D形式の兵器銘文を整理・紹介し、筆者の考察の前提としたい。

第二節　相邦建信君・相邦春平侯・守相監造兵器の編年

（一）資料の紹介

（a）相邦建信君監造の兵器

（1）元年、相邦建躳（信）君、邦右庫䜌、段（鍛）工帀（師）呉症、冶瘏執斎（鈹、済南市博物館蔵、図一）

（2）三年、相邦建躳（信）君、邦左庫工師䢼段、冶君朏執斎（矛、周金6・80・2）

（3）三（四）年、相邦建躳（信）君、邦右庫工帀（師）□□、□□（冶君）□、□□（執斎）（鈹、小校10・103・4）

（4）三年、相邦建躳（信）君、邦左庫工帀（師）□旅、冶朏執斎【正】　洛都【背】（鈹、故宮博物院蔵、集成18・11687）

（5）三（四）年、相邦建躳（信）君、邦右庫䜌、段工帀（師）呉症、冶息執斎（鈹、陳夢家旧蔵、考古研究所蔵、集成18・

11695）
（6）四年、相邦建〔信君〕▨ ▨工市（師）▨（鈹、上海博物館蔵、集成18・11619）
（7）八年、相邦建躳（信）君、邦左庫工市（師）郏段、冶君（尹）明執斎（鈹、羅振玉旧蔵、三代20・46・3）
（8）八年、相邦建躳（信）君、邦左庫工市（師）郏段、冶君（尹）私執斎（剣、羅振玉旧蔵、旅順博物館蔵、三代20・46・2）
（9）八年、相邦建躳（信）君、邦左庫工市（師）郏段、冶君（尹）私執斎（剣、旅順博物館蔵、小校10・102・2）
（10）八年、相邦建躳（信）君、邦左庫工市（師）郏段、冶君（尹）匜執斎（鈹、餘杭褚旧蔵、故宮博物院蔵、周金6・92・2）
（11）八年、相邦建躳（信）君、邦左庫工市（師）郏段、冶君（尹）秳執斎【正】　大攻君（尹）韓耑【背】（剣、旅順博物館蔵、小校10・104・1、2）
（12）八年、相邦〔建躳君〕、邦左庫工市（師）郏段、冶君（尹）□執斎（鈹、上海博物館蔵、周金6補遺）
（13）八年、相邦建躳（信）君、邦右庫工市（師）肖（趙）煇、冶君（尹）執斎（矛、小校10・75・3）

（b）相邦春平侯監造の兵器

（14）元年、相邦旾（春）平医（侯）、邦右庫工市（師）肖（趙）瘁、冶事開執斎（矛、上海博物館蔵、周金6・80・1）
（15）元年、相邦旾（春）平侯、邦▨（鈹、小校10・102・4）
（16）二年、相邦旾（春）平侯、邦右庫工市（師）□、□（冶）□執斎（矛、小校10・75・1）
（17）二年、相邦旾（春）平医（侯）、邦左庫工市（師）肖（趙）痵、冶事開執斎（鈹、故宮博物院蔵、周金6・92・1）
（18）三年、相邦旾（春）平医（侯）、邦左庫工市（師）肖（趙）痵、冶事開執斎（鈹、上海博物館蔵、小校10・103・3）

(19) 三（四）年、皀（春）平相邦郚（得）、邦右庫工帀（師）罠輅徒、冶臣成執斉（鈹、貞松12・22・1）

(20) 三（四）年、相邦皀（春）平庆（侯）、邦左庫工帀（師）長身、冶匋（陶）□執斉【正】　大攻（工）君（尹）肖（趙）間【背】（鈹、1970年遼寧省荘河県雲花郷出土、考古1973-6、p.361）

(21) 三（四）年、相邦皀（春）平庆（侯）、邦左庫工帀（師）長身、冶君（尹）寬執斉（鈹、1983・1984年山西省朔県趙家口収購、考古与文物1989-3、p.20）

(22) 八年、相邦皀（春）平庆（侯）、邦右庫工帀（師）肖（趙）□、冶□□執斉（矛、小校10・75・2）

(23) 五年、相邦皀（春）平庆（侯）、邦左伐器工帀（師）長雚、冶私執斉（矛、上海博物館蔵、周金6・80・3）

(24) 五年、相邦皀（春）平庆（侯）〼伐器工帀（師）□□冶□〼（剣、清華大学図書館蔵、集成18・11662）

(25) 十五年、相邦皀（春）平庆（侯）、邦左伐器工帀（師）長雚、冶旬執斉（鈹、上海博物館蔵、録遺600）

(26) 十五年、相邦皀（春）平庆（侯）、邦右伐［器］工帀（師）□□、冶疢執斉【正】　大攻（工）君（尹）韓耑【背】（剣、羅振玉旧蔵、貞松12・23・1-2）

(27) 十七年、相邦皀（春）平庆（侯）、邦左伐器工帀（師）長雚、冶叵執斉【正】　大攻（工）君（尹）韓耑【背】（鈹、上海博物館蔵、集成18・11713）

(28) 十七年、相邦皀（春）平庆（侯）、邦左伐器工帀（師）長雚、冶叵執斉【正】　大攻（工）君（尹）韓耑【背】（剣、中国国家博物館蔵、集成18・11716）

(29) 十七年、相邦皀（春）平庆（侯）、邦左伐器工帀（師）長雚、冶旬執斉【正】　大攻（工）君（尹）韓耑【背】（剣、上海博物館蔵、集成18・11714）

(30) 十七年、相邦皀（春）平庆（侯）、邦右伐器工帀（師）笵酟、冶巡執斉【正】　大攻（工）君（尹）韓耑【背】

（鈹、上海博物館蔵、集成18・11715）

(31) 十七年、相邦皀（春）平疢（侯）、邦左伐器工帀（師）長雚、冶汱執斎【正】　大攻（工）君（尹）韓耑【背】
（鈹、故宮博物院蔵、集成18・11689）

(32) 十七年、相邦皀（春）平疢（侯）、邦左伐器工帀（師）長雚、冶汱執斎【正】　大攻（工）君（尹）韓耑【背】
（鈹、故宮博物院蔵、小校10・105・1-2）

(33) 十七年、相邦皀（春）平疢（侯）、邦右伐器工帀（師）笵酤、冶夏執斎【正】　大攻（工）君（尹）韓耑【背】
（鈹、カナダ、ロイヤル・オンタリオ博物館蔵、考古1991-1、p.57）

(34) 十七年、相邦皀（春）平疢（侯）、邦右伐器工帀（師）笵酤、冶瘨執斎【正】　大攻（工）君（尹）韓耑【背】
（鈹、イギリス、大英博物館蔵、名大東洋史研究報告17、1993）

(35) 十七年、相邦皀（春）平疢（侯）、邦左伐器工帀（師）長雚、冶眀執斎（鈹、上海博物館蔵、集成18・11690）

(36) 十七年、相邦皀（春）平疢（侯）、邦左伐器工帀（師）□□卣倠、冶匝執斎（剣、故宮博物院蔵、録遺602）

(37) 十七年、相邦皀（春）平疢（侯）、邦左器工帀（師）□□卣倠、冶匝斎（鈹、集成18・11684）

(38) 十七年、相邦皀（春）平疢（侯）、邦左庫工帀（師）長雚、冶旬執斎（矛、旅順博物館蔵、三代20・41・2）

(c) その他の相邦監造兵器

(39) 廿年、丞閔（藺）相女（如）、邦左工帀（師）趙痽智、冶陽。（戈、1981年6月吉林省長白朝鮮族自治県八道溝鎮葫蘆套村出土、吉林省長白朝鮮族自治県文物管理所蔵、文物1998-5、pp.91～92）

(40) 廿三年、邦相邙皮、右庫工帀（師）吏堂沢執斎（戈、1950年代山西省離石県徴集、山西省博物館蔵、文物季刊1992-3、

p.67）

（41）廿九年、相邦肖（趙）犳（豹）、邦左庫工帀（師）𨛫哲、冶匜□執斎（戈、天津歴史博物館蔵、貞松12·10·2、徐中舒先生百年誕辰紀念文集p.170）[16]

（42）十（七）年、相邦陽安君、邦右庫工帀（師）吏筡胡、冶吏痀執斎【正】 大攻（工）君（尹）□□【背】（鈹、1977年吉林集安県陽岔郷高台子出土、集安県文物保管所蔵、考古1982-6、p.666）

（43）十八年、相邦平国君、邦右伐器、段工帀（師）呉症、冶瘨執斎【正】 大攻（工）君（尹）趙解【背】（鈹、カナダ、ロイヤル・オンタリオ博物館蔵、考古1991-1、p.57）

（44）十八年、相邦平国君、邦左伐器工帀（師）析譒、冶□執斎【正】 大攻（工）君（尹）趙解【背】（剣、易水金石志［稿本］、考古1991-1、p.57）

（45）六年、相邦司工（空）馬、左庫工帀（師）申沱、冶君（尹）明所為、𩊖（綏）事笵鬲執斎【正】 大攻（工）君（尹）阡𩣡【背】（鈹、保利芸術博物館蔵、保利蔵金p.274）

（d）守相監造の兵器

（46）十五年、守相杢波、邦右庫工帀（師）韓帀（師）、冶巡執斎【正】 大攻（工）君（尹）公孫桴【背】（鈹、三代20·47·4～5）

（47）十五年、守相杢波、邦左庫工帀（師）采隅、冶句執斎【正】 大攻（工）君（尹）公孫桴【背】（鈹、1964年河北省承徳市出土、河北省博物館蔵、河北136）

（48）□□〔年〕、守相杢波、邦右〔庫工（帀）師〕慶狂、冶巡執斎【正】 大攻（工）君（尹）公孫桴【背】（鈹、旅

順博物館蔵、三代20·47·2、3）

（49）十五年、守相杢波、邦右庫工帀（師）韓帀（師）、冶巡執斎【正】　大攻（工）君（尹）韓耑【背】（剣、中国国家博物館蔵、集成18·11700）

（50）十六年、守相𦨶（信）平君、邦右庫工帀（師）韓佚、冶明執斎【正】　大攻（工）君（尹）韓耑【背】（鈹、スウェーデン、東アジア博物館蔵、小校10·104·3、4）

（51）□□〔年〕守相𦨶（信）平君、邦〔右庫工帀（師）〕韓佚、冶諨執斎【正】　大攻（工）君（尹）韓耑【背】（鈹、旅順博物館蔵、三代20·48·1）

（52）□□〔年、守〕相〔武〕襄君、邦右庫〔緐、段工帀（師）呉〕痓、冶疕執〔斎〕（鈹、1960年河北易県燕下都東古城、河北135）

（二）相邦建信君・春平侯監造兵器に関する諸説の検討

C・D形式の銅兵器の編年に関する議論は大変込み入っているため、先に大づかみに問題の所在を述べておこう。表二は相邦建信君・春平侯監造兵器の編年諸説をまとめたものである。(17)〔黄盛璋一九七四〕の提出以後、管見の限り、大きく五つの編年案が提出されている。そのうち最有力は依然、Ⓐの黄氏の見解であろう。(18)楊寛『戦国史（増訂本）』・『戦国史料編年輯証』や前掲『趙国史稿』といった歴史学者の研究にも黄氏の編年案は大きな影響を与えている。(19)

その中心は（a）相邦建信君監造兵器の一三件、（b）相邦春平侯監造兵器二五件をどの王の時代にかけるか（趙孝成王・悼襄王・幽繆王のいずれかであることは文献の記載などから明らかになっている）、ということである。相邦はこの時

〔表２　相邦建信君・春平侯監造兵器の編年案〕

Ⓐ	〔黄盛璋1974〕説	３（４）・８年建信君兵器＝孝成王３（４）・８年 15・17年春平侯兵器＝孝成王15・17年 元～８年春平侯兵器＝悼襄王元年～８年
	賛同〔許進雄1993〕・〔陶正剛2001〕・〔楊寛2001〕・〔何琳儀2002〕	
Ⓑ	〔張琰1983〕説	３・４・８年建信君＝悼襄王３・４・８年 元～８年春平侯兵器＝王遷元年～８年 15・17年春平侯兵器＝偽器
	賛同〔呉雅芝1997〕	
Ⓒ	〔高明1987〕説	元～17年春平侯兵器＝孝成王元～17年 ３・８年建信君兵器＝悼襄王３・８年
	類説〔林清源1995〕・〔蘇輝2002〕	
Ⓓ	〔李学勤1982・1998・1999〕説	(15)・17年春平侯兵器＝孝成王15・17年 元～８年春平侯兵器＝悼襄王元～８年 元・３・４・８年建信君兵器＝悼襄王元・３・４・８年
Ⓔ	〔呉振武1997・2000・2001〕〔董珊2004〕説	(15)・17年春平侯兵器＝孝成王15・17年 元・３・４・８年建信君兵器＝悼襄王元・３・４・８年 元～５年春平侯兵器＝王遷元年～５年
	※呉振武氏は（２）（８）（９）（11）（13）の建信君兵器、(14)（23）（24）（25）（28）（36）（37）（38）の春平侯兵器、(49) の守相兵器を近代の偽刻とする。	

代、一般に一時期一名と考えられているが、建信君・春平侯どちらが先に担当したのか、もしくは同時に二名担当していたのか、諸説紛々である。それを解明するために、（c）その他の相邦監造兵器や（d）守相監造兵器から、人名の連続関係などを参照して、パズルのような作業を進めることになる。

問題を複雑にしているのが、近代の偽刻であり、古文字学者の間でも一致していない。趙国兵器は一般に線の細い刻銘であるが、そうした鋳・刻の特徴や銘文形式などから、印刷状態も必ずしもよいとはいえない拓本を頼りに、真偽問題に取り組む。真偽の鑑定は大変な経験と労力・センスを問われる作業である。図録などには「某某博物館蔵」とあるが、実際にモノを見るためには、いろいろな障壁もある。実物を実見することすらかなわないという点は、所蔵館の担当者以外において、条件は同じである。

編年の方法は、通常、器形の特徴と銘文の字体・形式などから始まり、銘文に紀年のある場合は時代の特定に役立つ。しかし一般に王名を記さないことから、どの王の何年なのか、既存文献の記載や周辺情報を頼りに考察することになる。

① 黄盛璋氏の相邦建信君監造兵器に関する編年

黄氏の編年の特徴は三（四）年・八年の紀年を持つ建信君監造兵器を孝成王の三（四）年・八年と考え、十五・十七年の紀年を持つ春平侯監造兵器を孝成王の十五・十七年、元～八年の紀年を持つ春平侯監造兵器を次の悼襄王の元～八年と考える点である（表二参照）。まず建信君監造兵器の編年から取り上げると、黄氏は（2）・（3）の三年或いは四年建信君兵器と（7）～（9）・（11）～（13）の六件の八年建信君兵器を整理した。その上で、『戦国策』巻二十趙策三に、

希写見建信君。建信君曰、文信侯之於僕也、甚無礼。秦使人来仕、僕官之丞相、爵五大夫。文信侯之於僕也、甚矣、其無礼也。

希写、建信君に見ゆ。建信君曰く、「文信侯の僕に於けるや、甚だ礼無し。秦、人をして来たりて仕え使むるや、僕、之を丞相に官し、五大夫に爵す。文信侯の僕に於けるや、甚だしいかな、其の礼無きや」と。

とあるのを根拠に、建信君は文信侯呂不韋と時期を同じくし、『史記』巻八十五呂不韋列伝に「荘襄王元年、呂不韋を以て丞相と為し、封じて文信侯と為す」とあることから、荘襄王の元年は孝成王の十七年であり、三（四）年・八年の建信君兵器は孝成王の三（四）年（263B.C.或いは262B.C.）・八年（258B.C.）としたのである。『戦国策』巻十八趙策一には、「建信・春申」と並列され、楚の春申君は『史記』巻七十八春申君列伝に「考烈王元年、黄歇を以て相と為し、封じて春申君と為す」とあることから、楚の考烈王元年（262B.C.）は趙の孝成王四年で、建信君兵器を孝成王期とする傍証としている。ただし、平勢隆郎氏による『新編史記東周年表』によれば、同史料を前二五〇年（楚考烈王十二年・趙孝成王十六年）にかけている。[20]

②　張琰氏の建信君兵器に関する編年

このⒶ説に異論を提出したのは、張琰氏である。[21] 張氏は建信君・春申君・文信君を同時期とする顧観光『国策編年』の説により、黄氏の説の矛盾を指摘する。そもそも先に引用した呂不韋列伝によれば、呂不韋の丞相就任は荘襄王の元年、孝成王の十七年であった。そうであるなら、相国呂不韋と対等に応ずる建信君の相国就任は早くて孝成王の十八年であろう。このように論を展開し、張氏は三年・四年・八年の建信君兵器を悼襄王三・四・八年（242B.C.／241B.C.／237B.C.）と判断した。

③　黄盛璋氏の相邦春平侯監造兵器に関する編年

一方、相邦春平侯監造兵器については、黄氏は（14）・（15）の元年、（16）・（17）の二年、（18）の三年、（19）・（20）の四年、（23）の五年（或いは十五年）[22]、（25）・（26）の十五年、（27）〜（30）・（35）〜（38）の八件の十七年兵

器を紹介している。『戦国策』巻二十一趙策四に、

秦召春平侯、因留之。世鈞為之謂文信侯曰、「春平侯者、趙王之所甚愛也。（中略）故君不如遣春平侯而留平都侯。春平侯者言行於趙王。必厚割趙以事君、而贖平都侯。

秦、春平侯を召し、因りて之を留む。世鈞之が為に文信侯に謂いて曰く、「春平侯は、趙王の甚だ之を愛する所なり。（中略）故に君、春平侯を遣わして平都侯を留むるに如かず。春平侯は、言、趙王に行わる。必ず厚く趙を割いて以て君に事えて、平都侯を贖わん」と。

とあり、ほぼ同じ史料が『史記』巻四十三趙世家に見える。そこでは「春平侯」が「春平君」と、「世鈞」が「泄鈞」と記されているが、大きな違いはない。司馬遷はこの史料を悼襄王の二年（243B.C.）にかけた。裴駰の『集解』は徐広の言葉を載せ、「年表云う、太子質の秦より帰る」といい、張守節の『正義』は、「按ずるに、太子は即ち春平君」という。そうすると、春平侯は悼襄王の太子となるが、劉向撰の『古列女伝』巻七孽嬖伝十五趙悼倡后に、

倡后者、邯鄲之倡、趙悼襄王之后也。前嫁而乱一宗之族、既寡。悼襄王以其美而取之。（中略）初悼襄王后、生子嘉為太子。倡后既入為姫、生子遷。（中略）王遂廃嘉而立遷、黜后而立倡姫為后。及悼襄王薨、遷立、是為幽閔王。倡后淫佚不正、通于春平君。

倡后なるは、邯鄲の倡にして、趙の悼襄王の后なり。前に嫁して一宗の族を乱して、既に寡たり。悼襄王、其の美を以て之を取る。（中略）初め悼襄王の后、子の嘉を生みて太子と為す。倡后既に入りて姫と為るや、子の

遷を生む。（中略）王遂に嘉を廃して遷を立て、后を黜けて倡姫を立てて后と為す。悼襄王薨ずるに及び、遷立ち、是れ幽閔王と為る。倡后淫佚にして正しからず、春平君に通ず。

とあり、悼襄王の太子は嘉と見え、後に倡后を娶って遷を生み、彼を太子に立てたという。これは春平侯とは一致しないようで、楊寛氏も「太子」は「公子」の誤りでないか、とする。本譚をどこまで史実として信頼するか、という問題もあるのだが、以上の史料により、黄氏は三つの可能性を提示し、第三説つまり十五年・十七年の春平侯兵器を孝成王期（251B.C.／249B.C.）、元年～八年の春平侯兵器を悼襄王の元年～八年（244B.C.～237B.C.）と判断した。[23]

④　張琰氏の春平侯兵器に関する編年

さて、この考えについても、張琰氏は反論を加えた。[24]張氏は前引の『集解』・『正義』により、孝成王十五年に相邦を担当していた者が、どうして孝成王の子の悼襄王の時に「太子」として秦へ人質に送られることがあるのか、と疑問を呈する。そして前述の建信君兵器の編年と『列女伝』の記載から、元年～八年相邦春平侯の兵器を王遷（幽繆王）の元年～八年（235B.C.～228B.C.）に位置づけた。春平侯は悼襄王元年に秦へ人質となっていたのだとすると、確かに悼襄王元年と二年の春平侯監造兵器があることは、やや奇怪な感じもする。王遷期に位置づけるとスムーズにいくことも事実である。そうした事情からであろうか、呉雅芝氏も所説を再検討する中で、張琰説を採用するに至っている。[25]ただ、平勢年表によれば王遷は七年までとなっていて、八年兵器は行き場を失ってしまうようである。

張琰氏の研究の特徴は、十五年・十七年春平侯監造兵器を偽刻と考える点である。建信君・春平侯兵器に偽刻が含まれていることは、すでに多くの論者に指摘されるところで、黄氏も後に見る呉振武氏もそのことを指摘している。[26]

張氏は、「左（右）伐」の庫名が従来見られないことや、黄氏の旧説に「伐」を「校」と読んで、司寇の下級の属官とする考えの問題などを理由に、同兵器群の偽刻の可能性を疑う。とはいえ、張氏自身もいうように、偽刻の断定は器形・銘文・さび色など多方面から総合的になされるもので、張氏の疑問はあくまで銘文形式に対するものである。

⑤　黄盛璋氏の張琰氏に対する反論

その後、黄盛璋氏はカナダ、トロント市のロイヤル・オンタリオ博物館所蔵の二件の兵器（本章33・43番兵器）を紹介するに際して、張琰氏の偽刻説に反論を行った[27]。前引の春平侯に関する史料は必ずしも悼襄王二年以前に相邦になったことがないことを証明する史料とはならないこと、また上海博物館所蔵の銅鈹（本章18・25・27・29・30・35番兵器）を黄氏が実際に鑑定したところ、あらためて真器であることを確認した、という点が主な反論である。ただ、これらの兵器は、一般の研究者は実見すらかなわず、真偽の断定は極めて困難といわなければならない。

⑥　高明氏の見解

次に高明氏の見解、Ⓒ説を見ておこう[28]。高氏も張琰氏と同じく、建信君が孝成王三年・八年に相邦に就いた場合の、呂不韋の相邦就任時期とのズレを問題とする。高明氏は前述の諸般の問題を乗り越える第四の説として、元年〜十七年春平侯兵器をすべて孝成王期に位置づけた。台湾の林清源氏の編年観も高明氏のものに類似するようである[29]。また近作の蘇輝氏の修士論文も高明説を支持している[30]。しかし解決の方法は、孝成王期ばかりでなく、張琰説のように王遷期にもっていく方法もあると思うが、そちらは検討されていない。ただ、注意すべきは、高明氏も黄盛璋氏同様に戦国期の相邦は一人とは限らない、としている点で、秦の左右丞相を根拠に、秦は三晋の制度を模倣したものだから、とする。(31) この問題は、趙国兵器編年上の一つの核心であり、後述する。

⑦　李学勤氏の見解

それからⒹ説の李学勤氏の研究である。李氏の編年の特徴は、悼襄王期に建信君と春平侯という二人の相邦が存在したと考える点である。

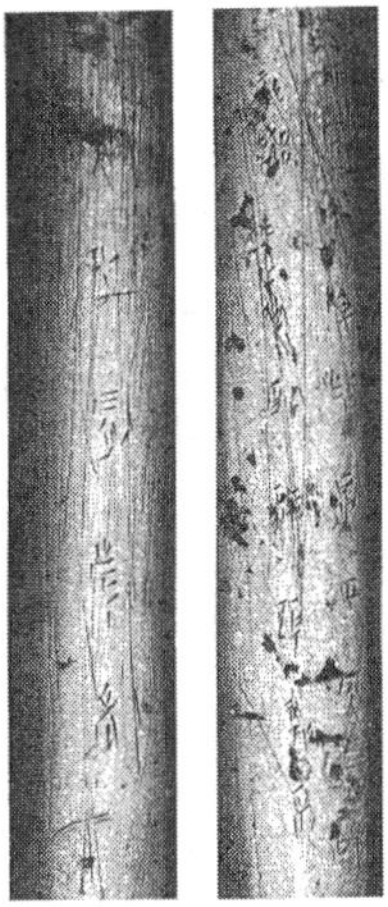

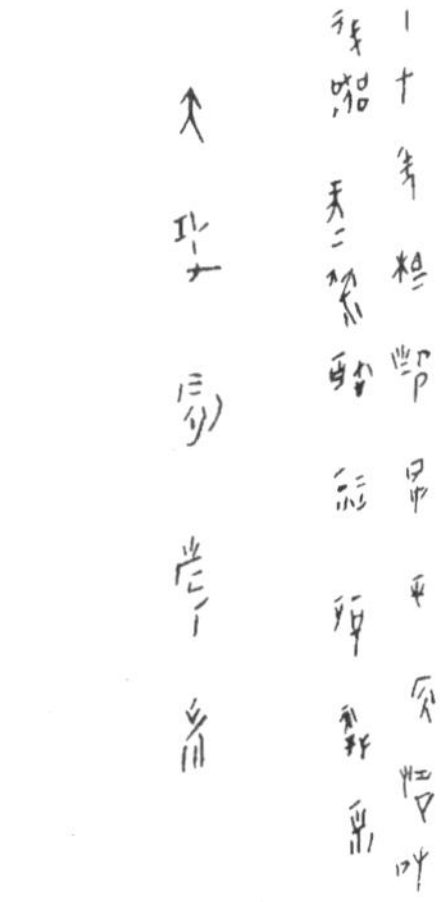

図２①(左)　十七年相邦春平侯鈹（『名大東洋史研究報告』17、1993、p.77）

図２②(右)　十七年相邦春平侯鈹模本（『四海尋珍』p.94）

早く李学勤氏は鄭紹宗氏との共作になる「論河北近年出土的戦国有銘青銅器」の中で、建信君を悼襄王期の人とし、三（或いは四）年兵器を悼襄王の三（或いは四）年と判断していた。また十五年相邦春平侯剣（本章26番）・十七年相邦春平侯鈹（本章32番）をそれぞれ孝成王の十五年・十七年とし、春平侯は孝成王・悼襄王期の人としていた。(32)

その後、江村治樹氏による大英博物館所蔵十七年相邦春平侯鈹（本章34番、図二①）の紹介を受け、(33) 李学勤氏は釈読を一歩進め（図二②）、(30)・(33)・(34)三器の邦右伐器工師の人名を「笵酤」とし、さらに春平侯については、悼襄王の太子ではなく、孝成王十五年・十七年、悼襄王元年～四年、八年の時期に相邦の位にあった一大臣であるとする。そして『列女伝』をふまえ、春平侯は王遷期にも依然勢力を持っていた、とする。[34] その上で、近年保利芸術博物館が収集した（45）六年相邦司空馬鈹が王遷六年とされることを根拠に、悼襄王末年から王遷期にかけて司空馬が政務を執っていたと考える。「王遷六年」とされるのは、『戦国策』秦策五に「文信侯出走し、司空馬、趙に之く。趙以て守相と為す」とあり、文信侯呂不韋が嫪毐に坐して、相国を免ぜられたのが秦王政の十年（237B.C.）であり、悼襄王の八年であることから、「六年」を次の王遷の六年とされるのだと思われる。[35]

ただし問題は、なぜ二人の相邦が悼襄王期に存在するのか、少なくとも『史記』などの文献に根拠はないわけで、それに対する説明がないことである。

⑧　真偽問題

ここで、建信君監造兵器・春平侯監造兵器の編年に関連して、真偽問題にも触れておく。

近年、趙国兵器に関して、最も精力的に研究を進めているのは、呉振武氏である。氏は真偽問題につき、繰り返し発言している。前節表一に示したように、黄氏をはじめとする論者に真とされてきたものが、多く近代の偽刻と判断されるに至っている。呉氏によって真器とされ、編年根拠とされているものを再確認しておくと、建信君監造兵器では（1）の元年、（4）の三年、（5）の四年、（7）・（8）・（10）・（12）の八年、春平侯監造兵器では（26）～（30）、（32）・（33）の十七年（本章26番兵器を呉氏は十七年と読むべきという）兵器である。[36] 呉氏の説の当否はひとまずおくが、結果として、李学勤氏と異なるのは「十五年」兵器が消滅した点であり、建信君監造兵器については、基本的にはⒹ李説を補強するものである。

⑨　呉振武氏・董珊氏の見解

最後に、呉振武氏・董珊氏のⒺ説である。[37] まず建信君監造兵器の編年と十七年の銘をもつ春平侯監造兵器の編年については、両者の考えはⒹ説と同じと見てよい。この部分に限っていえば、Ⓑ説・Ⓒ説も同じである。Ⓓ説・Ⓔ説の異なる点は、元年から八年の銘をもつ春平侯監造兵器の編年（本章14番から22番）で、Ⓔ説はⒷ説と同じく、王遷の時期にあてる。しかし、Ⓑ説と異なり、（14）を偽刻として退け、（15）の元年の銘をもつ春平侯監造兵器と（22）の八年の銘をもつ春平侯監造兵器を取り上げない。取り上げない理由は、偽刻としてか、別の理由か、指摘はないようである。

〔表3　戦国後期趙国相邦表（董珊2004より一部改変）〕

王世	紀年	西暦	文物所見の相邦	文献所見の相邦
趙恵文王	廿年	279B.C.	（丞相藺相女）相邦藺相女	
	廿九年	270B.C.	相邦趙豹	
趙孝成王	十五年	251B.C.	守相廉頗（大攻尹公孫桴）	
	十六年	250B.C.	守相信平君（大攻尹韓耑） 守相武襄君	
	十七年	249B.C.	相邦春平侯（大攻尹韓耑）	守相武襄君
趙悼襄王	十八年	248B.C.	相邦平国君（大攻尹趙解）	相国信平君
	元年	244B.C.	相邦建信君	
	三年	242B.C.	相邦建信君	
	四年	241B.C.	相邦建信君	
	八年	237B.C.	相邦建信君	
趙王遷	九年	236B.C.		守相司空馬
	王立事	236B.C.	相邦春平侯	
	二年	234B.C.	相邦春平侯	
	三年	233B.C.	相邦春平侯	
	四年	232B.C.	相邦春平侯（大攻尹趙間）	
	五年	231B.C.	相邦春平侯	
	六年	230B.C.	相邦司空馬（大攻尹阡鼩）	

　董珊氏によれば、前節に引用した王立事兵器（集成18・11688）は、悼襄王死後、新王たる遷が称元するまでの間にあたる兵器とされる。[38] また、本器にみえる邦左庫工師の「趙痄」は、（17）・（18）の二年・三年春平侯兵器にも記

載され、時間的に近いものといえる。ここに董珊氏作成の戦国晩期趙国相邦の配列表を掲載しておく（表三）。西暦は董氏の表に含まれていないが、筆者の判断で加えた。また廿九年相邦趙豹については、孝成王の欄に含まれているが、これは印字の誤りと考えられるため、恵文王の欄に入れた。

⑩李学勤「戦国題銘概述」と林巳奈夫氏の見解

以上、本節では、建信君監造兵器・春平侯監造兵器の編年について、Ⓐ〔黄盛璋一九七四〕説以降の五つの見解を整理してきた。

もとよりⒶ説出現までは、李学勤「戦国題銘概述（中）」（旧説）と林巳奈夫「銘文によって絶対年代の知られる春秋戦国時代の青銅器」の研究が知られていた[39]。

李氏はその旧説の中では、建船君・春平侯関連兵器をともに韓国兵器とし、建船君を韓王安の相韓玘、春平侯を張良の父張平と推定した（六〇頁）。その推定を現在、継承する者はおらず、李氏自身、Ⓓ説に記したとおり、考えを改めている。

林氏は両器を趙国兵器と判断した点、創見を示すものであった。しかし建船君の「船」字と「信」字の比定にまでは至らず（つまり『戦国策』に多見する建信君とは結びつけず）、同兵器の三年・四年・八年を王遷の三年（前二三三）〜八年（前二二八）に位置づけることとなった（六〇六〜六〇七頁）。春平侯監造兵器については、元・二・三・四・五・八年を悼襄王元年〜八年にあてた点、Ⓓ李学勤新説を導くといえ、これも意義深いが、やはり十五年・十七年の置き所に悩むことになった。そして前述の黄氏第一案と同じく悼襄王の在位を九年に留めず、何らかの理由により悼襄王の紀年が王遷期まで引き続き使用された可能性を想定される（六〇三〜六〇四頁）。本章は「船（郲）」＝「信」とする

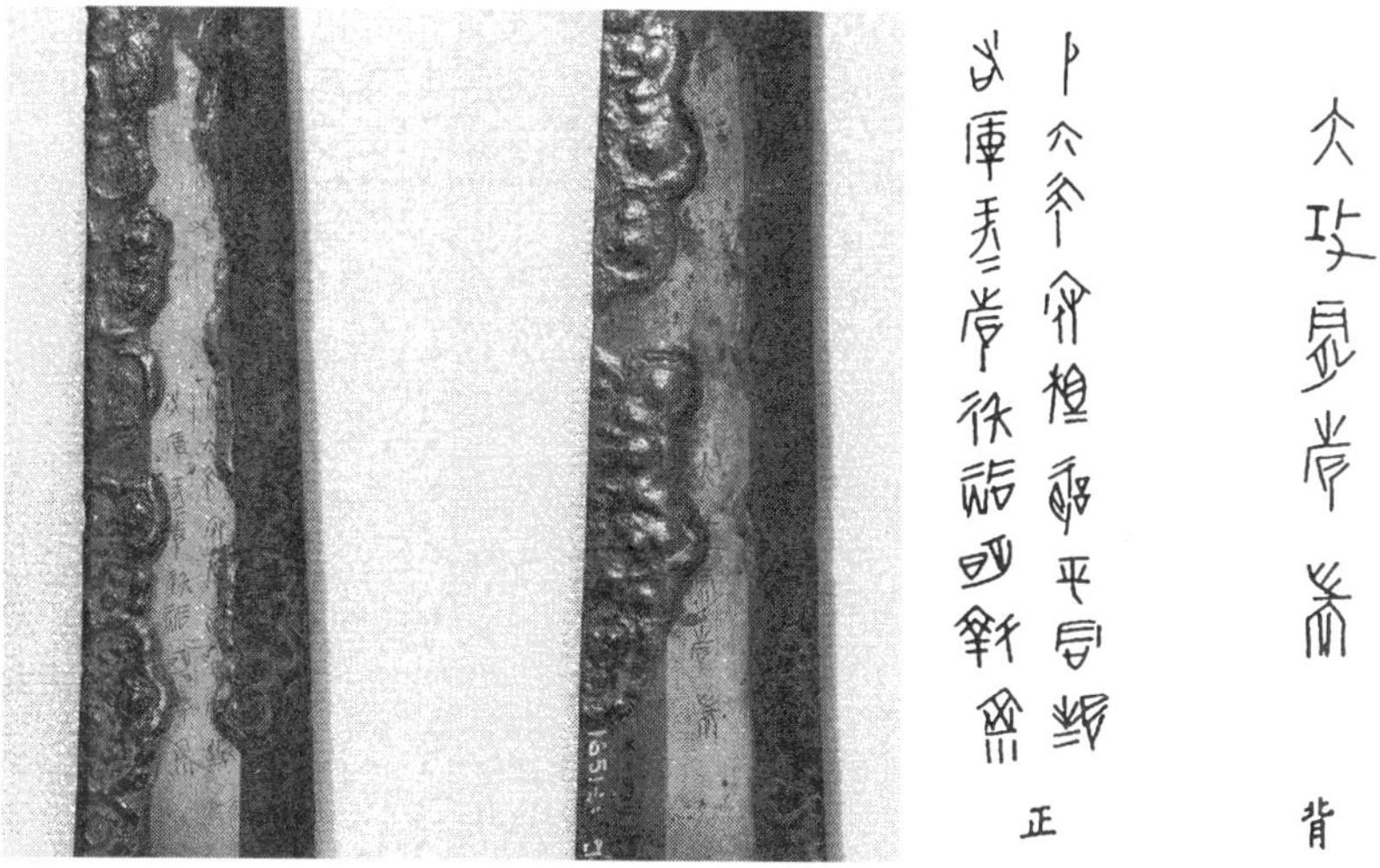

図３①(左)　十六年守相信平君鈹写真（『欧州所蔵中国青銅器遺珠』no.178）
図３②(右)　十六年守相信平君鈹模本（『第三届国際古文字学研討会論文集』p.414）

黄氏以後の古文字学の成果を基礎に、その後の研究を中心に整理・検討した。次項では、相邦関連兵器の編年と密接にかかわる守相関連兵器の新たな展開について論ずる。

（三）守相関連兵器の編年
―呉振武氏の新釈―

呉振武氏の所説でとりわけ興味深いのは、（d）に紹介した守相関連兵器に関する釈読である。呉氏は李学勤・艾蘭編著『欧洲所蔵中国青銅器遺珠』[40]に初めて紹介された十六年守相鈹の釈読を進め（本章50番・図三①②）、李氏らにおいて未読であった守相の次の文字を「䡴（信）」と読み、文献にも著名な廉頗こと「信平侯」であることを明らかにした[41]。この釈読は貴重といえ、『史記』巻四十三趙世家と巻八十一廉頗列伝にはそれぞれ、次のように見えていた。

（孝成王）十五年、尉文を以て相国廉頗を封じ信平君と為す。（趙世家）

（孝成王十五年）趙、尉文を以て廉頗を封じ信平君と為し、仮相国と為す。（廉頗列伝[42]）

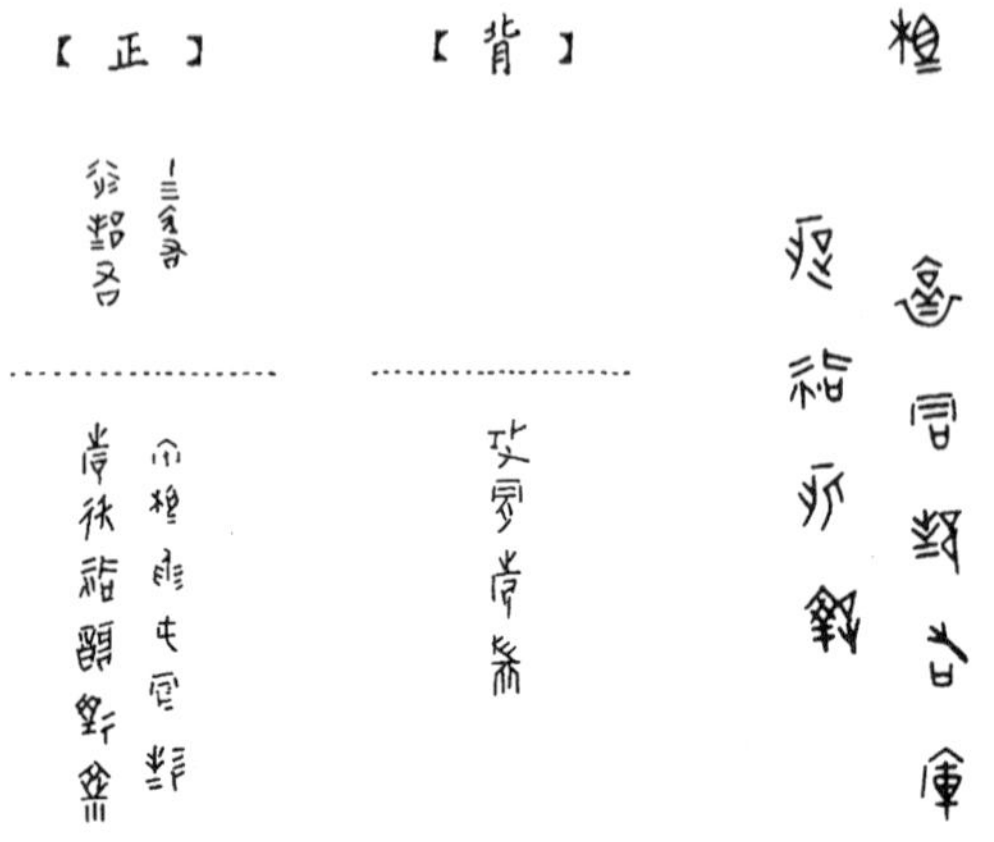

図４（左）　守相信平君鈹模本（『第三届国際古文字学研討会論文集』p.407）
図５（右）　武襄君鈹模本（文物2000-1、p.66）

つまり、廉頗は孝成王十五年に尉文に封ぜられ、信平君となったのだが、本器はその史料を裏付けるものである。「守相」とは前述の通り、『戦国策』秦策五「文信侯出走、与司空馬之趙、趙以為守相」の高誘注に「守相、仮也」というところの、「仮相国」である。従来、十五年守相兵器は二件知られていて（本章46・47番）、守相の人名は黄盛璋氏によって、廉頗と読まれていた。[43] また年代不明であるが、守相廉頗と読むことのできる兵器（本章48番）もあって、その紀年は十五年と推測されている。この三件の十五年守相廉頗鈹に接続する、十六年の守相信平侯鈹が「発見」されたわけである。そして呉振武氏の釈読は、これまで「十三年守相申毋官鈹」として紹介されていた兵器についても修正を迫った（図四）。同兵器は実のところ、二つの切断された兵器を接合したものであったのだが、その接合の当否は李学勤氏[44]や『集成』編者（18・11711）においても、疑われていた。今回の東アジア博物館蔵品の知見をふまえ、呉氏は「□□（年）守相鉊（信）平君」と読むに至った。[45] 旧説には多様な読みが提案されていたが、確かにこうした知見を得て、本器（本章51番）を見るとき、呉氏の釈読は妥当なようである。

さて、もう一件、ここに複数の試釈の提出される兵器がある。（52）は、一九六〇年河北省易県東古城遺址より出土した青銅鈹であるが、たとえば『河北省出土文物選集』と黄盛璋氏は「相（邦）智（?）君」とし、[46] 李学勤氏は「相邦建信君」と推定していた。[47] 今回、呉振武氏は河北省博物館より提供を受けた彩色写真より模本を作成し（図五）、判読可能な「相」と「襄」の文字から、およそ本章52番の釈文のように復元している（一部改変）[48]。

この釈読を基礎に、呉氏は、武襄君とは『史記』趙世家に「（孝成王）十六年、廉頗、燕を囲む。楽乗を以て武襄君と為す。十七年、仮相大将武襄君、燕を攻め、其の国を囲む」と見える所の、楽乗＝武襄君と考えている。不明部分を多く推測に頼るものであり、別の可能性も残すが、文献との相互関係の中では比較的妥当なラインといえる。本器は紀年を欠いているが、その上限は孝成王十六年、その下限は王卒後、廉頗の攻撃を受け、武襄君楽乗は魏に入るため（楽毅列伝）、悼襄王の元年だろう。

こうした釈読と編年は、結果として、建信君監造兵器の編年に関するⒹ説を補強している。本器には邦右庫の工師として「呉痆」が見えているが、この人物は（43）十八年相邦平国君鈹と（1）元年・（5）四年相邦建信君鈹にともに「邦右伐器工師」「邦右庫繇段工師」として見える人物であった（表四参照）。

〔表4　邦庫工師「呉痆」の連続〕

番号	紀　　年	相邦（守相）名	邦庫工師名
(52)	孝成王16～21年 (250B.C.～245B.C.)	守相武襄君	邦右庫繇鍛工師呉痆
(43)	孝成王18年（248B.C.）	相邦平国君	邦右伐器鍛工師呉痆
(1)	悼襄王元年（244B.C.）	相邦建信君	邦右庫繇鍛工師呉痆
(5)	悼襄王４年（241B.C.）	相邦建信君	邦右庫繇鍛工師呉痆

※年代の順に並べた。

（四）私　見

①　二相邦制への疑問

以上、建信君・春平侯・守相関連兵器の諸説を整理してきた。すでに筆者の疑問などは折りに述べてきたが、新公開の資料や新たな知見をふまえ総合的に判断するとき、現状、呉振武氏・董珊氏のⒺ説が比較的穏当であると、筆者は考えている。

ただし、建信君監造兵器の編年案自体は、張琰氏のⒷ説・高明氏のⒸ説・李学勤氏のⒹ説を受け継ぐものであるから、異なるのは、春平侯監造兵器のそれも元年～八年の紀年を持つ兵器についてである。春平侯監造兵器の十五年を排除したとして、十七年を孝成王の十七年と考える点も、黄盛璋氏のⒶ説以来の見解であり、李氏のⒹ説を継承するものである。元年～八年の紀年を持つ兵器について、八年を排除しつつも、基本的に張琰氏のⒷ説を採用するに至ったということである。

筆者は、これまで趙国兵器を整理する過程でさまざまな可能性を模索してきたが、李学勤氏の悼襄王期に建信君・春平侯の二相邦を想定する考え方を有力視してきた。(49)

元年～八年の紀年を持つ春平侯監造兵器を王遷（幽繆王）期に移す案も考えたが、孝成王十五年・十七年に直接連続するものと筆者も考えたし、『史記』趙世家の春平侯入秦の記事は、悼襄王二年にかけられている。ただ、この場面、春平侯は「相邦」として出かけているわけではない。また平原君のように恵文王・孝成王二王に仕え、「三たび相を去り、三たび位に復」（『史記』巻七十六平原君列伝）した人物もいるのだから、別に連続する必要はない。さらに『列女伝』の記事も悼襄王・王遷どちらとしても不都合はない。(50)

結局、問題は、二相邦制の想定ということになる。すでに黄盛璋・高明両氏も二相邦の可能性を秦の左右丞相制を参考に述べてきた。それを実地に展開したのは、李学勤氏であった。しかし、それを実際、どこと限らず認めてしまっては、編年作業自体に支障を来すし、そもそも、なぜ悼襄王期に二相邦制を採用したのか、その背景や理由が説明されてしかるべきである。前述の通り、文献的には根拠はないのである。(51)

やはり「相邦」と「丞相」は性格が違うというべきだろう。鎌田重雄氏によれば、相邦は「非常の相」（『史記』巻四十四魏世家）であり、常置のものではなく、丞相が尊ばれて上るものであった。(52)左右丞相制と同様に論ずることはできないだろう。

また前引の『戦国策』巻二十趙策三では、建信君が秦より送られてきた人物を「丞相」につけており、趙にも相邦とともに丞相の職もあった。

さらに相邦が二名存在するなら、「守相」という官職も必要かどうか疑問なしとしない。守相は相邦の属官ではなく、相邦の代理的存在で、仮の相邦である。一人の相邦が戦地にあれば、もう一人が都にとどまればいいわけで、「守相」という職の存在も、「相邦」がときどきに一人であることを裏付けるようである。

〔表５　大工尹「韓耑」の連続〕

番号	紀　　年	相邦(守相)名	邦庫工師名	大工尹名
(11)	孝成王８年(258B.C.)	相邦建信君	邦左庫工師䢼段	大工尹韓耑
(26)	孝成王15年(251B.C.)	相邦春平侯	邦右伐器工師□□	大工尹韓耑
(27)	孝成王17年(248B.C.)	相邦春平侯	邦左伐器工師長藿	大工尹韓耑
(29)	孝成王17年	相邦春平侯	邦左伐器工師長藿	大工尹韓耑
(30)	孝成王17年	相邦春平侯	邦右伐器工師笵酤	大工尹韓耑
(31)	孝成王17年	相邦春平侯	邦左伐器工師長藿	大工尹韓耑
(32)	孝成王17年	相邦春平侯	邦左伐器工師長藿	大工尹韓耑
(33)	孝成王17年	相邦春平侯	邦右伐器工師笵酤	大工尹韓耑
(34)	孝成王17年	相邦春平侯	邦右伐器工師笵酤	大工尹韓耑
(49)	孝成王15年	守相廉頗	邦右庫工師韓師	大工尹韓耑
(50)	孝成王16年(250B.C.)	守相信平君	邦右庫工師韓伕	大工尹韓耑
(51)	□□年	守相信平君	邦右庫工師韓伕	大工尹韓耑

※ここの紀年は黄盛璋氏の編年案（本稿表１のⒶ説）に従った。

②　編年作業上の残された部分

建信君監造兵器については、ほぼ決着のついた観もあるが、ⒷⒸⒹⒺの編年案にも一点、論証に弱い部分がある。その点、最後に確認しておこう。

それは「大工尹韓耑」の扱いについてである（表五参照）。黄氏の編年作業においては、「大工尹韓耑」の連続性は一つの大きな根拠であった。（11）八年相邦建信君剣・（26）十五年相邦春平侯剣・（27）～（34）十七年相邦春平侯兵器・（49）～（51）守相兵器にはいずれも「大工尹韓耑」

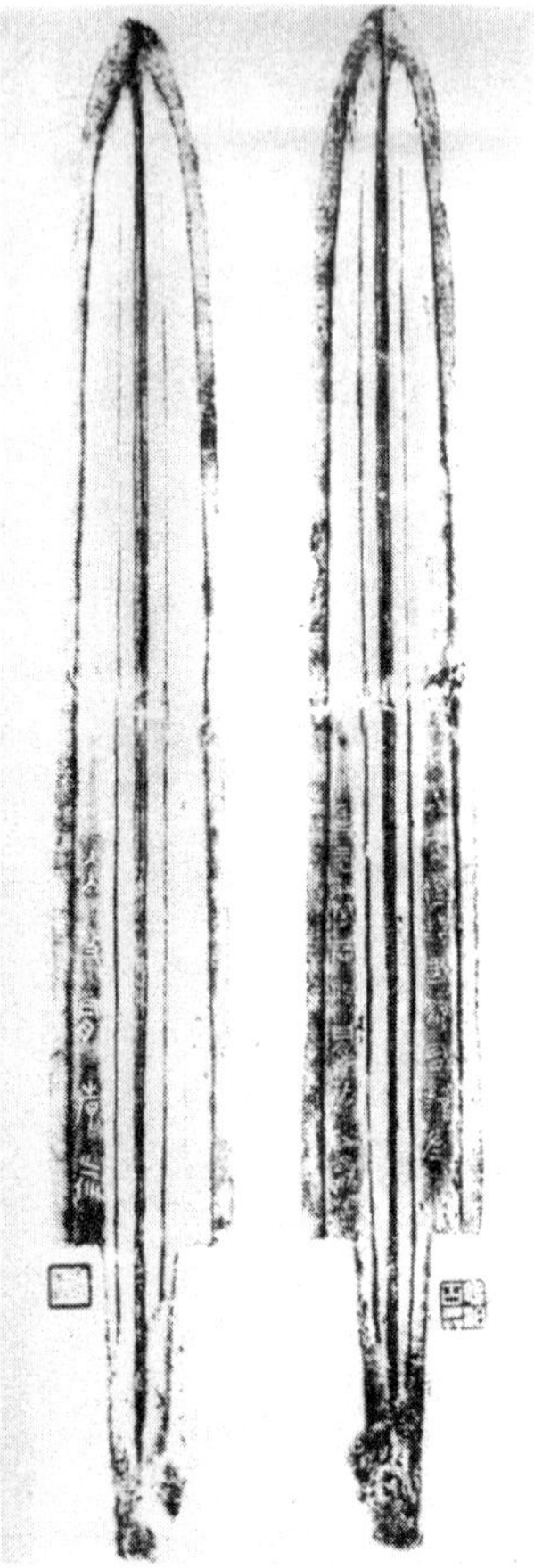

図6　八年相邦建信君剣
（集成18·11706）

が記されていた。これはいまなお、相邦建信君を孝成王期に位置づける根拠となりうる。確かに（11）を悼襄王八年にかけてもいいのだが、そうすると孝成王十七年から十一年間空白ができる。その間、孝成王十八年と悼襄王元年〜五年の兵器が存在するにもかかわらず、一度も韓耑の名前が出てこないのもおかしなことである。結局、ポイントは（11）の真偽問題であり、呉振武氏はこれを近代の偽刻として退けたのである。呉振武氏は表一のように多数の兵器を偽刻として排除したが、その実、（11）を退けたことが筆者の見るところ、一番の焦点であったように思う。拓本を見ると、確かに他の兵器に比べ線質が異なり、とりわけ背面の大工尹韓耑の部分は太く丸みをおびて異質である（図六）。しかし最終的な判断はしかるべき手順を踏むべきであろう。

おわりに

本章は戦国後期の趙国政治を復元する前提として、相邦・守相監造の青銅兵器銘文の編年に関する研究を整理・検討した。直接には、相邦建信君・春平侯監造の兵器と守相監造の兵器を取り上げ、現在の資料条件のもとでは、通説とは異なり、呉振武氏・董珊氏の説を支持することとなった。具体的には、建信君を悼襄王期の相邦に、春平侯を孝成王十七年と王遷（幽繆王）期の相邦に位置づけたものである。(53)

こうした新たな理解（編年案）が得られた意義は大きい。趙は悼襄王期には、孝成王後半期以来の燕への攻撃を継続しており、それは基本的には連衡の姿勢を見せていた建信君の活動と通じる。また史譚に太后に通じたとされる春平侯についても、李牧の無念の自害を重ね合わせれば、王遷期の政権の中心人物（崩壊の立役者）として投影された時代の感覚を読みとることもできよう。

本邦では林巳奈夫氏の基礎的編年以来、本章で取り上げた資料群に関するまとまった研究はなく、一方で、林氏の所説には、李学勤「戦国題銘概述」を乗り越える創見があったとはいえ、編年そのものには史料不足から来たす問題を含んでいた。

本章は戦国後期趙の政治過程・国際関係の解明に向け、新たな視点から趙国兵器の研究を行ったものである。大方の教示を期待したい。(54)

注

（1）沈長雲等著『趙国史稿』中華書局、二〇〇〇年。孫継民・郝良真等著『先秦両漢趙文化研究』方志出版社、二〇〇三年。辛彦懐・康香閣主編『趙文化研究』河北大学出版社、二〇〇三年。趙聡恵主編『趙文化論叢』河北人民出版社、二〇〇六年。

（2）李学勤「戦国題銘概述（中）」『文物』一九五九年第八期、六〇～六三頁。林巳奈夫『中国殷周時代の武器』京都大学人文科学研究所、一九七二年。黄盛璋「試論三晋兵器的国別和年代及其相関問題」『考古学報』一九七四年第一期（『歴史地理与考古論叢』斉魯書社、一九八二年所収。以下、「三晋兵器」と略称。引用頁は『考古学報』による）。

（3）呉雅芝「戦国三晋銅器研究」『国立台湾師範大学国文研究所集刊』第四一号、一九九七年。江村治樹「戦国時代の出土文字

資料と都市の性格」『春秋戦国秦漢時代出土文字資料の研究』第二部、汲古書院、二〇〇〇年。筆者もこうした成果の驥尾に付し、三晋兵器を資料に、県制・官僚制の形成に関する研究を進めてきた。拙稿「戦国韓国の権力構造―政権上層部の構成を中心に―」『史海』第五一号、二〇〇四年（本書第三章）。「鄭韓故城出土銅兵器の基礎的考察」『学習院大学人文科学論集』第一三号、二〇〇四年（本書第一章）、「戦国韓国の地方鋳造兵器をめぐって―戦国後期韓国の領域と権力構造―」『学習院史学』第四三号、二〇〇五年（本書第二章）。「戦国魏国における『県』制の成立―魏国兵器の検討を中心として―」『古代文化』第五八巻第I号、二〇〇七年（本書第五章）。

（4）于中航「済南市博物館蔵商周青銅器選粋」『海岱考古』第一輯、山東大学出版社、一九八九年、三二四頁。于中航「元年建信君鈹及相関問題」『故宮文物月刊』一九四号、一九九九年。呉振武「談済南市博物館蔵元年相邦建信君鈹」『揖芬集―張政烺先生九十華誕紀念文集』社会科学文献出版社、二〇〇二年。

（5）呉振武「趙十六年守相信平君鈹考」張光裕等編『第三届国際中国古文字学研討会論文集』香港中文大学中国文化研究所・中国語言及文学系、一九九七年。

（6）呉振武「趙武襄君鈹考」『文物』二〇〇〇年第一期。『文物』掲載論文は紙面の都合で削除した部分があるといい、のちに全文を『金景芳教授百年誕辰紀念文集』（吉林大学出版社、二〇〇二年）に収録した。本章では、後者を引用する。

（7）李学勤撰文「鈹（両件）」凌嵐編輯『保利蔵金―保利芸術博物館精品選』嶺南美術出版社、一九九九年。

（8）鎌田重雄「相国と丞相」『秦漢政治制度の研究』日本学術振興会、一九六二年。相原俊二「三晋文化の一考察―相について―」中国古代史研究会編『中国古代の社会と文化―その地域別研究』東京大学出版会、一九五七年。森谷一樹「戦国秦の相邦について」『東洋史研究』第六〇巻第一号、二〇〇二年など参照。

（9）黄前掲「三晋兵器」は、趙国兵器を（1）相邦建信君監造の兵器、（2）相邦春平侯監造の兵器、（3）その他の相邦監造の兵器、（4）守相監造の兵器、（5）邯鄲及びその庫名を記す兵器、（6）趙令監造の兵器に分類し、さらに「王立事」兵器と趙都邯鄲以外の地方監造の兵器を紹介している（一八～二八頁）。ただし、（6）の兵器と「王立事」兵器についてはさらに別の問題もあり、この分類をそのまま使用することはできない。なお、戦国中期以後の三晋兵器鋳造における管理系統の

基本的理解は黄氏前掲「三晋兵器」三八頁、江村前掲著一九二頁を参照。

（10）前掲拙稿「戦国魏国における『県』制の成立―青銅器銘文の検討を中心として―」参照（本書第五章）。

（11）呉良宝「戦国文字所見三晋置県輯考」（『中国史研究』二〇〇二年第四期、一二頁）は銅兵器銘文より趙県と判断できる十五県を紹介している。

（12）黄盛璋「秦兵器分国、断代与有関制度研究」『古文字研究』第二一輯、二〇〇一年、二三一〜二三八頁など参照。

（13）黄盛璋氏は「校器」とした旧説を改め、「伐器」と読み、攻伐の器つまり兵器の意味とし、他の庫と同様に兵器製造機構と考えている（「関干加拿大多倫多市安大略博物館所蔵三晋兵器及其相関問題」『考古』一九九一年第一期、五九頁）。そのほか呉振武「趙鈹銘文『伐器』解」中山大学中国文学系・中国訓詁学会主編『訓詁論叢』第三輯、文史哲出版社、一九九七年など。

（14）黄氏は、「斎」とは『周礼』考工記に見える「金有六斉」の「斉」で銅と錫の配合割合で、「撻」とは金鎚で打ちたたき、鍛えることと解した（「『教（撻）斎（斉）』及其和兵器鋳造関係新考」『古文字研究』第一五輯、一九八六年）。李学勤氏は近年、于省吾氏の「執斉」とする旧来からの解釈を再評価している（李学勤「《考工記》与戦国兵器銘文的〝執斉〟」『中国科技典籍研究―第一届中国科技典籍国際会議論文集』大象出版社、一九九八年）。

（15）王の監督を銘記するのは、燕国兵器の特徴である。燕国兵器については宮本一夫「戦国燕とその拡大」（『中国古代北疆史の考古学的研究』中国書店、二〇〇〇年）の第四節「燕の兵制」参照。「某某立事」形式は斉国兵器に見られる（黄盛璋「燕、斉兵器研究」『古文字研究』第一九輯、一九九二年）。なお、黄氏前掲「三晋兵器」の（6）「趙令」形式の十二年趙令戈（集成17·11355）については、現在の研究段階により除いた。高明『中国古文字学通論』（北京大学出版社、一九九六年、四四一頁）・『集成』（略称一覧参照）編者は偽刻を疑い、呉良宝氏は「少曲」と読んで韓県とする（呉氏前掲論文、一三頁）。

（16）呉振武「趙二十九年相邦趙豹戈補考」四川聯合大学歴史系主編『徐中舒先生百年誕辰紀念文集』巴蜀書社、一九九八年、一七〇〜一七二頁。

（17）相邦建信君・春平侯監造（監督・製造）兵器は、行論の都合、建信君兵器・春平侯兵器と略称することがある。

(18) 黄前掲「三晋兵器」一八～二五頁。黄説に賛同する研究として、許進雄「十八年相邦平国君銅剣—兼談戦国晩期趙国的相」(『中国文字』新一七期、一九九三年、二一～四二頁)、陶正剛「山西省近年出土銘文兵器的国別和編年」(『古文字研究』第二一輯、二〇〇一年、一九三頁)、何琳儀『戦国文字通論(訂補)』(江蘇教育出版社、二〇〇三年、一四四頁)など。

(19) 楊寛『戦国史料編年輯証』上海人民出版社、二〇〇一年、九六三～九六四頁、一〇三六～一〇三七頁。前掲『趙国史稿』二九四頁、三六二～三八四頁。

(20) 平勢隆郎『新編史記東周年表—中国古代紀年の研究序章』東京大学出版会、一九九五年。

(21) 張琰「関于三晋兵器若干問題」陝西省考古研究所主辨『古文字論集(一)』(『考古与文物』叢刊第二号)一九八三年、五七頁。

(22) 黄氏は本章23番の矛の紀年を五年或いは十五年と判断している。筆者は「五」の文字と隣の行の「伐」の字の高さはほぼ同じであるから、「五年」と判断した。

(23) 黄前掲「三晋兵器」二三頁。黄氏は第一に悼襄王の在位が九年にとどまらず、十九年の誤脱とし、春平侯監造兵器をすべて悼襄王期に位置づける案(後述の林巳奈夫氏の見解に比較的近い)、第二に春平侯は孝成王の一代前恵文王の相邦であるという案、そして黄氏が最終的に採用した案(本論参照)、の三つの可能性を提示した。

(24) 張前掲論文五七、五八頁。

(25) 呉雅芝前掲「戦国三晋銅器研究」五一一～五一五頁。

(26) 黄前掲「三晋兵器」一九頁注二。

(27) 黄前掲「関干加拿大多倫多市安大略博物館所蔵三晋兵器」五七～六三頁。

(28) 高明『中国古文字学通論』北京大学出版社、一九九六年、四三七～四四一頁。

(29) 林清源「戦国〝冶〟字異形的衍生与制約及其区域特徴」陳勝長主編『第二届国際中国古文字学研討会論文集(続編)』問学社有限公司、一九九五年、三三三～三七四頁。

(30) 蘇輝『秦・三晋紀年兵器研究』中国社会科学院研究生院碩士学位論文、二〇〇二年(中国国家図書館所蔵)一三頁。

(31) 秦の左右丞相制については、『史記』巻五秦本紀「(武王)二年(309B.C.)、初めて丞相を置き、樗里疾・甘茂、左右丞相と為る」とあり、『史記』巻六秦始皇本紀「(琅邪台刻石)丞相隗林・丞相王綰」とあり、同「(始皇)三十七年十月癸丑、始皇出游す。左丞相斯従い、右丞相去疾守る」とある。始皇帝は武王創置のときと同じく左右二丞相制をとり、相国はおかなったという(鎌田前掲論文一七五頁参照)。

(32) 『古文字研究』第七輯、一九八二年。後、李学勤『新出青銅器研究』文物出版社、一九九〇年所収。Ⓓ説の提出により、韓国兵器とする旧説は修正されたようである(旧説については本節⑩において後述する)。また、Ⓑ説の張琰氏論文執筆にあたり、李氏は意見を求められているようだが、李氏自身は十五年・十七年春平侯監造兵器のすべてを偽器とする考えではないようである。

(33) 江村治樹「イギリス博物館所見の中国古代青銅武器」『名古屋大学東洋史研究報告』一七、一九九三年、七六～七七頁。

(34) 李学勤「十七年春平侯鈹」『四海尋珍』清華大学出版社、一九九八年、九三～九七頁。

(35) 李前掲「鈹(両件)」二七五頁。

(36) 呉振武前掲「趙十六年守相信平君鈹考」四一一～四一二頁。

(37) 表三は董珊「論春平侯及其相関問題」中国古文字研究会第十四次年会論文、二〇〇四年より転載。また董珊「論春平侯及其相関問題(提綱)」北京大学考古文博学院編『考古学研究(六)』科学出版社、二〇〇六年参照。呉振武氏の見解は「(報告提綱)趙国兵器銘文中所見的相邦與守相」(台北中央研究院歴史語言研究所、二〇〇〇年七月六日)参照。呉氏の報告提綱は同氏より提供を受けた。感謝の意を記したい。また董珊氏の前掲提綱と呉振武氏のいくつかの論文については崎川隆氏(吉林大学)より提供を受けた。あわせて感謝の意を記したい。

(38) 近年「王立事」兵器に関連しては、新しい研究成果があった。一九七五年山西省臨県窰頭村から「王何立事皇=冶叢所教馬重為【正】宜安【背】」の銘をもつ銅戈が出土していたが、本器の「王何」は武霊王の子の恵文王何とされ、報告者の陶正剛氏は恵文王が武霊王より「伝国」される前二九九から恵文王の死去年である前二六六年のものと述べていた。今回、董珊氏は『集成』(17·11364)所収の新釈「二年、宔(主)父攻(工)正明(?)我□、左工師鄔許、馬重丹所為」(「主父」とは武霊王が王位を譲ってからの呼称）を示した上で、「王何立事」を武霊王二十七年（前二九九）五月戊申の伝国以後、翌年改元までの時間とし、踰年称元法との関係を指摘している（董珊「二年主父戈与王何立事戈考」『文物』二〇〇四年第八期）。
(39) 前掲注二の両氏の研究を参照。
(40) 文物出版社、一九九五年。
(41) 呉前掲「趙十六年守相信平君鈹考」四〇一～四〇二頁。
(42) 趙世家は孝成王十五年に廉頗を「相国」とし、廉頗列伝は同年に廉頗を「仮相国」とする。通説的には、(46)～(49)の「守相杢波」を基礎に、廉頗列伝の「仮相国」が正しいと考える。(25)・(26)の「十五年春平侯」の存否ははっきりしないが、孝成王十五年の相邦は春平侯、守相は廉頗というのが一般的な理解だろう。
(43) 黄前掲「三晋兵器」二四頁。
(44) 李学勤氏前掲「戦国題銘概述（中）」六〇頁。
(45) 呉前掲「趙十六年守相信平君鈹考」四〇七～四〇八頁。
(46) 黄前掲「『敦（撻）斎（斉）』及其和兵器鋳造関係新考」二五七頁。
(47) 李前掲『新出青銅器研究』二二三頁。
(48) 呉前掲「趙武襄君鈹考」一一四頁。
(49) 拙稿「〈大会報告要旨〉趙国兵器の基礎的考察―相邦・守相関連兵器の編年を中心に―」『学習院史学』第四三号、二〇〇五年、一八六～一八七頁。
(50) 八年の紀年をもつ春平侯監造兵器（本章22番）は現在のところ取り上げないのが安全だろう。なお、『史記』の六国年表と楊前掲『戦国史料編年輯証』は、王遷八年（前二三八）まで、となっている。
(51) 管見の限り、李学勤氏自身は「二相邦制」という表現を使用していない。氏にとってはあくまで資料を整理した結果、悼襄王期（とくに元年・三年・四年・八年）に建信君・春平侯という二人の相邦が同時に存在することになった、という事実の提示に留まるものと推察する。

(52) 鎌田前掲論文一七三頁。

(53) こうした編年案は、通説となっていた黄盛璋氏の見解やその案に従った楊寛『戦国史料編年輯証』・沈長雲等『趙国史稿』とも異なり、また二相邦制を採用したと判断できる李学勤氏の見解とも異なる。今後、戦国後期の趙国政治は再検討されることになるだろう。

(54) 筆者はかつて、戦国後期三晋諸国の国家意志の決定権に宗親（宗室・姻戚）勢力の影響の強さを指摘した。本章に整理した銅兵器銘文からも左表の通り、新しい官僚機構に王族一員・姻戚（韓氏）を位置づける折衷の様相を窺える。拙稿「（報告記事）戦国中後期における三晋諸国の政権構造試論」『史学雑誌』第一一二編第一二号、二〇〇三年（本書結語注三参照）。

番号	官　職	人名
(13)	邦右庫工師	趙煇
(14)	邦右庫工師	趙瘁
(17)(18)	邦左庫工師	趙痔
(20)	大工尹	趙間
(22)	邦右庫工師	趙□
(39)	邦左工師	趙鹿智
(41)	相邦	趙豹
(43)(44)	大工尹	趙解

番号	官　職	人名
表5参照	大工尹	韓耑
(46)(49)	邦右庫工師	韓師
(50)(51)	邦右庫工師	韓佚

第五章　魏国兵器の基礎的考察

――戦国魏国における「県」制の成立――

はじめに

筆者は、近年、戦国三晋諸国製造の青銅兵器（以下、三晋兵器と略称）の研究を通じて、同諸国の国家構造の解明に努めている。(1)

本章は、魏国兵器とその銘文の整理、検討を通して、戦国魏の「県」制の成立過程を解明することを目的とする。戦国諸国の郡県制は、近年の出土文字資料の増加と古文字学、歴史地理学、史料批判研究、紀年研究の成果により、再検討される時期に来ている。とりわけ戦国魏は戦国諸国の中でも、先行的に中央、地方の統治機構を成立させたという見通しから、ここに取り上げる。(2)

一、廿一年啓封令戈

本節ではまず先行研究を紹介する前に、代表的な例を取り上げ、筆者の研究課題の手がかりとしたい。

図一は廿一年啓封令戈である。一九七四年、遼寧省の新金市（現在の普蘭店市のことで、大連のすぐ北にある都市）で発見された。まだ人民公社の時代、人々が土地をならしているときに、銅兵器と五珠銭などがあいついで発見されたという。(3) これらの文物は漢墓からの出土と見られる。

最近、旅順博物館の図録が出版されたが、その中には採録されていないようである。(4)

図二は『殷周金文集成』より取った拓本である。(5) 内と呼ばれる部分に三行にわたって一一文字（うち一文字は合文）表面に書かれている。もう一方の面には二文字「啓封」と書かれる。

廿一年、攺（啓）啚（封）竛（令）癰、工帀（師）金、炤（冶）者［正］　啓封［背］

本兵器の紹介者や黄盛璋氏、『殷周金文集成釈文』などの釈読を参考に作成した。(6)

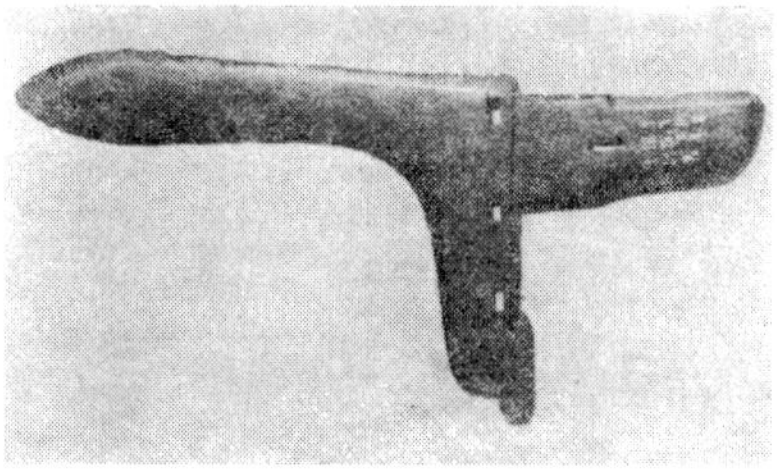

図１　廿一年啓封令戈（考古1980-5、p.479）

図２　啓封令戈拓本（集成17・11306）

さて、この「啓封」とは「開封」のことで、『睡虎地秦簡』編年記の昭王三二年にも「啓封を攻む」と見える。前漢の景帝の名啓を避けて、「開封」になったという。表面の啓封の「封」の字と裏面の「封」の字は字形が異なるようであり、黄氏の研究によると、これは後に秦に入ってから刻されたものだという。

ここには王の年数と地名＋命（令）＋人名、「工師」という武器製造工房の親方の名前、「冶」

という実際の製造者の名前、こうした三級の各管理者・担当者の役職と名前が記されている。筆者は、この三級の管理制度の表示を重視しているが、その点はのちに先行研究との関連で再び述べる[7]。

ここでは、この廿一年とはいつか、という問題を考えておく。現在、廿一年啓封令戈の編年案としては、二つのものがある（表一参照）。

戦国魏国には廿一年以上王位にあったものは、恵王（恵成王）、襄哀王、安釐王の三人である。この三人のうち誰か、ということになる。

このようなとき、どうするか、といえば、二つの方向があるといえる。一つはモノとしての銅戈の形式からおよその目安を得ること。もう一つは「啓封」の地をどの国がどの時期に持っていたか、という規準から的を絞っていくやり方である。本兵器は字形と書式から三晋のものと考えられる。「工師」の合文や前述の三級の記載方式、製造者を「冶」と呼ぶことなど、三晋の特徴である。

表1　啓封令戈の編年案

編　年　案	提　唱　者
①襄王21年か安釐王21年	許明綱、于臨祥
②安釐王21年（前256）	林清源、呉雅芝

結論を先にいえば、本器はおそらく安釐王二一年のものと思われる。すでに最初の報告者の許明綱、于臨祥氏は襄王二一年か安釐王二一年のどちらかだろうと推定していた（表一の①）。その後、黄盛璋氏が主にこの「啓封」の所属はどの国なのか、そして、この戈がなぜ二〇〇〇キロ以上も離れた遼寧省の大連近くで見つかったのか、という関心から文章をまとめ、明言はしていないが、およそ安釐王二一年を想定しているようである。

黄氏は、本兵器の墓に入れられた年代を、戦国燕の遼東の地で発見されたことから、上限を燕の喜王の遼東に従った前二二六年、秦の将軍王賁が燕をうった前二二二（つまり統一の前年）とし、下限を同出文物との関係から前漢初年とした。襄哀王二一年（前二九八）は七〇年以上前のことでもであり、考えにくい。

その後、台湾の林清源氏、呉雅芝氏が特別根拠を示しているわけではないが、黄氏の考えにより、安釐王二一年

（前二五六）とする（表一の②）。[8]

戦国後期、ここではひとまず藤田勝久氏による斉の臨淄陥落の前二八四年以降としておくが、[9]戦国後期の代表的な銅戈の分類は鄭韓故城出土の八〇余件にのぼる銅戈のものだといえる。[10]ⅠからⅥ式まであってⅢ式が多いという。Ⅳ、Ⅴ、Ⅵ式はそれぞれ一件しかないというので、基本的にⅠ、Ⅱ、Ⅲ式で考えてよいだろう。

さきほどの啓封令戈と比べてみると、筆者はⅡ式のものに似るように思う。援があまりはねあがっておらず、また胡の長さも長くなく、内の形、闌、穿の形なども似ているだろう。なおⅡ式とⅢ式の間に、時間の差を考えられるかどうかはわからない。それは器形と銘文を対応させるほどの情報が公開されていないためである。ただⅠ式はⅡ、Ⅲ式より古いものといえる。内に刃があるというのは、戦国中後期、とくにあとの時代の特徴である。[11]

第一章でも言及したが、この図三のⅡ式銅戈には銘文があり、それは王三年鄭令戈のようである。[12]王三年とは韓の桓恵王三年、前二七〇年であり、同形式の同出器もほぼ前二七〇年以降のものと考えられるから、モノの角度からも安釐王二一年（前二五六）と考えてよいのではないだろうか。

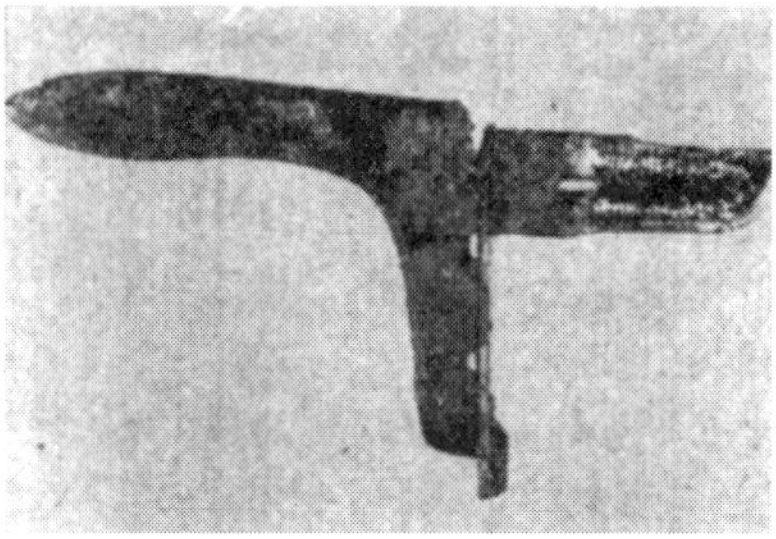

図３　鄭韓兵器Ⅱ式銅戈（文物1972-10）

以上、前置きがやや長くなったが、筆者の論を展開する上で必要な確認と考え、具体的な例を通して述べてきた。

三晋兵器とその銘文の研究の魅力は時代をかなり特定できるという点である。貨幣や陶文、印文にも地名や制度をうかがわせるものがあるが、時代特定はなかなか困難である。これらの素材を利用して、郡県制とりわけ「県」制の成立過程を考えていこうとしている。これから先行研究との関連で述べていきたいのだが、その前に、もう一つだけ、三晋兵器を利用する際の確認事項がある。次節に述べよう。

二、黄盛璋氏の研究

三晋兵器の研究に基礎を築いたのは、黄盛璋氏である。黄氏の議論をここで確認しておくと、氏は戦国三晋の兵器を箇式、繁式、最繁式の三類に分類する[13]。のちほど、具体的に紹介することになるが、箇式とは地名のみを記したものである。たとえば、「梁」とか、「邯鄲」とか、地名のみを記し、比較的早い時期のものと考えられる。林巳奈夫氏の区分によれば、春秋後期から戦国前期、前五五〇年位から前三五〇年位までだろう[14]。次は繁式といい、それは、さきほど啓封令戈にみたように、県令という監督者（黄盛璋氏のことばでは監造者）がいて、次に現場監督者（黄氏では主辨者）、最後に実際の製造者、三晋では「冶」と記され、秦では「工」と記される（表二参照）。繁式は戦国中期から後期にかけて多く見られる。最繁式は、残念ながら、魏にはないようであるが、二人の監督者が登場する例である。

表二　戦国三晋諸国の兵器製造管理制度（『考古学報』一九七四—一、三八頁）

		造者	主者（主辨者）	省（監）者（監造者）
三晋	韓	冶	工師、冶尹	令、司寇
	趙	冶	工師、冶尹、左右校	相邦、守相、大攻尹（中央）、令
	魏	冶	工師	邦司寇（中央）、令
秦		工	工師、丞、士上造、工大人	相邦（中央及内史）、守（地方）
漢	銅器	工	護、佐、嗇夫、椽（令史、史）	令（長）、丞（尉）、護工卒史、監椽
	弩機	郭工	令、丞、椽、史	監工椽、護工椽、護工令、護工卒史

たとえば、韓では、ある時期から県令の下に刑罰をつかさどる「司寇」が記され、二人の監督者が現れる。趙でも、「大工尹」という官が裏面に記される例があり、戦国後期、ここでは前二五〇年頃からのことであるが

（林氏による）、管理体制が強化されているようである。

三、増淵批判とその後の研究

さて、戦後日本における秦漢史研究は、郡県制の形成とその構造について、大きな研究成果をあげてきた。とりわけ、西嶋定生、増淵龍夫、木村正雄三氏の研究は、その後の研究者に大きな影響を与えている[15]。

ここではまず増淵龍夫氏の「先秦時代の封建と郡県」という論文を取り上げる[16]。氏は顧炎武の郡県論（郡県制の県は春秋時代から始まることを明らかにした）をふまえつつ、それを批判した顧頡剛氏の議論を問題にする。顧氏は君主直轄型の秦・楚の県と家臣の采邑型の晋・斉の県を区別して、秦・楚の強大になる所以を説明したが、こうした区分を極限概念として退け、顧氏のように春秋時代の県を明確に区分できないことと、秦漢県制へとつながる上での様々な困難を明らかにした。

ただ、増淵氏は戦国以降の県を君主の「直轄地」とか、君主の「地方官的性格」だとか、いわれるのだが、やや抽象的なレベルにとどまっていることに、私は気になる。いったいどういう過程を経て、戦国三晋なり、楚なりの「県」が成立してくるのか、いまひとつ明らかではない。

たしかに、春秋時代より、史料用語として「県」が見られることはよく知られている。「先茅之県」（『左伝』僖公三十三年）、「瓜衍之県」（宣公十五年）、「県大夫」（襄公三十年）、「州県」（昭公三年）、「祁氏の田を分かちて以て七県と為し、羊舌氏の田を分かちて以て三県と為す」（昭公二十八年）など枚挙にいとまない。

しかし、どういう過程を経て、商鞅期以降の全国的県制へと展開していくのか、どういう過程を経て、楊寛氏の

『戦国史』第六章に記されるような中央集権的な政治制度が成立してくるのか、統治と行政を担う機構とその中で働く官僚の成立というのが、今ひとつ見えてこない。[17] おそらくポイントは戦国前期から中期にかけての政治改革にあるだろう。[18]

それでは、増淵氏の「戦国官僚制の一考察」で解決されるか、というと、そうもいかない。こちらも増淵氏のいう任侠的結合といった人的関係が官僚制の中に貫徹されていることを述べるもので、また「先秦時代の山林藪沢と秦の公田」の論文も別に重要な問題であるが、上記の疑問にこたえるものではない。

筆者はこうした空白を受け止め、青銅兵器を資料に地方統治機構としての「県」の成立を戦国期に重点をおいて見ていきたいと考えている。

その後平勢隆郎氏は春秋晋と楚の県を再検討し、春秋県の性格変化（それは世襲の廃止に集約されるとして）を研究している。そして楚において世襲支配が否定されていたこと、公子公孫の進出を明らかにし、晋については、晋公を上部権力とした場合、私領化の傾向を認め、戦国王権に接続する三晋（韓・魏・趙）の本邑に世襲支配のあることを指摘した。一方、侯馬盟書を通して、趙氏宗主の権力強化を問題にし、春秋後期における成員による県管領の世襲否定が基本的に実現していたことを論ずる。[19]

また松井嘉徳氏は、軍事・行政的組織化の観点から、西周「還」と春秋「県」の共通性を指摘する。[20]

軍事・行政的組織化の観点というのは、近二〇年の研究の一つの大きな流れであり、戦国三晋に即してみれば、佐原康夫氏の府・庫の官僚機構整備に関する研究、江村治樹氏の経済的・軍事的独立性を三晋都市に指摘する研究がある。[21]

ただ、今回、とりわけ「県」制の問題を、新たに再検討しよう考えたのは、吉林大学古籍研究所の呉良宝氏の出土文字資料からみた戦国三晋「県」の研究と復旦大学の李暁傑氏の三晋諸国の領域変遷研究の出現をみてのことである。[22]

両氏の研究との関連は後ほど、また触れるとして、要するに、筆者は今回、地方統治機構としての「県」の成立を、青銅器銘文、とくに兵器銘文から明らかにしようと考えている。地方統治機構は軍事・行政の担い手であり、筆者も「軍事・行政的組織化の観点」という近年の流れの中にいる。ただ、官僚機構の整備に関連しては、すでに佐原氏や江村氏が考察している。私は両氏とは少し違った観点から、三晋諸国（本章は魏についてであるが）の「県」制の成立を述べようと思う。

四、春秋後期から戦国中期の魏国兵器

実際に青銅器とその銘文を見ていく前に、いわゆる「三家分晋」[23]を経た三晋の領域に関する一般的な議論を確認しておく。韓、魏、趙が知氏を滅ぼしてのち、旧晋の領域について、趙は北部、韓は南部、魏は中部を獲得したようである。[24]

程恩沢は『国策地名考』（粤雅堂叢書所収）の魏のところの序言で、「魏地　河東、河内、河西、河外を兼有す。之を約言すれば、龍門以東、汾に据りて河東と為し、今　汾、蒲、吉、解の諸府州是れなり。龍門以西、河西と為し、今同、鄜等の州是れなり。太行の南、殷墟　河内と為し、今　彰徳、衛輝、懐慶等の府是れなり。太華以東、虢略河外と為し、今の陝州是れなり」と、魏の領域の概略を述べている。

戦国時代の領域変遷の入れ替わりの激しさはよく知られるところで、それをあとづけるのは大変困難なことである。すでに程恩沢の『国策地名考』や顧観光の『七国地理考』、銭穆の『史記地名考』[25]、繆文遠の『戦国制度通考』[26]など

戦国諸国の領域に関しては基礎的な研究が積み上げられている。

前述の李暁傑氏の研究が画期的なのは、平勢氏の年表と藤田勝久氏の『史記』の史料批判的研究を基礎に[27]、三晋の領域を時期ごとに、およそ前四〇〇年、三五〇年、三〇〇年、二五〇年といったように確定する作業を進めたことである。このことは、銅兵器の時代、国別を検討していく上でも、貴重な示唆を与えてくれる。

それでは、春秋後期から戦国前期の銅兵器を見ていこう。本章末の表三魏国青銅器表に器名、銘文、時代、出土、旧蔵、現蔵、出典をあげておいたので、そちらを参照されたい。

まず地名のみのものとして、(一、以下、本章表三の兵器番号)梁、(二)酸棗、(三)黄城、(四)郱(共)、(五)陽狐などの銅戈が知られている。全形が確認できるものを見てみると、たとえば黄城(図四)、郱(共)(図五)、陽狐(図六)で、黄城戈は、林巳奈夫氏の編年観によると、春秋後期後半とされる輝県固囲村一号墓出土の銅戈と似るようである(図七)[28]。ただ、郱(共)戈は固囲村のものとは少し違う感じである。援の部分のすぼまった感じは、同じく春秋後期後半とされる汲県山彪鎮一号墓出土の銅戈が似るようである(図八)[29]。黄城戈の二文字目は部分しか残っていないが、近年出土した太原趙卿墓の「黄城」戈の二文字目と共通するようである(図九)[30]。黄城は河南省内黄県西北の地とされる[31]。

共の地名をもつ兵器は、(四)のほか、戦国中後期のものとして(四〇)(四一)五年龔(共)令戈も知られている。共の地は、輝県の東、鍾鳳年氏、李暁傑氏らは文侯期より魏の領域とする[32]。陽狐戈は于省吾『商周金文録遺』五六二番に銘文部位の拓本を載せるが、本銘を呉良宝氏は「陽狐」と読んでいる。陽狐は山西省垣曲県東南とされるが、『史記』巻十五六国年表に「(秦簡公)十四　魏を伐ち、陽狐に至る」とあり、平勢年表では秦の敬公四年で魏の文侯三九年(前四〇四)、文侯期にはすでに魏地であっただろう。器形は、戦国前期の塦(陳)□車戈(巌窟下三八)に似る

図４　黄城戈（集成17·10901）

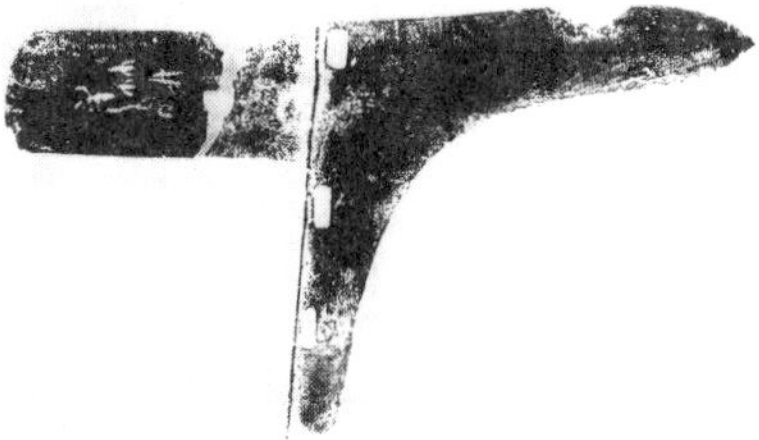

図５　共戈（集成17·10902）

図６　陽狐戈（集成17·10916）

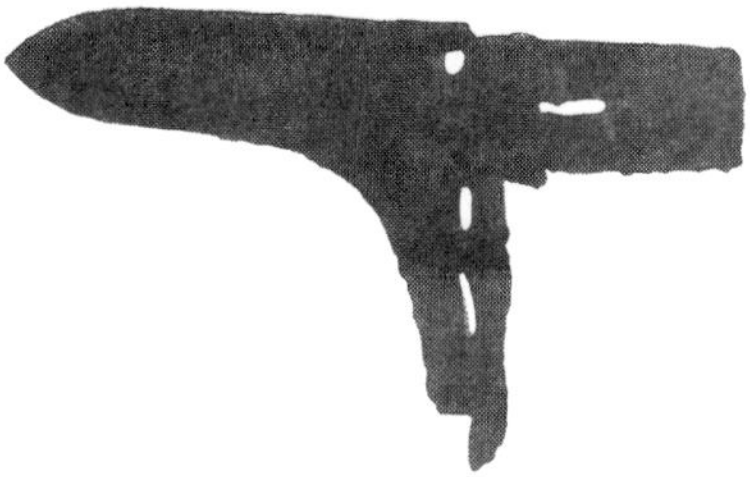

図７　固囲村１号墓銅戈
（輝県発掘報告図版89）

図８　山彪鎮１号墓銅戈
（山彪鎮与琉璃閣図版26）

図９　黄城戈（太原趙卿墓図版67）

図10　呉（虞）庫戈（集成17·10919）

図11　固囲村１号墓銅戈
（輝県発掘報告図版89）

ようである。(33)

つぎの呉庫戈（六）は一九五四年から五五年にかけて山西省の長治市分水嶺一四号墓で発見されたもので、春秋時代、晋国に滅ぼされた虞と読んで、現在の山西省平陸県北の地と考えられる。本器の作りはやや大ぶりである（図一〇）。ただこれも、戟ではあるが、固囲村一号墓出土銅兵器と似るようである（図一一）(34)。

呉庫戈には呉（虞）の「庫」と記されており、地名のみ記していた段階から、武器の製造・収蔵庫である庫名を記したものに進んだものと思われる。このような例としては（七）「毎（枚）左庫」や（八）「梁□庫」が知られている。その後（戦国前期～中期）、侯・王の紀年が入り、庫名のほかに、製造工房の工師の名前や製造者の冶の名前が入るものが現れる。

まず呉良宝氏の重視する（九）言陽冶戈は、呉振武氏の紹介文によると、一九九八年澳門の珍秦斎が収得した銅戈という。言陽は漢代西河郡の圁（圁）陽とされ、現在の陝西省神木県東の地。県令監造以前の兵器として、注目される。(35)

そして王の紀年と庫名の例では、（一〇）十二年寧右庫剣、（一一）十八年鄉左庫戈、（一二）十四年鄴下庫戈が知られる。十二年寧右庫剣の二行目については、三十五と読んで、それだけたくさんの兵器が作られていたと主張する黄盛璋氏とこれは倒文で、五刺と読むとする『集成釈文』の二説ある。寧については『戦国策』魏策三「韓の上党を共、甯に通ず」という河南省修武県の寧であろう。ただ、趙の長城の南の安陽市に寧新中という地があり、秦に取られてから、安陽と改めるのだが、こちらの寧新中の可能性もないわけではない。

十八年鄉左庫戈は、□□の一文字目を『集成釈文』は「呉」と読む。それから、十八年か八年か、という違いもある。この鄉（雍）とは古の雍国で、戦国史料中にはあまり見えないが、漢代の山陽郡に属する地である。

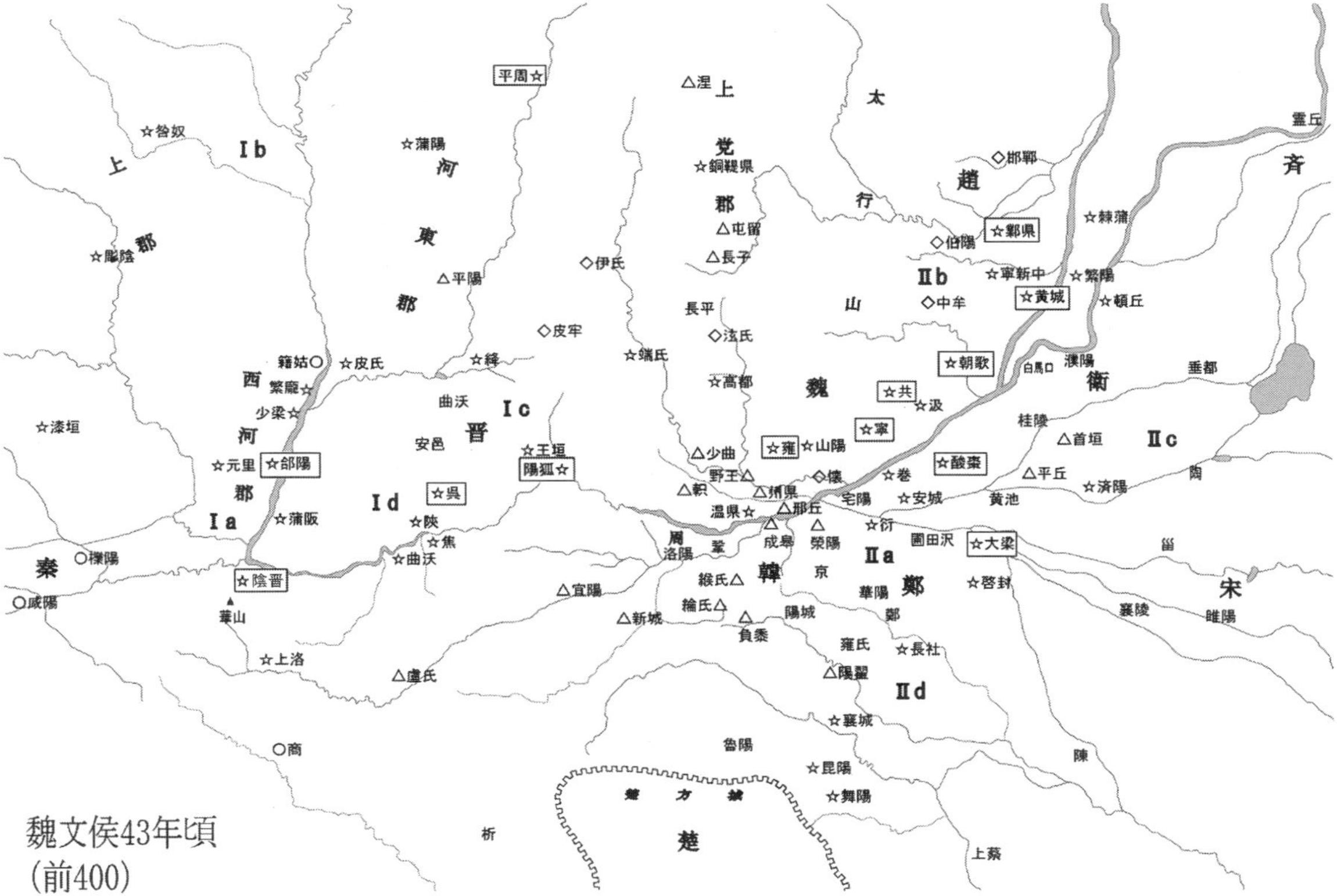

図12 魏文侯43（前400）年頃の疆域図

（注）☆魏・△韓・◇趙・○秦とし、衛・宋・晋・斉・楚については特に示さなかった。

十四年鄴下庫戈の鄴は、西門豹の故事で知られる河北省臨漳県西南の地である。一九八〇年江陵張家山で農民が発見したという。この戈の発見で、黄盛璋氏の推測、魏には上庫だけではなく、下庫もあったはずとする推測は確かめられた。[36]

そして庫名と冶名を記すのが、著名な（一三）朝歌右庫戈、（一四）陰晋左庫戈、そして宜陽故城から得られた（一五）合陽上庫矛である。[37] 三器ともに庫名と冶が記されている。

本節の最後に、ここまで整理してきた銅兵器銘文上の地名を地図（図一二）で簡単に確認しておこう。地図上、しかくでくくった地名である。この地図は、李暁傑氏の成果に依拠しつつ、譚其驤氏の『中国歴史地図集』第一冊をもとに、国別に記号を分けて示した地図である。時期は文侯四三（前四〇〇）年頃を示している。[38] Ⅰ、Ⅱは魏国領域の西部地区、東部地区を示し、それをさらにそれぞれ四分割した（a＝西、b＝北、c＝東、d＝南）。

梁は河南省開封市、酸棗は河南省延津県西南、牧は何琳儀氏の解釈によると、汲県とする。朝歌は河南省淇県、陰晋は陝西省華陰県東南、合陽は陝西省合陽県東南である。黄城、共、陽狐、虞（呉城）、寧、鄴は前述した。[39]

五、戦国中後期の魏国兵器 ―三級管理制度の成立―

本節では戦国中後期の例、およそ、紀元前三五〇年以降のものを見ていく。まず、中央の邦司寇（あるいは大梁司寇）の系統を取り上げ、そのあと地方の鋳造機構を検討する。

邦司寇の「司寇」とは刑罰を司る官で、韓にも見られる。実際、秦では刑徒が製造者の所に書かれ、魏においても、このころ、つまり恵文王（称王は前三三四年）のころより、兵器製造の現場で、刑徒の使用が始まったのだろう。現在、七年（三二）（図一三）と十二年（三三）（図一四）のこの二件は魏のものと考えてよい。黄盛璋氏は別に、大梁司寇と記された梁二十七年鼎（二二）・（二三）があり、そのことから、これらは大梁遷都後、つまり恵文侯の一〇年、紀元前三六一年以降のものと考え、およそ、この二件の七年、十二年を恵文王の更元七年（前三二八）、一二年（前三二三）とした。

ただ、そこで一緒に紹介された十二年邦司寇剣については、いろいろ疑問が出てきている。黄氏は邦司寇の記載があることから、魏国兵器としたのだが、銘文の最後には「執斉」という趙国兵器の特徴が示されていた。九〇年代に入り、十九年邦司寇鈹も紹介され、韓自強氏らは魏国兵器としたが、こちらにも「執斉」の文字が刻まれている。[40]

図13・14　七年（左）、十二年（右）邦司寇矛
（集成18・11545、18・11549）

最近、北京の保利博物館は二件の銅鈹を収集し、その一つには「二年、邦司寇肖（趙）或、邛（工）庫工帀（師）鄭（焦）宗、冶尹頻所為、緌（綏）執斉」（李学勤氏釈読）と記されていた。[41]李学勤氏は、この鈹を先の十二年邦司寇剣とともに趙国兵器とする。筆者も、これまで知られる限り、銅鈹といえば趙国であり、魏と韓に鈹はほとんど見られないから、趙国兵器の可能性が高いと考える。[42]

注目すべきは、上記、二件の銅矛に三級の管理制度が記されていることで、ただこれは中央でのことで、邦司寇を監造者とし、また時期も恵文王の更元七年（前三二八）、一二年（前三二三）のものである。それでは、いったい県令をトップとする三級の管理制度の成立はどこまでさかのぼるのか。

つぎに地方の管理制度を見てみよう。

少しく振り返ると、最初、地名だけ記していたものが、次第に庫名、王の紀年、工師の名前、冶の名前を記すようになり、ここに県令、工師、冶の三段階の責任体制が成立する。それがいつなのか、従来、あまりはっきりしていなかった。魏が他国に先行するだろうとは考えてられていたが、いったい、いつ、どこでこの三級の管理制度が成立するか。これを徹底的に研究することには意味がある。結論を先にいえばおよそ、恵成王（侯）の卅年から卅五年の紀年をもつもの、つまり前三四一年～前三三六年にはじめて、県令を監督者とする三級の管理制度が成立する。

三級の管理体制を記す戦国中後期の魏国兵器は複数あるが、ここでは、特に注意に値する、（二五）卅三年大梁戈（図一五）[43]、（二六）卅三年業（鄴）令戈（図一六、卅二年とする論者もあり）、（二七）卅三年陖陰令戈（図一七）[44]、（二八）卅四年頓丘令戈（図一八）と三件の（二九）～（三二）虒令銅器を取り上げる。

ここで筆者は二つのことを指摘したい。一つは時期である。恵成王［未称王］卅年～卅五年前後の時期は諸国が王号を称したり、改元したりする時期に重なる。魏もまた前三三四年に王号、改元というイベントを実施する。王号、改元はこれまでの改革の総仕上げのような意味を持っていたといえるが、その最後の追い込み時期の五～一〇年間ほどに、県令を頂点とした三級の管理制度ができてきたということである[45]。

表面的なことを一ついえば、これらの器銘には、それぞれ侯ないしは王の紀年のあとに「命（令）」と記されている。これはおそらくは「県令」であって、すでに「邑」ではないのだと思う。ただしこれは、単に文字のレベルではなく、様々な側面での管理体制の強化を反映するものであっただろう。

図15 卅三年大梁戈（考古1977-5、p.357）

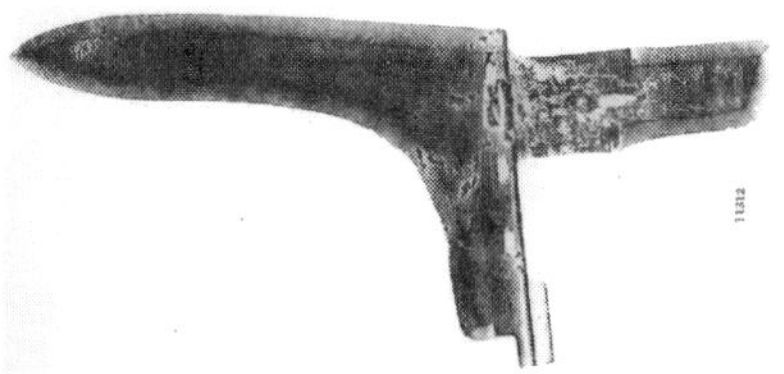

図16　卅三年業（鄴）令戈（集成17・11312）

図17　卅三年陜陰令戈（中国文字研究1）

図18　卅四年頓丘令戈（集成17・11321）

そして、もう一つ注意したいのは、分布の広がりである。大梁と鄴は前章の通りだが、頓丘は河南省濬県、陜陰の地は、濦陰と読んで濦水の南、河南省漯河市東から周口市一帯とする呉振武氏と、汝陰と読んで魯陽の近く現在の河南省魯山県と平頂山県の間の地とする李朝遠氏の説がある。ここでは呉振武氏に従っておく。なお、虒の地は戦国期の史料からは判然としない(46)。

図一九の地図は図一二同様、李暁傑氏の成果に依拠して、作成したものである。魏恵成王二一（前三五〇）年頃の勢力図である。上記の兵器のほか、おそらく恵成王期以降と思われる、「令」の記載、三級の管理制度を持つ「県」もあわせて示した（表三参照）。

比較的まんべんなく西部地区（Ⅰ）のａｂｃｄ、東部地区（Ⅱ）のａｂｃｄと広がっている。私はここに戦国魏における全国的県制の成立をみたいと思う(47)。

春秋県の性格の変化、それは派遣した人物の世襲の否定という側面からのアプローチもあるが、統治の側面からのアプローチもあるだろう。執拗な管理、社会秩序維持、社会生活

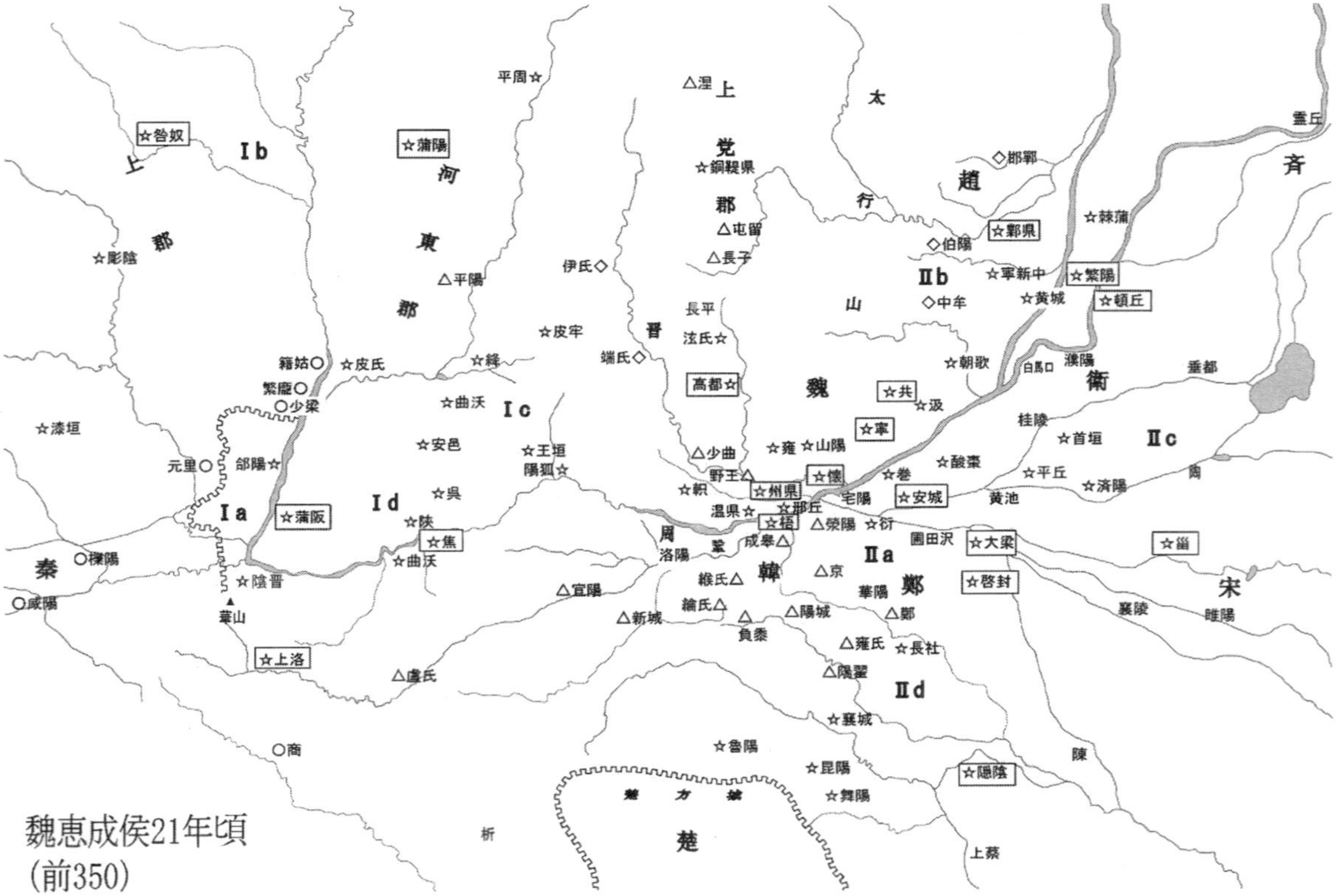

図19　魏恵成王21（前350）年頃の疆域図

全般への徹底した関与、たとえば牛が一年間に太った、やせたとか、鉄の農具がさびたらどうする（以上、『睡虎地秦簡』廄苑律）など、そして武器も製造数に対し何個以上不良があれば、罰するといった事細かな規定が、富国強兵というかけ声のもとに定められていったのである。こうして私たちは、「法」の問題にいきついた。

おわりに ――戦国魏の法と社会――

本章では、魏国兵器の整理、検討を経て、魏の恵成王（侯）三〇～三五年（前三四一～前三三六）頃に「県」を機軸とした地方統治のしくみが整ってきただろうこと、そして、その全国的成立を論じてきた。この時期は諸国が王号採用、改元などを進めてきた時期に重なり、いわば改革の総仕上げとして、地方統治機構としての「県」が全国的に設置されるに至った。

そして問題の大きさは「県」の設置、官僚機構の成立にとどまらない。そもそもなぜ、銅兵器に三級の管理体制が記される必要があっただろう。『睡虎地秦簡』秦律雑抄一七～一八に「省殿なれば、工師は貲一甲、丞及び曹長は一盾、徒は絡二十給。省三歳殿に比れば、工師は貲二甲、丞、曹長は一甲、徒は絡五十給」という(48)。この他にも工官に関する規定は秦律中に見られる(49)。

秦国兵器に「廿七年、上郡守趞造、漆工師逪、丞恢、工隷臣積」などの形式、銘をもつ兵器が多数知られており、秦律雑抄の規定に対応するものである。その銘のある兵器、あるいはそれが代表する兵器群に不良のあったとき、その銘に記されていた者たちが責任を負ったのだろう。

これは確かに秦の規定である。しかし魏国においても、あるいは三晋諸国においても、三級の管理制度を記すに至った時、その背後には律があった。そして、その時期が上記、魏の恵成王（侯）改元の直前の時期（その前五〜一〇年ほどの時期）だったのである。

魏においては、秦律のような法律の条文が、秦律中に含まれていた魏戸律・魏奔命律と、いろいろ複雑な問題をはらむ『七国考』引桓譚『新論』中の律・令以外、基本的に知られていない。しかしこの三級の管理制度からは、魏国の法律が見えてくる、と思う。

三晋兵器の基礎を築いた黄盛璋氏は、すでに「物勒工名」と法治主義の関連を指摘していた。本邦ではこの側面があまり継承されていないと感じ、その成立時期とからめて、改めて指摘した次第である。

謝辞　本章の内容は、もともと日本中国考古学会関東部会二〇〇五年二月例会報告に基づく。当日は参加の研究者から様々なご意見をいただいた。そこで得られた着眼点はその後の筆者の研究を導いており、ここに深く感謝の意を記したい。

補記　本章の原載原稿の脱稿後、蘇輝「魏国紀年兵器研究」『中国古代文明研究与学術史—李学勤教授伉儷七十寿慶紀念文集』（河北大学出版社、二〇〇六年十一月）と接した。卅三年大梁戈（前三五七年）や廿九年高都令戈（前二四八年）などで編年案を共有する一方、筆者が恵成王三十三年から三十四年に位置づけた卅三年業（鄴）令戈・卅三年陜陰令戈・卅四年頓丘令戈などは軒並み、安釐王期に移されている。にわかに賛同できないが、銘文の書式について、二級辞例から三級辞例に移る時期に関心を示し、恵成王三三年から後元四年の間に求めている点は興味深い。いずれにせよ、詳細な検討は別の機会に譲らざるを得ない。

注

（1）拙稿「鄭韓故城出土銅兵器の基礎的考察」『学習院大学人文科学論集』一三、二〇〇四年（本書第一章）、「戦国韓国の権力構造―政権上層部の構成を中心に―」（『史海』第五一号、二〇〇四年（本書第三章）、「戦国韓国の地方鋳造兵器をめぐって―戦国後期韓国の領域と権力構造―」『学習院史学』第四三号、二〇〇五年（本書第二章）・「相邦・守相監造兵器の編年をめぐって―戦国後期趙の政治過程・国際関係の解明のために―」『九州大学東洋史論集』三五、二〇〇七年（本書第四章）。

（2）こうした見通しは、江村治樹「戦国時代出土文字資料の国別特質」（『春秋戦国時代出土文字資料の研究』汲古書院、二〇〇〇年、以下「国別特質」と略称）においても示されている。なお、本章は地方統治機構としての県の成立に議論を集約したが、当然、郡の設置と郡の機能、郡―県関係もまた、別に問われる必要がある。

（3）許明綱・于臨祥「遼寧新金県後元台発現銅器」『考古』一九八〇年第五期。

（4）旅順博物館編『旅順博物館』文物出版社、二〇〇四年。

（5）中国社会科学院考古研究所編（中華書局、一九九六年）。以下、「集成」と略称。

（6）「旅大市所出啓封戈銘的国別・地理及其相関問題」『考古』一九八一年第四期・中国社会科学院考古研究所編（香港中文大学中国文化研究所、二〇〇一年）。

（7）筆者のいう「三級の管理制度」とは、従来より、「物勒工名」の問題として議論されてきた内容である。『呂氏春秋』巻十孟冬紀に「物に工名を勒し、以て其の誠を考え、工、当たらざる有れば、必ず其の罪を行い、以て其の情を窮む」とある。袁仲一主編『秦始皇帝陵「兵馬俑」辞典』文匯出版社、一九九四年など参照。

（8）林清源「戦国〝冶〟字異形的衍生与制約及其区域特徴」陳勝長主編『第二届国際中国古文字学研討会論文集（続編）』問学社有限公司、一九九五年。呉雅芝「戦国三晋銅器研究」『国立台湾師範大学国文研究所集刊』第四一号、一九九七年。

（9）藤田勝久「戦国略年表」佐藤武敏監修『馬王堆帛書戦国縦横家書』朋友書店、一九九三年。

（10）郝本性「新鄭〝鄭韓故城〟発現一批戦国銅兵器」『文物』一九七二年第一〇期。

（11）江村治樹「春秋戦国時代の銅戈・戟の編年と銘文」『東方学報』五二、一九八〇年、江村前掲書所収。

(12) 前掲拙稿「鄭韓故城出土銅兵器の基礎的考察」七六頁（本書二八頁）。
(13) 黄盛璋「試論三晋兵器的国別和年代及其相関問題」『考古学報』一九七四年第一期、『歴史地理与考古論叢』所収、斉魯書社、一九八二年、以下「三晋兵器」と略称。すでに江村前掲「戦国時代出土文字資料の国別特質」にも黄氏の研究の紹介は見られるが、ここに再確認しておく。なお、表二中、趙の主者欄の「左右校」についてはのち、「左右伐器」と改めている。
(14) 林巳奈夫『中国殷周時代の武器』京都大学人文科学研究所、一九七二年。
(15) 西嶋定生『中国古代帝国の形成と構造—二十等爵制の研究』東京大学出版会、一九六一年。増淵龍夫『中国古代の社会と国家』弘文堂、一九六〇年（新版、東京、一九九六年）。木村正雄『中国古代帝国の形成—特にその成立の基礎条件』不昧堂、一九六五年（新訂版、比較文化研究所、二〇〇三年）。
(16) 増淵前掲書所収。
(17) 楊寛『戦国史（増訂本）』上海人民出版社、一九九八年。商鞅の全国的県制については、池田雄一「商鞅の県制—商鞅の変法（一）—」『中央大学文学部紀要』史学科二二、一九七七年（「春秋戦国時代の県制」と改題の上、『中国古代の聚落と地方行政』汲古書院、二〇〇二年所収）。太田幸男「商鞅変法の再検討」『歴史における民族の形成』青木書店、一九七五年（「商鞅変法論」と改題の上、『中国古代国家形成史論』汲古書院、二〇〇七年所収）。藤田勝久「戦国楚の領域形成と交通路」『「史記」「漢書」の再検討と古代社会の地域的研究』平成四・五年度科学研究報告書、一九九四年（『中国古代国家と郡県社会』汲古書院、二〇〇五年所収）参照。
(18) 春秋末から戦国前期にかけて時期、青銅兵器とその銘文を通して国家像をとらえようとする研究に、吉開将人「曾侯乙墓出土戈・戟の研究—戦国前期の武器生産をめぐる一試論—」『東京大学文学部考古学研究室研究紀要』第一二号、一九九四年がある。
(19) 「春秋晋国世族とその管領邑」「続」『鳥取大学教育学部研究報告』人文・社会科学三三・三四、一九八二・八三年、「趙孟とその集団成員の『室』—兼ねて侯馬盟書を検討する—」『東洋文化研究所紀要』九八、一九八五年（以上、『左伝の史料批判的研究』汲古書院、一九九八年所収）。

(20)　松井嘉徳「『県』制遡及に関する議論及びその関連問題」『泉屋博古館紀要』九、一九九三年（のち「『県』制遡及」と改題の上、『周代国制の研究』所収、汲古書院、二〇〇二年）。
(21)　佐原康夫「戦国時代の府、庫について」『東洋史研究』第四三巻第一号、一九八四年。『漢代都市機構の研究』所収、汲古書院、二〇〇二年。江村治樹「戦国三晋都市の性格」『名古屋大学文学部研究論集』史学三二、一九八六年、「戦国時代の都市とその支配」『東洋史研究』第四八巻第二号、一九八九年（ともに江村氏前掲書所収）。
(22)　呉良宝「戦国文字所見三晋置県輯考」『中国史研究』二〇〇二年第四期。李暁傑「戦国時期魏国疆域変遷考」『歴史地理』一九、二〇〇三年。
(23)　平勢隆郎『新編史記東周年表―中国古代紀年の研究序章』（東京大学出版会、一九九五年）は前四五一年とする。従来、前四五三年。
(24)　吉本道雅氏は戦国三晋の中原進出過程を「覇者体制」の視点から克明にあとづける。戦国三晋は新鄭、大梁、邯鄲に移動することで、かつての鄭、宋、衛に相当する存在となったことを指摘している（「三晋成立考」平成七年度～平成九年度科学研究費補助金基盤研究（C）（二）研究成果報告書『春秋戦国交代期の政治社会史的研究』一九九八年、『中国先秦史の研究』京都大学学術出版会、二〇〇五年）。なお、戦国前期の魏の領域形成については、宋傑「魏在戦国前期的地理特徴与作戦方略」『首都師範大学学報』二〇〇二年一期参照。
(25)　（一九六二年）商務印書館、二〇〇一年。
(26)　巴蜀書社、一九九八年。
(27)　『史記戦国史料の研究』東京大学出版会、一九九七年。
(28)　「戈と戟」（前掲書第一章）。なお、宮本一夫「七国武器考―戈、戟、矛を中心にして―」『古史春秋』第二号、一九八五年の変遷表（第一図）よれば、CⅡに相当する。中国科学院考古研究所編『輝県発掘報告』科学出版社、一九五六年、図版捌玖。
(29)　郭宝鈞『山彪鎮与琉璃閣』科学出版社、一九五九年、図版弐陸三。

（30）山西省考古研究所ほか編『太原晋国趙卿墓』文物出版社、一九九六年。
（31）李暁傑氏前掲論文参照。
（32）鐘鳳年「戦国彊域沿革攷（魏）」『禹貢』第二巻第一期、一九三七年。ただし戦国初期は衛地の可能性もある。李学勤氏によれば、春秋から戦国前期の琉璃閣は衛国の時期とされ、固囲村の戦国墓と区別されている（李学勤『東周与秦代文明（増訂本）』文物出版社、一九九一年）。
（33）江村治樹氏前掲「春秋戦国時代の銅戈・戟の編年と銘文」五二一頁。
（34）宮本氏の分類では、CⅢに相当する。
（35）呉良宝氏前掲論文二〇頁。呉振武「新見古兵地名考釈両則」『九州』第三輯、商務印書館、二〇〇三年。本器は趙国兵器の可能性もある。
（36）呉雅芝氏前掲論文一〇四～一〇五頁参照。
（37）朝歌右庫戈、陰晋左庫戈については江村治樹前掲「春秋戦国時代の銅戈・戟の編年と銘文」五二九頁参照。
（38）地図作成の方法と史料根拠については、拙稿「戦国時代中原地域領域変遷図作成の試み―戦国三晋諸国の領域形成と『県』制―」『東洋文化研究』第九号、二〇〇七年（本書第六章）参照。なお地図作成にあたっては、柏倉伸哉氏（学習院大学）にご協力いただいた。
（39）地図上の勢力表示は前四〇〇年頃を示しているが、銅兵器の製造年代と必ずしも対応しているわけではないので、その点、注意されたい。
（40）韓自強・馮輝堂「安徽阜陽地区出土的戦国時期銘文兵器」『東南文化』一九九一年第二期。
（41）李学勤撰文「鈹（両件）」凌嵐編輯『保利蔵金―保利芸術博物館精品選』嶺南美術出版社、一九九九年。
（42）ただ、魏が趙の特徴である銅鈹を採用し、「執斉」の銘を採用した可能性も残っている。
（43）単先進・馮玉輝「衡陽市発現戦国紀年銘文銅戈」『考古』一九七七年第五期。卌三年鄴令戈は恵成王三三年（前三三八）と安釐王三三年（前二四五）の可能性があるが、のっぺりとした感じの援、下刃から胡にかけてのややふくらみのあるカーブ、長くない胡などは安釐王三三年まで下らせることはできないだろうと考える。卅三年大梁戈ともよく似ている。関連して、本器と非常によく似た銅戈に（三七）九年𢦔（甾）丘令戈があるが、時代的に近いものと考える。

(44) 李朝遠「汝陰令戈小考」『中国文字研究』第一輯、広西教育出版社、一九九九年。呉振武氏前掲論文。

(45) 前三三四年の王号採用に関連して、平勢隆郎氏より、恵成王二〇年（前三五一）に「夏王」を称したこと、恵成王二九年（前三四二）に改元を実施しようとして失敗したこと、ご指摘いただいた。王号、改元採用の時期により、それを準備する機構改革なのか、すでに成立していたイデオロギー支配を確固たるものにするための地方統治機構なのか、評価を異にする。

(46) 『春秋左氏伝』昭公八年に「叔弓如晋、賀虒祁也」とあり、『漢書』地理志・上党郡の銅鞮の下に「有上虒亭、下虒聚」とある（黄盛璋「三晋銅器的国別・年代与相関制度」『古文字研究』第一七輯、一九八九年、一〇頁参照）。

(47) 図一九中の「安城」・「焦」は現在なお未公開であるが、鄭韓故城出土兵器銘文の中に含まれるという（黄前掲「三晋兵器」一三二頁）以上、筆者の検討がかりに認められるとして、さらなる検討が求められるのが、（一九）廿五年陽春令戈（「湖北黄陂魯台山両周遺址与墓葬」『江漢考古』一九八二年第二期）、（一七）十四年州戈（羅振玉『三代吉金文存』19・47・1、中華書局、一九七八年）、（一八）二十八年上洛左庫戈（湖北省文物考古研究所編『江陵九店東周墓』科学出版社、一九九五年）などの位置づけである。事後の課題としたい。あわせて前三四〇年代と考えられる商鞅三器との関連も検討されるべきだろう。

(48) 簡番号は睡虎地秦墓竹簡整理小組編『睡虎地秦墓竹簡』文物出版社、一九九〇年による。

(49) 秦律と秦国兵器との関連については、角谷定俊「秦における青銅工業の一考察—工官を中心に—」『駿台史学』第五五号、一九八二年参照。

表三　魏国青銅器表

	器銘	銘文	時代	出土など	旧蔵・現蔵	出典
1	梁戈	郛（梁）	春秋後期～戦国前期	一九八〇年山東濰県治渾街張家荘墓葬	濰坊市博物館	集成17・10823
2	酸棗戈	酸棗	同上		故宮博物院	集成17・10922
3	黄城戈	黄成（城）	同上		陳介祺旧蔵	集成17・10901
4	邶（共）戈	邶（共）	同上		劉鶚・羅振玉旧蔵	集成17・10902
5	陽狐戈	陽狐	同上			集成17・10916
6	呉（虞）戈	呉（虞）庫	戦国前期	一九五四～五五年山西長治分水嶺一四号墓	山西省博物館	集成17・10919
7	毎（枚）左庫戈	毎（枚）左庫	同上		程木庵旧蔵	集成17・10988
8	梁□庫戈鐓	郛（梁）□庫	同上			三代20・59・3
9	言陽冶戈	訁（言）陽冶痻鋳也	戦国前期～戦国中期	一九九八年澳門珍秦斎収得		九州第三輯
10	十二年寧右庫剣	十二年寧右庫　卅五	同上		上海博物館	集成18・11633
11	十八年郷左庫戈	〔十〕八年郷左庫□□	同上		陳介祺旧蔵	集成17・11264
12	十四年鄴下庫戈	十四年鄴下庫	同上	湖北江陵張家山		江漢1989−3
13	朝歌右庫戈	朝訶（歌）右庫工帀（師）戝	同上			集成17・11182
14	陰晋左庫戈	陰晋左庫冶窩	同上			集成17・11135

15	合陽上庫矛	合陽上庫冶臣	同上	宜陽故城		中原1988-3
16	□年懐庫戈	□年褱（懐）庫□工帀（師）乙□〔冶〕□明廿	同上			集成17・11300
17	十四年州戈	十三（四）年州工帀（師）明冶乗	同上		劉体智旧蔵／上海博物館	集成17・11269
18	廿八年上洛戈	廿八年上洛左庫工帀（師）共隊冶蝺	同上	一九八一～一九八九年江陵九店東周墓		江陵九店東周墓図153.2
19	廿五年陽春戈	廿五年陽春嗇夫維工帀（師）皷冶軔	恵成王二五年（前三四六）	一九七七年黄陂魯台一二号墓	湖北省博物館	集成17・11324
20	廿七年泌陽戈	廿七年泌陽工帀（師）紻冶象	恵成王二七年（前三四四）		台湾王振華古越閣	近出1171
21	梁十九年鼎	梁十九年亡智求兼嗇夫庶庫睪（択）吉金鈛（鋳）肘少斗（半）穆穆魯辟、復（徂）省旁（方）䚻（信）于茲行高年万丕承	恵成王一九年（前三五二）		上海博物館	集成4・2746
22	廿七年大梁司寇鼎	梁廿又七年大梁司寇肖（趙）亡智鈛（鋳）、為量膚（容）四分	恵成王二七年（前三四四）		旅順博物館	集成5・2609
23	廿七年大梁司寇鼎	梁廿又七年大梁司寇肖（趙）亡智鈛（鋳）、為量膚（容）半齋下官	恵成王二七年（前三四四）		上海博物館	集成5・2610
24	廿七年寍皿	廿七年寍為鑩	恵成王二七年		台湾故宮博物院	集成16・9997

			（前三四四）			
25	卅三年大梁戈	卅三年大梁左庫工帀（師）丑冶扎	恵成王三三年（前三三八）	一九七四年湖南衡陽・東南郊二号墓	衡陽市博物館	集成17・11330
26	卅三年業（鄴）令戈	卅三年業（鄴）竛（令）狄左庫工帀（師）臣冶山	恵成王三三年（前三三八）		陳介祺旧蔵	集成17・11312
27	卅三年陭陰令戈	卅三年陭陰命（令）歆右工帀（師）恙冶禽	恵成王三三年（前三三八）		上海博物館	中国文字研究一九州第三輯
28	卅四年頓丘令戈	卅四年邨（頓）丘命（令）燮（燮）左工帀（師）互（誓）冶夢	恵成王三四年（前三三七）	一九七一年湖北江陵拍馬山五号墓	湖北省博物館	集成17・11321
29	卅年虒令鼎	卅年虒竛（令）癰眂（視）事鮦冶巡鈫（鋳）賡（容）四分	恵成王三〇年（前三四一）			集成4・2527
30	卅五年虒令鼎	卅五年虒命（令）周共眂（視）事秋冶期鈫（鋳）賡（容）半齋下官	恵成王三五年（前三三六）		故宮博物院	集成5・2611
31	卅五年虒令盉	卅五年虒命（令）周共眂（視）事作盉秋冶期鈫（鋳）賡（容）半齋朋爽	恵成王三五年（前三三六）		サンフランシスコアジア美術館	集成15・9449
32	七年邦司寇矛	七年邦司寇富勳上庫工帀（師）戎間冶眺	恵成王更元七年（前三二八）		方若旧蔵／中国国家博物館	集成18・11545
33	十二年邦司寇矛	十二年邦司寇野岪上庫工帀（師）	恵成王更元一		程洪溥旧蔵	集成18・11549

		司馬瘧冶賢	二年（前三二三）			
34	七年大梁司寇戈	七年大梁司寇綬右庫工帀（師）繯冶	恵成王更元七年（前三二八）	一九五八年安徽臨泉県楊橋区	安徽阜陽地区博物館	東南文化1991-2
35	安邑下官鍾	安邑下官鍾　七年九月府嗇夫栽冶吏翟𣪘之大斛斗一益少半益［腹部］　至此［頸部］　十三斗一升［口沿部］	襄哀王七年（前三一二）　昭王七年（前二八九）	一九六六年陝西省塔児坡	咸陽市博物館	集成15·9709
36	垣上官鼎	垣上官膚（容）斛	戦国中期		上海博物館	集成4·2242
37	九年𢦏丘令戈	九年𢦏丘令癰工帀（師）□冶得【正】　高望【背】	戦国中後期（恵成王更元九年・前三二六？）			集成17·11313
38	三年莆子戈	三年蒲子□□睹工帀（師）畳冶□□	戦国中後期	一九五八年河北易県燕下都	中国国家博物館	集成17·11293
39	十三年繁陽令戈	十三年𦈡（繁）陽令𦈡（繁）戯工帀（師）北宮壘冶黄	同上		羅振玉旧蔵／旅順博物館	集成17·11347
40	五年龔令戈	五年龔令寧左庫工帀（師）長史慶冶數近	同上		故宮博物院	集成17·11348
41	五年龔令戈	五年龔令寧左庫工帀（師）長史慶	同上			集成17·11349

		冶数近				
42	十年邙令差戈	十年邙命（令）差□右庫工帀（師） 稣冶□	同上		蘇州市博物館	集成17・11291
43	廿七年晋戈	廿七年晋上容大夫	同上	一九八三年寧夏 彭陽県徴収	彭陽文物站	集成17・11215
44	繁下官鍾	鋂（繁）下官	同上			集成15・9515
45	内黄鼎	内黄庴（容）半齋［左耳］　半 齋［右耳］　黄［蓋］	同上		瀋陽故宮旧蔵	集成4・2308
46	弗官鼎	十年弗官庴（容）齋［耳］　第二 ［蓋］	同上		中国国家博物館	集成4・2240
47	二年寧鼎	二年盗（寧）冢子得冶譜為財四分 齋	同上			集成4・2481
48	平陰鼎蓋	十七年段工帀（師）王馬重眡（視） 事隥冶敬才坪（平）陉（陰）〔庴 （容）〕四分	恵成王一七年 （前三五四） ／襄哀王一七 年（前三〇二）	一九五二年浙江 文管会徴収	浙江省博物館	集成5・2577
49	廿三年郚（梧） 令戈	廿三年郚（梧）命（令）垠右工 帀（師）歯冶良	襄哀王二三年 （前二九六） ／安釐王二三 年（前二五四）			集成17・11299
50	長信侯鼎蓋	㙊（長）訫（信）私官西況　己己	安釐王期		呉大澂旧蔵	集成4・2304

51	梁上官鼎	梁上官庴（容）参分［蓋］　宜諭（信）冢子　庴（容）参分［器］	安釐王期		陳介祺・呉大澂旧蔵／故宮博物院	集成4・2451
52	十三年梁陰鼎	十三年梁陰（陰）命（令）率上官冢子疾冶勳鉒（鋳）庴（容）半	戦国後期		故宮博物院	集成5・2590
53	信安君鼎	諭（信）安君私官庴（容）半視事司馬欿治王石十二年称九益下官庴（容）半	襄哀王一二年（前三〇七）／安釐王一二年（前二六五）	一九七九年陝西武功県浮沱村	武功県文化館	集成5・2773
54	廿一年啓封令戈	廿一年、攺（啓）㠩（封）埨（令）癰工帀（師）金、詔（冶）者［正］　啓封［背］	安釐王二一年（前二五六）	一九七四年冬遼寧新金県後元台	旅順博物館	集成17・11306
55	廿九年高都令剣	廿九年高都命（令）陳愈工帀（師）華冶勳	安釐王二九年（前二四八）	端方在陝西官時取得		集成18・11653
56	廿九年高都令剣	廿九年高都命（令）陳愈工帀（師）華冶勳	安釐王二九年（前二四八）			集成18・11652
57	廿九年高都令戈	廿九年高都命（令）陳愈工帀（師）華冶勳	安釐王二九年（前二四八）		羅振玉・端方旧蔵	集成17・11302
58	平安君鼎	廿八年坪（平）安邦冶客財四分齋一益七釿半釿四分釿之重［蓋銘一］　卅三年単父上官冢子憙所受平安君者也［蓋］　廿八年平安君邦冶	安釐王三三年（前二四四）（黄盛璋説。衛器とする考			集成5・2793

		客財四分齋六益半釿之重［器銘一］ 卅三年単父上官冢子憙所受平安 君者也［器銘二］	えもあり）			

附表注

本表は黄盛璋前掲「三晋兵器」・「三晋銅器」論文、『殷周金文集成釈文』、呉雅芝前掲論文、江村前掲「国別特質」、何琳儀『戦国文字通論（訂補）』（江蘇教育出版社、二〇〇三年）などを参照に筆者の判断で作成した。なお、五三番と五八番については黄盛璋「新出信安君・平安君鼎的国別年代与有関制度問題」『考古与文物』一九八二年第二期を参照。

第六章　戦国三晋諸国の領域形成と「県」制

——戦国時代中原地域領域変遷図作成の試み——

はじめに

戦国時代の領域の変遷は非常に複雑で、これまでも多くの研究者を悩ませてきた。すでに戦国時代の地名の考証については程恩沢氏・顧観光氏ら清朝の学者による整理があり（『国策地名考』粤雅堂叢書所収・『七国地理考』）、彼らの成果をふまえた楊守敬編『戦国疆域図』（歴代輿地沿革険要図）のような描画化の試みも見られる。

その後、鐘鳳年氏・銭穆氏・程発軔氏・繆文遠氏らによる戦国史料中に見える地名の国別分類作業や[1]、本邦では木村正雄『中国古代帝国の形成—特にその成立の基礎条件』のような網羅的な成果があるが[2]、いずれも戦国時代をひとまとめに整理する。

本章はこうした研究史をふまえ、既存文献史料と出土文字資料などから、およそ五〇年ごとの中原地域の変遷図を作成する。同時にこれまで筆者の進めてきた戦国三晋諸国製造の青銅兵器（以下、「三晋兵器」と略称）に関する研究成果をふまえ、地方統治機構としての「県」の成立過程とその展開を論じていきたい[3]。

本章執筆の目的は、以下の通りである。

第一に、『史記』・『戦国策』・『竹書紀年』などの既存文献史料と『戦国縦横家書』・『睡虎地秦簡編年記』など出土資料の編年・史料学的研究の成果の上に立ち、[4] 錯綜する戦国時代中原地域の領域変遷を時期を区切って考察する、というものである。そうした基本的な方法・関心については、歴史地理学を専門とする李暁傑氏の近作と共有する。しかしこうした試みは、従来ほとんどなされてこなかった。[5]

第二に、そこに三晋兵器の銘文に見える地名を、その製造年代にあわせて、前述の地図上に落としていくことで、戦国三晋における地方統治機構としての「県」の成立過程とその展開を明らかにする。[6] ひらたくいえば、いったいいつ・どこで・どのようにして、地方統治機構としての「県」が成立したのか、ということである。すでに魏が他国に先じたであろうとの指摘はある。[7]

筆者は別の機会に論じたように、青銅兵器銘文に「三級の管理制度」を記すに至った時、秦漢的県制に接続する機構と支配の方式が整備・採用された段階に達すると見通しており、[8] その時期を魏国兵器の整理から、紀元前三四一年～紀元前三三六年頃と比定した。またこの時期に、魏の領域において「県」制は全国的成立をみたと考えている。[9] ただし、韓・趙（その他の諸国）への展開過程については、いまだ残されている。

そもそも文献史料の記事の編年と青銅兵器の地名（それらに基づく地図作成）との間には密接な関係がある。文献史料の記事の編年は青銅兵器に見える地名の国別分類作業を可能とし（銘文形式や字形とは異なる視点の提供）、一方で青銅兵器の地名は時に文献史料の欠を補い、新たな領域・勢力範囲を知ることにつながる。

こうした作業は、結果として、戦国史を研究する者の多くがイメージするところの譚其驤主編「諸侯称雄形勢図（前三五〇年）」や戦国各国の疆域図（三五頁～四六頁）に対する一定の疑問へとつながっていくだろう。

一、地図作成の方法

本章では、次の四枚の地図を作成する。

「地図一　魏文侯の時代（前四二二～前三九五）」
「地図二　戦国国家の成立（前三五二～前三二八）」
「地図三　国家連合の時代（前三一八年～前二九六年）」
「地図四　統一前夜（前二六二年～前二四一年）」

各地図の作成にあたっては、指定した期間に『史記』・『戦国策』・『竹書紀年』や『戦国縦横家書』・『睡虎地秦簡編年記』などに見える地名を拾って、国別を判断し、描画したものである。それぞれの史料根拠は本章末の表一から表四に示してある。

一般にこの時期の記事は、「A攻（撃・伐・敗・囲・取）B」と記されるもので、この記事の時点において、国別を判断することはある程度可能である。ただ問題は、この記事の前後においても、その国がその地を管領していたかどうかの保証はないことである。しかし従来の地図作成者は、一面の地図の中に戦国期間全体の地名を拾って、表示してきた。『中国歴史地図集』第一冊はその典型といえる。(10) たとえば三五―三六頁の韓と魏の地図では、その範囲に見える地名が戦国時代全期間にわたって広く『史記』・『戦国策』・『竹書紀年』などから拾われている。これは一つ一つの地名について国別を判断しているわけではないので、特段の問題はないのだが、三三―三四頁の諸侯称雄形勢図となると一定の問題も出てくる（後述）。

筆者はこうした問題をできるだけ回避するために、二十年弱の時間に区切って資料を集め、地図を作成することにした。[11] そしてその期間の間に、文献史料・出土資料の中に見える地名のみ、基本的に拾うことにした。これは正確を期すための対応である。しかしこの基準とて万全ではなく、その指定した二十年弱の間にも国別の移動はあり、そうした事例については、可能な限りメモによって地図上に補足するようにした。そのほか、地図作成上の確認事項は凡例をご覧いただきたい。

本来、こうした作業は『中国歴史地図集』制作の途上においては、必ずなされていたことで（そうした経緯は譚其驤氏の前言に記されている）、現状その史料根拠がわずかしか示されていない以上、[12] 筆者の新たな観点からの再整理も無駄な作業ではないだろう。

次節からは四枚の地図それぞれについて、設定時期の簡略な歴史的背景を述べ、あわせて青銅兵器銘文から知られる県の機構の整備・展開を述べる。[13]

〔凡例〕
①地図は本章末表の史料根拠に基づき作成した。各表は当該期間に『史記』・『戦国策』・『竹書紀年』・『戦国縦横家書』・『睡虎地秦簡編年記』などに見える地名を中原地図（譚其驤主編『中国歴史地図集』第一冊三五～三六韓魏を基礎とする）に含まれる範囲で拾ったものである。
②戦国史料の編年は基本的に平勢隆郎『新編史記東周年表』によった。地名の採取には、複数の記事があっても、主要な一件のみ掲載したので、他の記事は同氏の『年表』を参照のこと。

③出典欄右の（中華／全釈）には、中華書局本『史記』（一九五九年）のページと近藤光男『戦国策』（全釈漢文大系、集英社、一九七五年〜一九七九年）の通番号を記した。
④『戦国策』にのみ見られる地名には、「＊」マークをつけた。（地図上にもあり。）
⑤国別は☆魏・△韓・◇趙・○秦とし、楚・衛・宋・晋・斉・不明は特に示さなかった。
⑥青銅兵器から得られた情報は城邑をしかくでくくって示した。
⑦なお、都などの主要地で、史料根拠がその時期に見られなくとも記載したところもある。また、設定した時期（表一〜四）前後の情報を加えた例もある。

二、魏文侯の時代（前四二二〜前三九五）——附　紀年兵器前史（春秋後期〜戦国前期）——

最初の地図は魏文侯の時代（前四二二〜前三九五）である。魏の文侯は賢人を任用し、一連の改革政治を実施した。智氏の滅亡後、魏のよった河東の地は、肥沃な土地であり、また鉱山・塩池を備えていた。当時、魏の本拠地は安邑にあり、晋都絳にも近く、晋の後継者を自負した。文侯は李悝を宰相とし、新しい農業政策・財政政策や法体系の整備を進めたとされる。その結果、魏は戦国時代、最初の強国となった(14)。

紀元前四〇三年、周王朝は三晋を正式に諸侯と認めた。なお、晋公室はその後も小諸侯として名目的ながら存続する。趙は都を晋陽から中牟へと遷し、韓は平陽から宜陽・陽翟へと遷った。趙・韓の動きは、ともに中原をねらう姿勢を示したものといえるだろう。

青銅兵器銘文についていえば、「三級の管理制度」を明示する以前（黄盛璋氏の表現では簡式兵器の時代）、ここでは

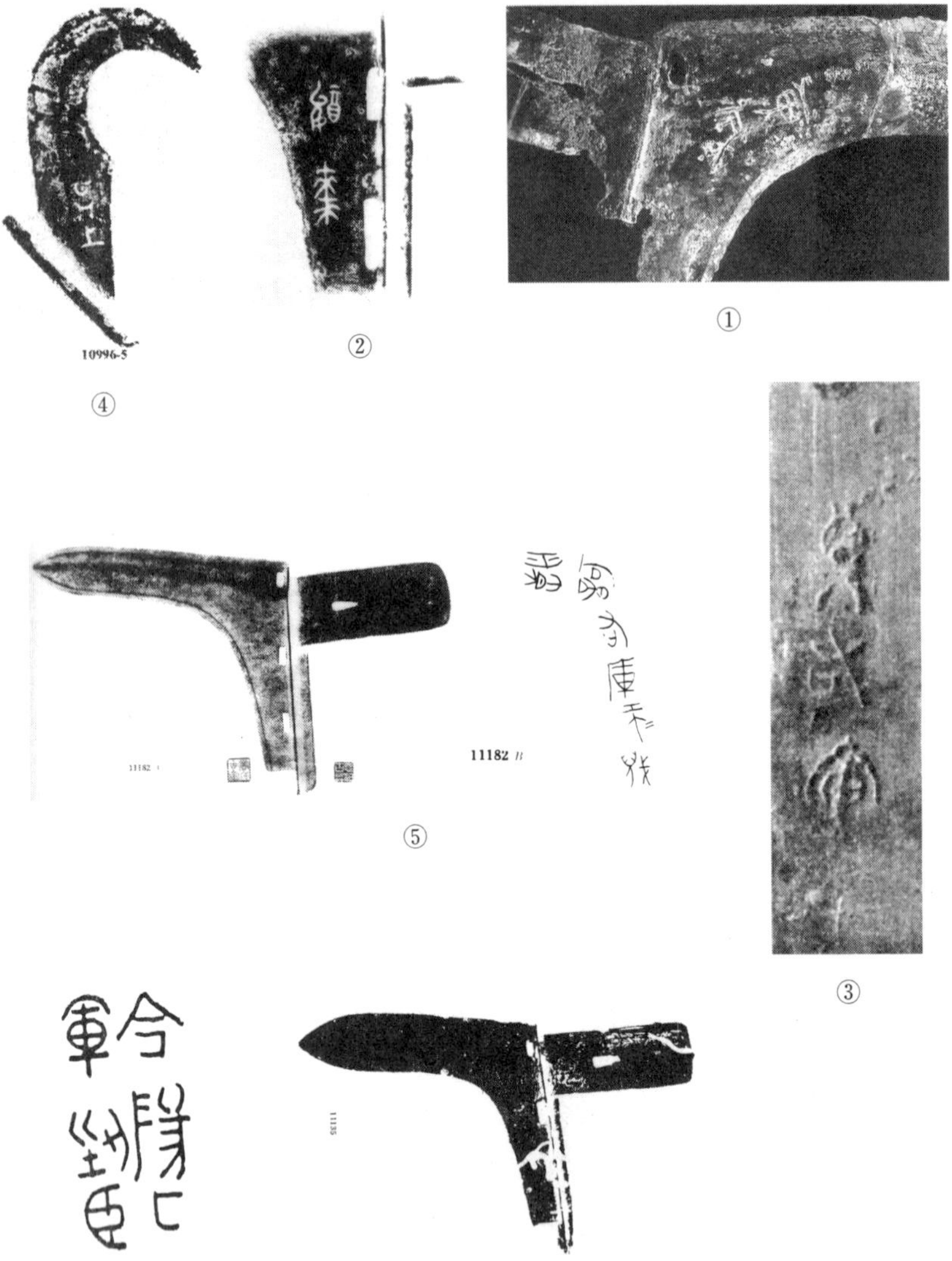

図１　紀年兵器前史（春秋後期〜戦国前期）
①黄城戈　②酸棗戈　③鄭右庫戈　④邯鄲上戈　⑤朝歌戈(朝歌右庫工師䚄)
⑥陰晋戈(陰晋左庫冶富)　⑦合陽戈(合陽上庫冶臣)

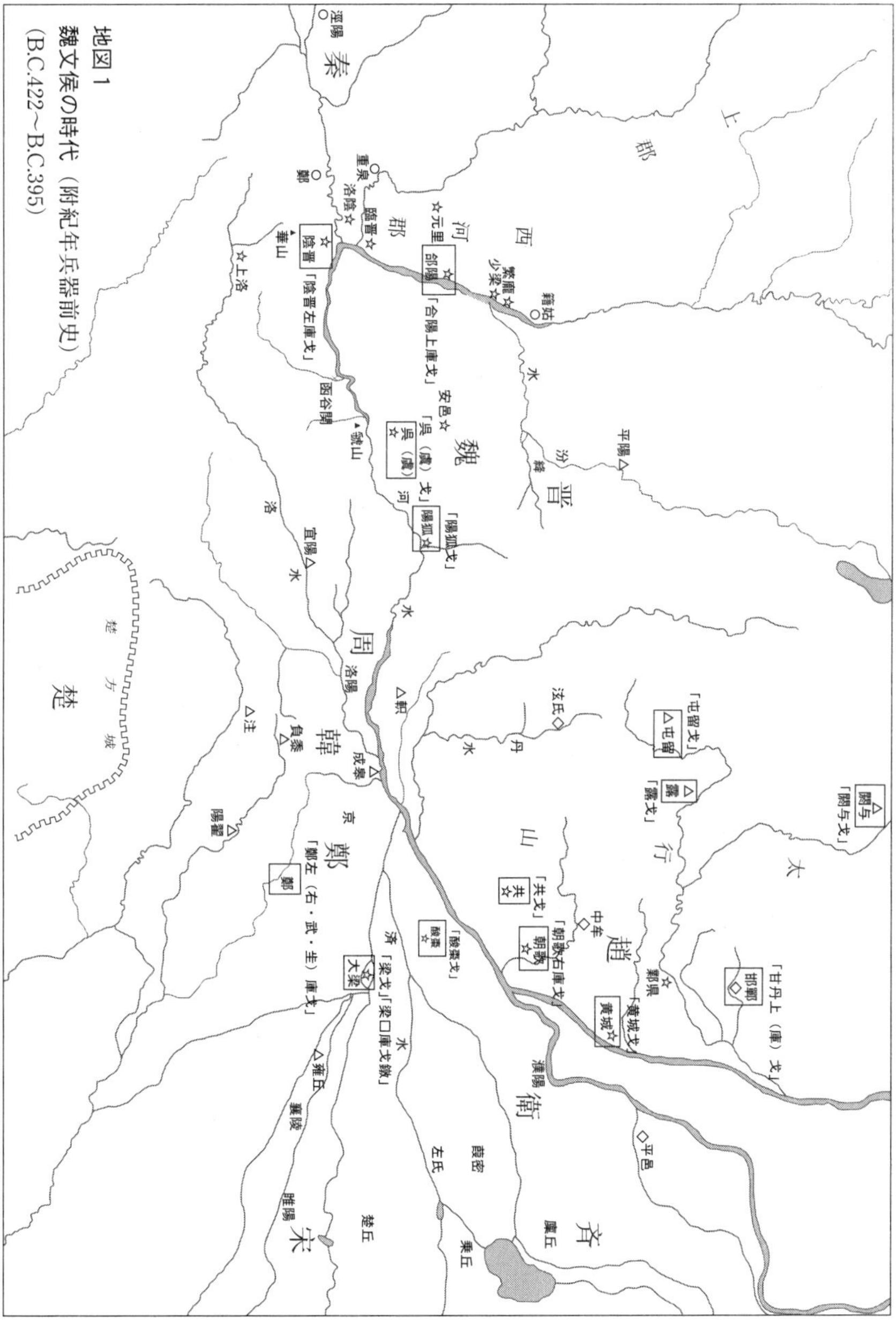

地図1
魏文侯の時代（附紀年兵器前史）
(B.C.422~B.C.395)

紀年兵器前史として、春秋後期から戦国前期の兵器をあげている。[15] この春秋後期・戦国前期というのは、およそ林巳奈夫氏の『殷周時代の武器』にならい、紀元前五五〇年頃から紀元前三五〇年頃までを考えている。[16] この時期の編年については、春秋後期なのか、戦国前期なのか、区別の難しいところもある。

青銅兵器の銘文には、この時期の文献史料に対応する多くの地名が記されている（表一参照）。[17] 黄城（図一①）・酸棗戈（図一②）のように地名だけ記す例のほか、鄭（図一③）・邯鄲（図一④）のように兵器製造・収蔵庫である庫名を記すもの、朝歌（図一⑤）・陰晋（図一⑥）・合陽（図一⑦）など製造責任者の工師の名や実際の製造者である冶の名を記すものもあった。[18]

一点、注意を要するのは、この魏文侯の時代、紀元前四二二年から前三九五年の間にこれらの兵器の製造年代が完全に符合すると考えているのではない、ということである。あくまで、紀年兵器出現の前史として、参考までに提示したものである。

三、戦国国家の成立（前三五二年〜前三二八年）——地方統治機構としての「県」の成立——

地図二・表二は、紀元前三五二年から前三二八年の期間のものである。前三五二年という年は魏の邯鄲包囲に対する桂陽の戦い（前三五三年）の翌年であり、この戦いに大敗したことや秦の商鞅変法などを受け、魏の勢いにもかげりが見え始めた。前三五二年には商鞅によって旧都安邑を攻撃されている。翌年、魏侯（恵成王は前三三四年に王として元年を開始）は夏王を称し逢沢の遇を催した。前三四二年の馬陵の戦いは、踰年称元法を採用しようとした魏に対する斉を中心とした連合軍の戦いとされる。[19] なお、前三二八年とは、魏の上郡一五県を秦にさしだした年にあたり、

②

①

⑤

④

③

図２　戦国国家の成立（前352～前328）
①卅三年大梁戈（卅三年、大梁左庫工師丑、冶玌）　②卅三年陖陰令戈（卅三年、陖陰令歂、右工師恙、冶禽）　③卅三年鄴令戈（卅三年、鄴令狄、左庫工師臣、冶山）　④卅四年頓丘令戈（卅四年、頓丘令燮、左工師誓、冶夢）　⑤廿七年泌陽戈（廿七年、泌陽工師絿、冶象）

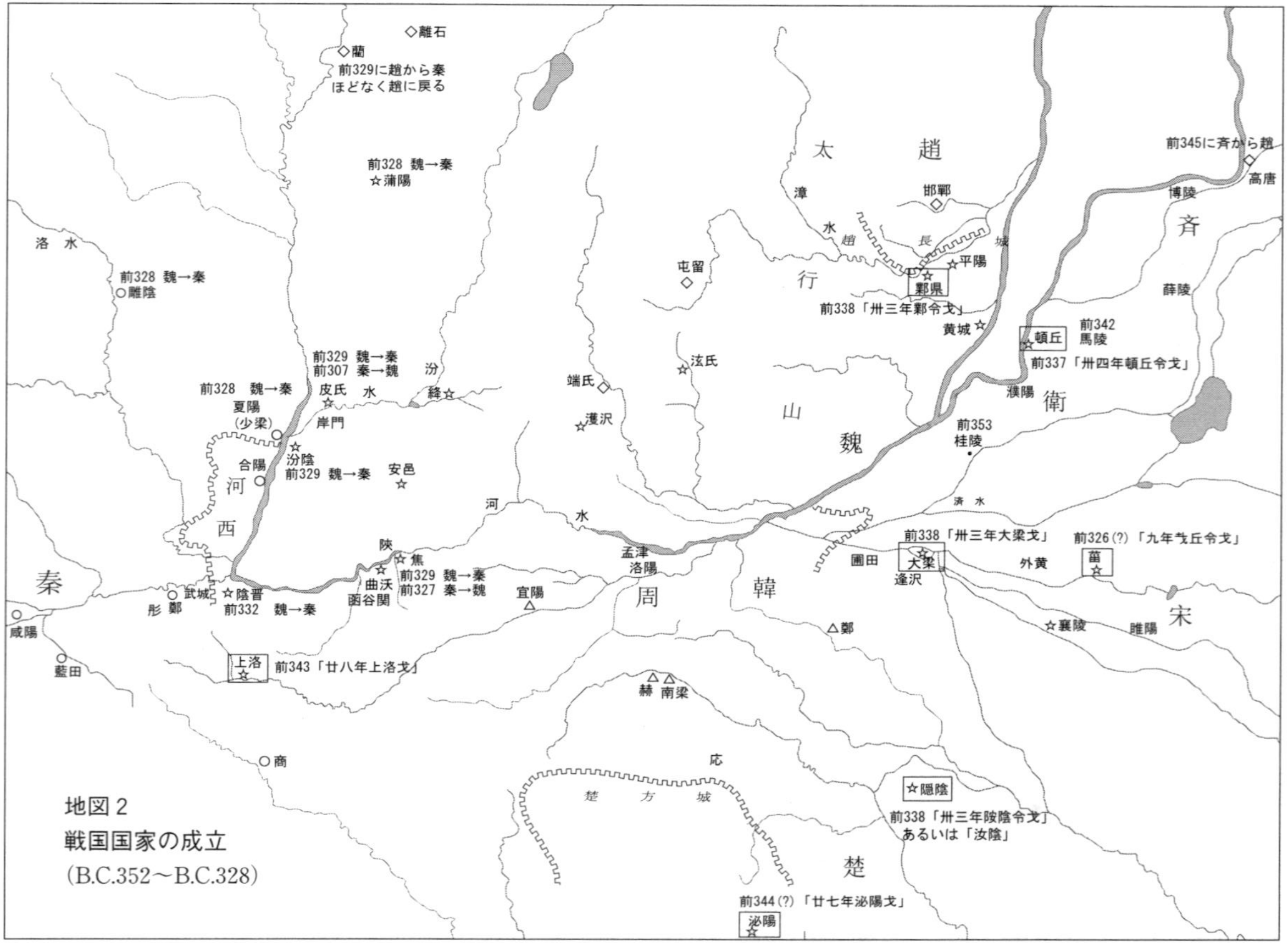

地図 2
戦国国家の成立
(B.C.352〜B.C.328)

ここを一つのくぎりとした。

こうした時期に、魏において、「三級の管理制度」を明示する兵器が出現する。前述の通り、このことを筆者は重視しており、地方統治機構としての「県」の成立と考えている。[20]

その理由はいくつかあり、官僚機構の整備が進んでいること、県令の「令」の文字が明示されるようになること、少し時代はくだるが、鄭韓兵器の事例をみれば、県令の世襲は廃止されていること、[21] 嗇夫など新しい時代をになう官職が登場すること、「三級の管理制度」の背後には秦律につながる法律の存在が予想されることなど、である。

図二の五件はいずれもこの期間に製造された兵器である。すべて魏の兵器と考えられている。卅三年というのは、恵成王の三三年で、紀元前三三八年である。器銘にはそれぞれ大梁（図二①）・鄴（図二③）・頓丘（図二④）・泌陽（比陽）（図二⑤）といった地名が記されている。[22] 卅三年陜陰令戈（図二②）は上海博物館の李朝遠氏によって紹介された資料で、[23] 李氏は紀年のあとの県名を「汝陰」と読み、「汝南」（本章末の表三「陳」の項引用の『戦国策』魏策一等に見える）の地にあると考える。最近、呉振武氏は濦陰と読む説を発表されて、潁水の支流の濦水の付近（今の河南省の沙河南岸、漯河市から周口市にかけての一帯）と述べている。[24] 本章では後者に従い、地図におとした。[25]

四、「県」制の展開　―国家連合の時代（前三一八年～前二九六年）―

続いての地図は、国家連合の時代、前三一八年から前二九六年の期間である。この時期は蘇秦・張儀・孟嘗君などの所謂合従・連衡の時代といわれる時期に重なる（地図三・表三）。

前三一八年、秦の式典開催に対抗して蘇秦の「合従」は成立したという。当時、七雄の力は拮抗して一国で他国を

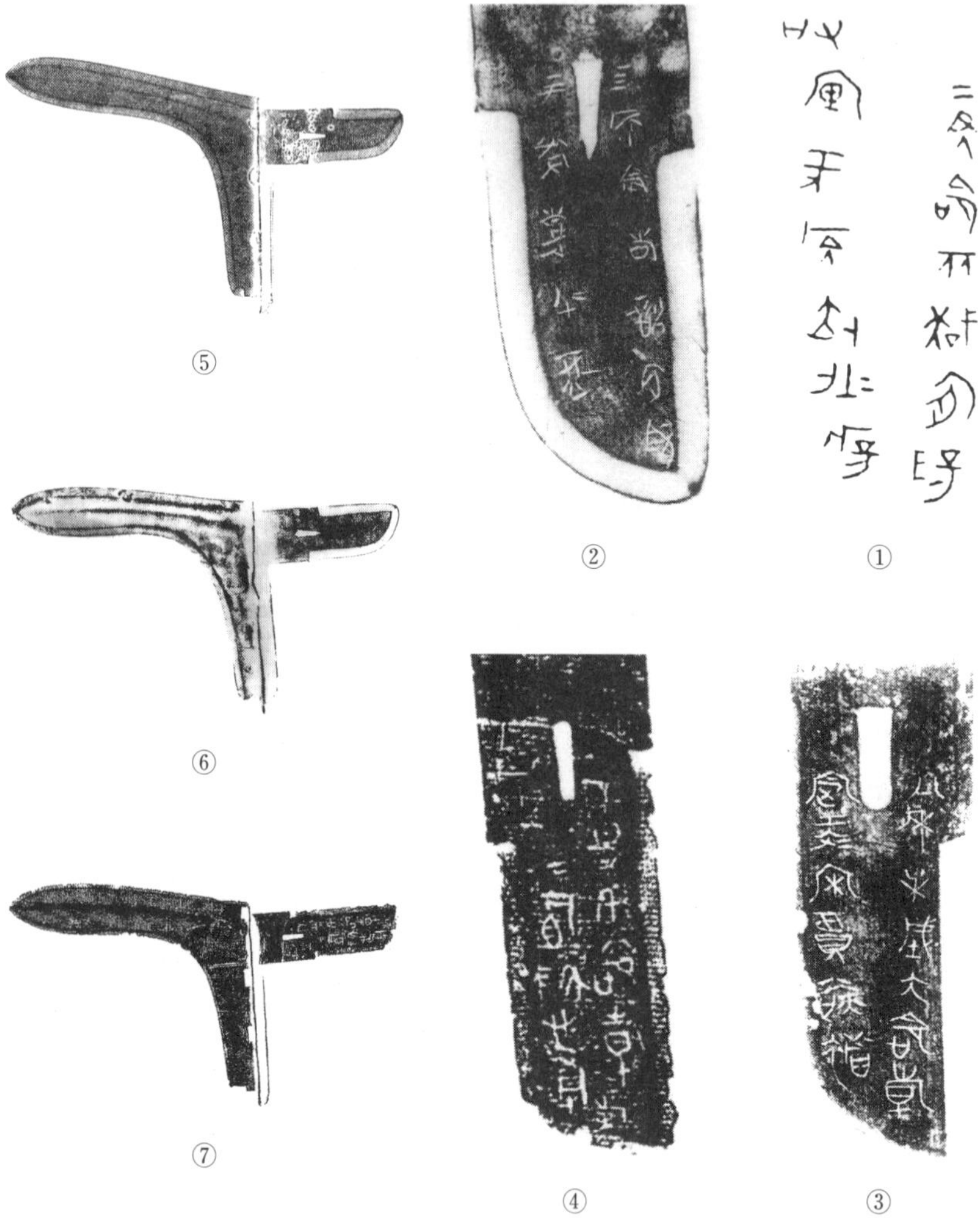

図３　国家連合の時代（前318～前296）
①二年令戈（二年、令麗誟、宜陽右庫工師長圤、冶瘍）②四年令戈（四年、令韓誁、宜陽工師播憙、冶庶）③八年新城大令戈（八年、新城大令韓定、工師宋費、冶褚）④七年盧氏令戈（七年、盧氏令韓歳厭、工師司馬隊、作余）⑤二年令戈（全形）⑥四年令戈（全形）⑦七年盧氏令戈（全形）

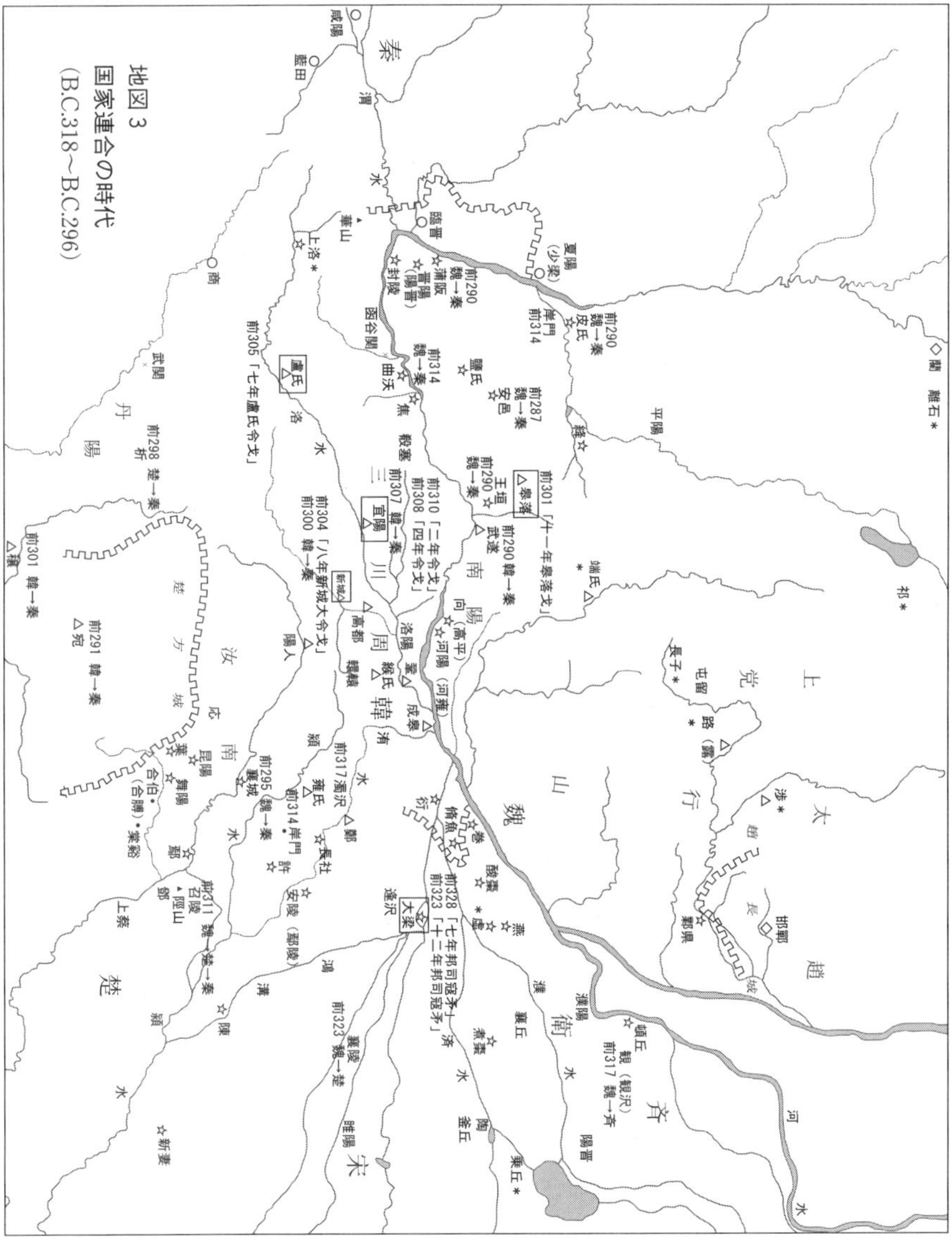

地図3
国家連合の時代
(B.C.318~B.C.296)

圧することのできる国はなく、多様な国家連合が模索された。前三一〇年に死去する張儀もここに活躍する。この時期、韓と魏は秦の攻撃にさらされていた。韓は前三〇七年に大県の宜陽を失い、魏は西方拠点の皮氏をたびたび攻撃された。こうした中、前二九八年に孟嘗君の「合従」が成立し、秦を函谷関にまで押し戻した。いまだ秦は東方を飲み込む力を持っていなかったのである。[26]

図三に見るように、この期間には「三級の管理制度」を記した韓の兵器が登場する。宜陽（図三①・②）や新城（図三③）、盧氏（図三④）などの地であるが、地名の考証については別稿にまとめたので省略する。[27]

ここでは青銅兵器の編年作業について少し触れておく。宜陽戈二件（①二年令戈と②四年令戈）は器形だけでは、戦国中後期といいうるものである（図三⑤・⑥・⑦参照）。しかし韓地の宜陽はこれまでの研究によって、前三〇七年に秦にとられると考えられており（楊寛『戦国史（増訂本）』三六三頁）[28]、その年は、韓の襄王の五年である。こうした形式をもつ兵器は秦には見られないことから、下限は襄王五年として、それぞれ②襄王の二年（前三一〇）と③襄王の四年（前三〇八）であろうと考える。襄王の前の王は宣恵王であり、威侯の二年・四年の資料という可能性もある。ただ、都の鄭韓故城から出土した兵器に、王二年・王三年の銘を持つものがあり[29]、鄭韓故城出土兵器の公開されている資料の中では、最初に「三級の管理制度」を記す資料である。韓の王号採用は威侯八年（前三二六）であり、上限は襄王の二年・三年と考えられる。筆者は黄錫全氏同様、襄王二年・四年とするのが、妥当であると考えている。[30]

五、新たな領域の認識　―統一前夜（前二六二年～前二四一年）―

最後の地図は統一前夜、前二六二年から前二四一年の時期である（地図四・表四）。この時期、秦の統一を決定づける長平の戦い（前二六〇年）があった。孟嘗君以外の戦国四君はここに活躍する。翌年の邯鄲包囲には、趙の平原君・魏の信陵君・楚の春申君が協力して秦軍を防いだ。前二五五年には長く名目的存在となっていた東周が滅ぼされた。その後、魏の信陵君は前二四七年にも合従を実現し、前二四一年には楚の春申君による戦国最後の合従がなった。しかしこの合従はさしたる戦果もあげることなく、かえって斉を攻めることとなった。もはや秦の優勢は動かしがたい段階に来ていた。

この時期の三晋兵器としては、再び韓のもの、襄城（図四①・②）・汝陽（図四③）・安陽（図四④・⑤）の地名を記す兵器を示した[31]。これらを韓製造の兵器と判断したのは、銘文の形式からである。こちらもすでに旧稿の中で述べた。ここで簡単に確認しておくと、鄭韓故城出土兵器の研究から「司寇」という監督者が加わるのは桓恵王九年（前二六四）以降とされており、その基準を地方にまでおして考え、編年したものである[32]。

そもそもどうしてこれらの兵器が韓のものかといえば、銘文形式からまず三晋兵器と判断し、次に「造」の文字や「戟」の文字の字形から韓国兵器と判断する。青銅兵器に見える「造」の字形は林清源氏によって詳細に検討されている[33]。図四⑥の文字は告（あるい生）、貝、攴を組み合わせてできている。これは韓の兵器文字の形で、最近、中国社会科学院の蘇輝氏は三晋では、「造」字が韓以外で見られないことを述べている[34]。こうした点から、およそ韓器だと判断している。

以上、五件の韓国兵器を地図上におとした時、興味深い事実に私たちは気がつく。

韓桓恵王の廿三年（図四②）・廿七年（図四⑤）、王安六年（図四①）とは、前二五〇年から前二三〇年にかけての期間にあたり、戦国韓滅亡直前の時期である。

こうした時期に、韓は漢代の潁川郡南部・汝南郡にあたる地を維持していたのである。このこと自体、文献の欠を

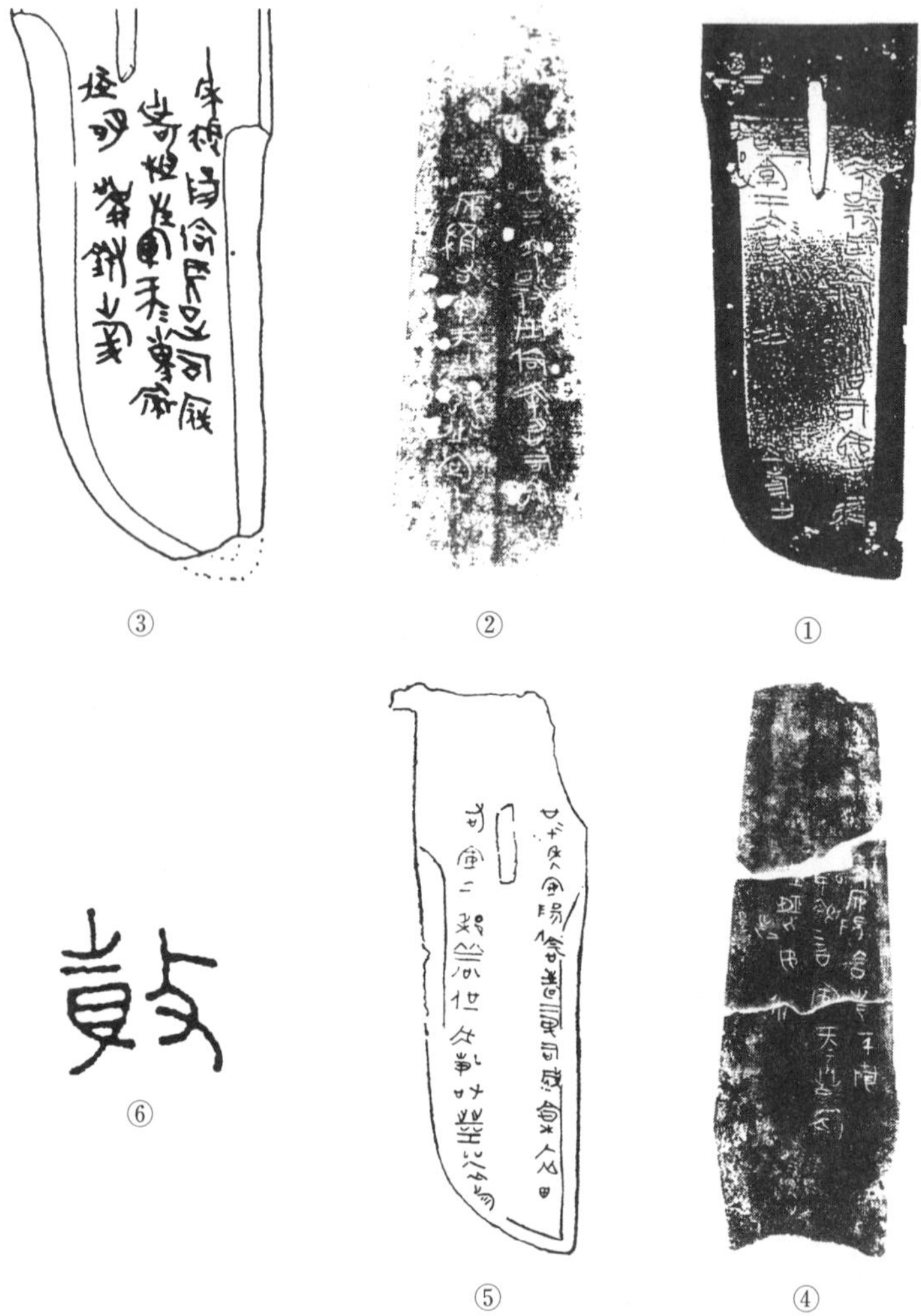

図４　統一前夜（前262～前241）

①六年襄城令戈（六年、襄城令韓沽、司寇反淮、右庫工師邯鄲郳、冶疋造𢏚戟刃）　②廿三年襄城令矛（廿三年、襄城令㕛牛忽、司寇麻維、右庫工師邯鄲郳、冶向造）　③十年汝陽令戈（十年、汝陽令張疋、司寇平相、左庫工師董棠、冶明、模鋳戟）　④六年安陽令矛（六年、安陽令韓望、司寇欣𪔂、右庫工師若固、冶䀨造戟刺）　⑤廿七年安陽令戈（廿七年、安陽令敬章、司寇棺衣田、右庫工師梁丘、冶衣事右莖萃戟）　⑥六年襄城令戈「造」字

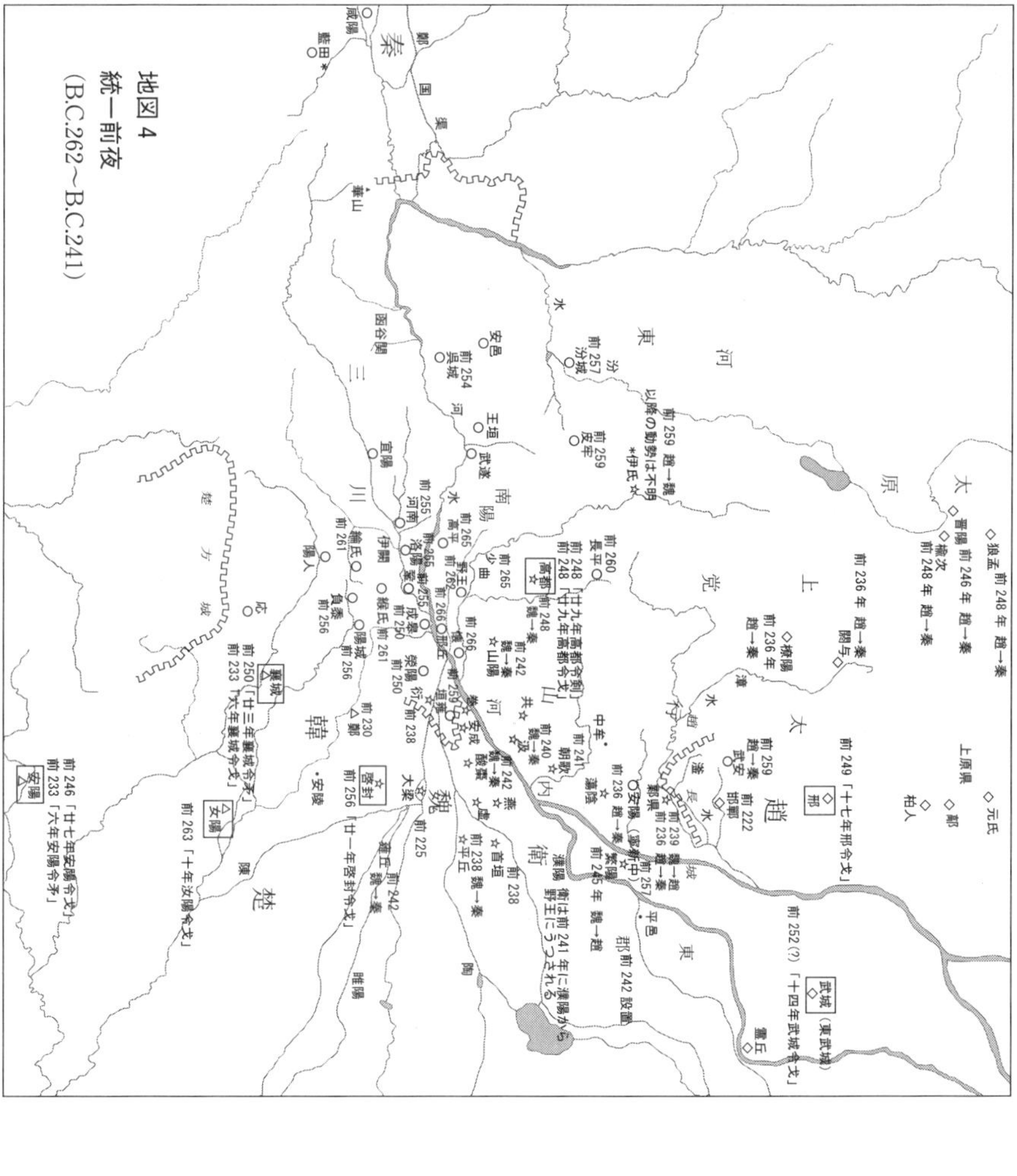

地図 4
統一前夜
(B.C.262～B.C.241)

補うものとして、注意に値する。さらに考えてみると、この辺りの地は、韓の青銅兵器を産出する原料供給地として、『戦国策』韓策一・『史記』蘇秦列伝に伝える所である。地図三を併せて見ると、この付近は、棠谿・合伯・鄧氏・龍淵など名剣の産地といわれた地方に相当する。韓は鋭利な兵器を産する国として当時、名を馳せていた。その産地を韓は滅亡の直前まで押さえていたのではないか、と筆者は考えている。

おわりに

本章は戦国時代中原地域の領域変遷を時期を区切って描画化し、およそ五〇年ごとの戦国三晋と周辺諸国との勢力関係を視覚的に表示することを試みた。

地図作成にあたっては文献史料・出土資料双方を使用し、史料根拠を四期それぞれ提示した。近年の史料学的研究・紀年研究の成果の上にある研究であることはいうまでもない。そしてこうした作業自体は歴史地理学の近一世紀の成果が要請するところでもあった。

その上で、筆者はこの地図上に青銅兵器銘文資料から得られた「県」制の成立と展開に関する情報を併記した。兵器資料の偏在性のため、必ずしも十分に論じ得たとは考えていないが、県の統治機構の整備が、紀元前四世紀後半の第四四半期、魏から韓へと展開していった流れはつかめると思う。

趙の資料をあまり紹介できなかったのは、さまざまな事情による。[35] 現状知られる趙の紀年兵器百件ほどの過半が相邦・守相関連兵器であること、[36] 趙の地方鋳造兵器で「三級の管理制度」を記す資料は二〇件ほど知られるが、編年や地名の比定に問題を残していること、単純に本地図の範囲外となったこと（凡例参照）、などである。それらは筆者の能力の不足とするところで、今後の課題としたい。ただし初歩的ながら、魏から韓・趙へという見通しは得ている。そして当然のことながら、秦・楚・燕・斉との比較・相互関係も視野に入れている。

なお、青銅兵器上への「三級の管理制度」の記入と戦国「県」制との関係については、本章では前章までの見解をふまえるもので、さらに掘り下げることはしなかった。筆者の指摘は、現状、機構的整備と人事管理制度方面にとどまっている。しかし戦国青銅兵器銘文資料の記事は支配の方式や社会の変化をうかがわせる内容も持っており、こうした点についても今後さらに深めていきたい。

最後に譚其驤氏の前三五〇年頃とされる諸侯形勢図について、ひとこと述べておきたい。私たちは戦国時代の地図といえば、この地図を思い浮かべるくらい、本地図は一般に浸透していると思われる。ただし、すでに平勢隆郎氏の一連の著作も、譚其驤氏らによって秦の領域とされていた「析」のあたりを削除して、修正されている。

そのほかにも、屯留・端氏は前三五〇年には趙だったと考えられるが（表二参照）、韓の範囲に入っている。皮牢も韓ではなく、魏地であろう。前三六二年に魏が趙の皮牢をとっているという（魏世家）。中牟という趙の古都も（水経・河水注）前三六〇年頃交換により魏に移っているようである。そのほかにも疑問はあり、一定の注意は必要である。

注

（1）鐘鳳年「戦国彊域沿革攷（魏）」（『禹貢』二―一二）、銭穆『史記地名考』（一九六二年、商務印書館、二〇〇一年）、程発軔『戦国策地名考釈』（国立編訳館、一九九〇年）、繆文遠『戦国制度通考』（巴蜀書社、一九九八年）。
（2）木村正雄『中国古代帝国の形成―特にその成立の基礎条件』（不昧堂、一九六五年、新訂版、比較文化研究所、二〇〇三年）。
（3）拙稿「戦国韓国の権力構造―政権上層部の構成を中心に―」『史海』第五一号、二〇〇四年（本書第三章）。「鄭韓故城出土

銅兵器の基礎的考察」『学習院大学人文科学論集』一三、二〇〇四年（本書第一章）。同「戦国韓国の地方鋳造兵器をめぐって―戦国後期韓国の領域と権力構造―」『学習院史学』第四三号、二〇〇五年（本書第二章）。同「戦国魏国における『県』制の成立―魏国兵器の検討を中心として―」『古代文化』第五八巻第Ⅰ号、二〇〇七年（本書第五章）。同「相邦・守相鑑造青銅兵器の編年をめぐって―戦国後期趙の政治過程・国際関係の解明のために―」『九州大学東洋史論集』第三五号、二〇〇七年（本書第四章）。

（4）平勢隆郎『新編史記東周年表―中国古代紀年の研究序章』東京大学出版会、一九九五年、藤田勝久『史記戦国史料の研究』東京大学出版会、一九九七年。

（5）李暁傑「戦国時期韓国疆域変遷考」『中国史研究』二〇〇一年第三期、「戦国時期趙国疆域変遷考」『九州』第三輯、商務印書館、二〇〇三年、「戦国時期魏国疆域変遷考」『歴史地理』一九、二〇〇三年。

（6）出土資料とりわけ三晋兵器に注目して、県制の問題を考えるという手法については呉良宝氏と通ずる（呉良宝「戦国文字所見三晋置県輯考」『中国史研究』二〇〇二年第四期）。

（7）江村治樹「戦国時代出土文字資料の国別特質」『春秋戦国秦漢時代出土文字資料の研究』汲古書院、二〇〇〇年。

（8）「三級の管理制度」とは筆者の表現であり、これまで中国考古学では「物勒工名」の問題として議論されてきた。つまり器物の製造責任を明示するようになる段階を示している。秦漢的県制については、飯尾秀幸「中国古代における国家と共同体」（『歴史学研究』五四七、一九八五年）・紙屋正和「前漢郡県統治制度の展開について」上・下（『福岡大学人文論叢』一三巻四号・一四巻一号、一九八二年）に示される県の統治事項を考えている。

（9）前掲注三拙稿「戦国魏国における『県』制の成立」（本書第五章）参照。

（10）譚其驤主編『中国歴史地図集』第一冊、中国地図出版社、一九八二年（香港、三聯書店、一九九一年）。

（11）こうした方法の採用にあたっては、平勢隆郎氏よりご教示いただいた。また地図作成にあたっては柏倉伸哉氏にご協力いただいた。

（12）譚其驤ほか『《中国歴史地図集》釈文彙編』東北巻、中央民族学院出版社、一九八八年。

（13）　筆者が青銅兵器銘文（とくに三晋兵器）に注目する理由は、戦国中後期の資料に紀年と地名・県令の名前、工房の責任者・製造者の名前などが記されることによる。青銅容器にもそのような記事は見られるが、少数であり、またその他の媒体（陶器・印章・貨幣など）は簡略な記載に留まる。簡牘資料は楚・秦に集中し、中原地域の歴史的展開をうかがう直接の資料とはなりえない。

（14）　本章第二節・第四節・第五節の冒頭にまとめる時代の理解については拙文「戦国時代中原地域の変遷」（『歴史群像シリーズ争覇春秋戦国』学習研究社、二〇〇五年）に基づく。本書は一般書であるが、当該部分は本章所載の史料根拠により執筆したものである。

（15）　黄盛璋「試論三晋兵器的国別和年代及其相関問題」『考古学報』一九七四年第一期、四三頁。

（16）　林巳奈夫「春秋戦国時代文化の基礎的編年」『中国殷周時代の武器』京都大学人文科学研究所、一九七二年、四七二頁。

（17）　春秋後期から戦国前期の青銅兵器（銅戈・戟）に記された銘文については江村治樹「春秋戦国時代の銅戈・戟の編年と銘文」『東方学報』五二、一九八〇年（前掲『春秋戦国秦漢時代出土文字資料の研究』第三部第一章所収）を参照。

（18）　地図一に示した紀年兵器前史の資料としては、図一掲載以外に呉庫戈（集成17·10919）、陽狐戈（集成17·10916）、屯留戈（集成17·10927）、露戈（文物1986-6、p.9、p.11図24·2、p.12図27·1～2）、閼輿（与）戈（集成17·10929）、梁戈（集成17·10823）、梁□庫戈鐓（三代20·59·3）、邯鄲上庫戈（集成17·11039）。鄭の地名を記す簡式兵器については前掲拙稿「鄭韓故城出土銅兵器の基礎的考察」（本書第一章）引用の（一）～（一〇）の資料を参照のこと。

（19）　平勢隆郎「魏の『竹書紀年』と三代」『中国の歴史〇二　都市国家から中華へ—殷周　春秋戦国』講談社、二〇〇五年、一三四～一四一頁。

（20）　前掲拙稿「戦国魏国における『県』制の成立」（本書第五章）参照。

（21）　前掲拙稿「鄭韓故城出土銅兵器の基礎的考察」（本書第一章）参照。

（22）　それぞれの地名の現在地との比定については前掲拙稿「戦国魏国における『県』制の成立」（本書第五章）参照。

（23）　李朝遠「汝陰令戈小考」『中国文字研究』第一輯、広西教育出版社、一九九九年。

（24）呉振武「新見古兵地名考釈両則」『九州』第三輯、商務印書館、二〇〇三年。
（25）地図二に示した兵器資料は図二掲載以外には、廿八年上洛左庫戈（近出4・1183）、九年戋丘令戈（集成17・11313）である。
（26）この部分と次節の時代の理解については前掲平勢隆郎『都市国家から中華へ』第七章を参照。
（27）前掲拙稿「戦国韓国の地方鋳造兵器をめぐって」（本書第二章）参照。そのほか地図三に示した兵器資料は十一年皐落戈（近出4・1179）、八年新城大令戈（集成17・11345）、七年邦司寇矛（集成18・11545）、十二年邦司寇矛（集成18・11549）である。
（28）楊寛『戦国史（増訂本）』上海人民出版社、一九九八年。
（29）「王二年、鄭令韓□、右庫師䡅鷹」（集成17・11328）、「王三年、鄭令韓熙、右庫工師史狄、冶□」（集成17・11357）。
（30）黄錫全「新見宜陽銅戈考論」『考古与文物』二〇〇二年第二期。
（31）そのほか地図四に示した兵器資料は廿一年啓封令戈（集成17・11306）、廿九年高都令剣（集成18・11652〜11653）、廿九年高都令戈（集成17・11302）、十七年邢令戈（集成17・11366）、十四年武城令戈（集成17・11377）である。
（32）前掲拙稿「鄭韓故城出土銅兵器の基礎的考察」（本書第一章）・「戦国韓国の地方鋳造兵器をめぐって」（本書第二章）参照。
（33）林清源「従『造』字看春秋戦国文字異形現象」謝雲飛等著・輔仁大学中国文学系所中国文字学会主編『中国文字学国際学術研討会論文集』第三届、輔仁大学出版社、一九九二年。
（34）蘇輝『秦・三晋紀年兵器研究』中国社会科学院研究生院碩士学位論文、二〇〇二年（中国国家図書館所蔵）。なお、秦においても紀年兵器銘文中に多く「造」字が出現する。しかし字形は大きく異なる。最近の兵馬俑一号坑出土の「七年相邦呂不韋」戟からも一行目に「造」字は確認できる（蒋文孝・劉占成「秦俑坑新出銅戈・戟研究」『文物』二〇〇六年第三期、参照）。
（35）本章の地図上において紹介した趙国兵器は黄城戈・邯鄲上戈・邯鄲上庫戈（ともに地図一）と十七年邢令戈・十四年武城令戈（ともに地図四）である。
（36）相邦・守相関連兵器については前掲拙稿「相邦・守相鑑造青銅兵器の編年をめぐって」（本書第四章）を参照。

〔図版原載〕図版は基本的に集成・近出より掲載した。

図一　①太原図版67　②集成17·10922　③集成17·10995　④集成17·10996
⑤集成17·11182　⑥集成17·11135　⑦中原文物1988-3、p.10、図2

図二　①集成17·11330　②中国文字研究1　③集成17·11312　④集成17·11321
⑤近出4・1171

図三　①考古与文物2002-2、p.70、図3.4　②集成17·11316　③集成17·11345
④四川p.243、図49　⑤考古与文物2002-2、p.69、図2　⑥集成17·11316
⑦四川p.242、図48.3

図四　①近出4·1196　②集成18·11565　③近出4·1195　④集成18·11562
⑤近出4·1200　⑥近出4·1196

〔地図中引用兵器出典〕（本章に図版の未掲載のもの）

地図一　邯鄲上庫戈（集成17·11039）　黄城戈（集成17·10901）　𨚵戈（集成17·10902）
閼輿（与）戈（集成17·10929）　露戈（文物1986-6、p.9）
屯留戈（集成17·10927）　梁戈（集成17·10823）　陽狐戈（集成17·10916）
梁□庫戈鐓（三代20·59·3）　呉（虞）戈（集成17·10919）
鄭左（右・武・生）庫戈（本書第一章参照）

地図二　九年戈丘令戈（集成17·11313）　廿八年上洛戈（近出4·1183）

地図三　七年邦司寇矛（集成18·11545）　十二年邦司寇矛（集成18·11549）

十一年皐落戈（近出4・1179）

地図四

十四年武城令戈（集成17・11377）　十七年邢令戈（集成17・11366）

廿一年啓封令戈（集成17・11306）　廿九年高都令剣（集成18・11652〜11653）

廿九年高都令戈（集成17・11302）

〔史料根拠〕

表一　魏文侯の時代（前四二二〜前三九五）

地名	国別	紀元前	記事	出典	中華/全釈
少梁	魏	四二二	霊公六年、晋城少梁、秦撃之。	秦本紀	二〇〇
楚丘		四二二	魯季孫会晋幽公於楚丘。取葭密、遂城之。	竹書紀年 済水注引	
葭密		四二二	同上		
鄭	秦	四二一	西攻秦、至鄭而還、築雒陰・合陽。	魏世家	一八三八
雒陰	魏	四二一	同上		
合陽	魏	四二一	同上		
泫氏	趙	四一七	晋烈公元年、趙献子城泫氏。	竹書紀年 沁水注引	
平陽	韓	四一七	晋烈公元年、韓武子都平陽。	竹書紀年 汾水注引	
籍姑	秦	四一六	（霊公）十三年（正しくは十二）、城籍姑。	秦本紀	二〇〇
涇陽	秦	四一六	（粛霊公）居涇陽。享国十年。葬悼公西。	始皇本紀	二八八
上洛	魏	四一五	晋烈公三年、楚人伐我南鄙、至于上洛。	竹書紀年 丹水注引	
繁龐	魏	四一五	（文侯称侯二十三年）使子撃囲繁・龐、出其民。	魏世家	一八三八
黄城	魏	四一五	宣公四十三年、伐晋、毀黄城、囲陽狐。	田世家	一八八五
陽狐	魏	四一五	同上		

平邑	趙	四一四	（献公）十三年、城平邑。（竹書紀年河水注引ほか同）	趙世家	一七九七
臨晋	魏	四一二	（文侯称侯）十六年、伐秦、築臨晋元里。	魏世家	一八三八
元里	魏	四一二	同上		
重泉	秦	四一〇	（簡公七年）塹洛。城重泉。	秦本紀	二〇〇
雍丘	韓	四〇九	繻公十五年、韓景侯伐鄭、取雍丘。鄭城京。	鄭世家	一七七六
京	鄭	四〇九	同上		
負黍	韓	四〇八	（繻公）十六年、鄭伐韓、敗韓兵於負黍。	鄭世家	一七七六
廩丘	斉	四〇七	晋烈公十一年、田悼子卒、田布殺其大夫公孫孫、公孫会以廩丘叛於趙、田布囲廩丘、翟角・趙孔屑・韓師救廩丘、及田布戦於龍沢、田布敗逋。	竹書紀年 瓠水注引	
乗丘	楚（？）	四〇四	悼王二年、三晋来伐楚、至乗丘而還。	楚世家	一七二〇
陽狐	魏	四〇四	（文侯称侯三十四年）秦伐我、至陽狐。	魏世家	一八三九
鄴	魏		任西門豹守鄴、而河内称治。	魏世家	一八三九
酸棗	魏	四〇一	（文侯称侯四十二年）城酸棗。敗秦于注。	魏世家	一八四一
注	韓（？）	四〇一	同上		
陽翟	韓	四〇一	（景侯）九年［実年次：八年］、鄭囲我陽翟。	韓世家	一八六七
襄陵	魏→斉	三九八	（文侯四十五年）斉伐取我襄陵。	魏世家	一八四一
軹	韓（？）	三九八	軹深井里聶政、勇敢士也。避仇隠於屠者之間。（韓策二より）	刺客列伝 韓策二	二五二二 ／四〇四
陰晋	魏	三九七	（文侯四十六年）秦侵我陰晋。	魏世家	一八四一

表二　戦国国家の成立（前三五二～前三二八）

地名	国別	紀元前	記事	出典	中華／全釈
安邑	魏	三五二	（孝公）十年、衛鞅為大良造、将兵囲魏安邑、降之。（ほどなく魏に戻るか。）	秦本紀	二〇三
襄陵	魏	三五二	（梁恵成王）十八年、恵成王以韓師敗諸侯于襄陵、斉侯使楚景舎来求成。公会斉・宋之囲。	竹書紀年 淮水注引	
泫氏	魏	三五一	梁恵成王十九年、晋取玄武・濩沢。※「玄武」は「泫氏」に作るべき（楊寛『輯証』三三五頁ほか）。	竹書紀年 沁水注引	
濩沢	魏	三五一	梁恵成王十九年、晋取玄武・濩沢。	同上	
商塞	秦	三五一	（孝公）十一　城商塞。	六国秦表	七二三
固陽	秦	三五一	（孝公）十一　衛鞅囲固陽、降之。	六国秦表	七二三
邯鄲	趙	三五一	（成侯）二十四年、魏帰我邯鄲、与魏盟漳水上。	趙世家	一八〇一
藺	趙	三五一	（成侯二十四年）秦攻我藺。	趙世家	一八〇一
博陵	斉	三五一	（威王六年［田侯因斉七］）晋伐我、至博陵。	田世家	一八八八
逢沢	魏	魏三五一 周三五〇	魏伐邯鄲［前三五四・三五三］、因退為逢沢之遇、乗夏車、称夏王、朝為天子、天下皆従。	秦策四	九五
端氏	趙	三五〇	粛侯元年、奪晋君端氏、徙処屯留。	趙世家	一八〇一
屯留	趙	三五〇	同上		
彤	秦（?・）	三五〇	（恵王［侯］）二十一年、与秦会彤。	魏世家	一八四五
薛陵	衛	三五〇	（威王）七年［田侯因斉八］、衛伐我、取薛陵。	田世家	一八八八
咸陽	秦	三五〇	（孝公）十二年、作為咸陽、築冀闕、秦徙都之。	秦本紀	二〇三

陰晋	魏	三四九	（粛侯）二年、与魏恵王遇於陰晋。	趙世家	一八〇一
邯鄲	趙	三四八	（粛侯）三年、公子范襲邯鄲、不勝而死。	趙世家	一八〇一〜〇二
絳	魏	三四五	梁武王（恵成王の誤り）二十五年、絳中地坼、西絶於汾。	竹書紀年 汾水注引	
高唐	斉→趙	三四五	（粛侯）六年、攻斉、抜高唐。	趙世家	一八〇二
首垣	魏	三四四	（粛侯）七年、公子刻攻魏首垣。	趙世家	一八〇二
孟津	周（?）	三四三	梁君伐楚勝斉、制趙・韓之兵、駆十二諸侯以朝天子於孟津。	秦策五	九六
南梁	韓	三四二	（宣王）二年［実年次：威宣王十四年］、魏伐趙。趙与韓親、共撃魏。趙不利、戦于南梁。（関連記事：斉策一、一一〇）	田世家	一八九三
赫	韓	三四二	梁恵成王二十八年、穰疵率師及鄭、孔夜戦于梁・赫、鄭師敗逋。	竹書紀年 渠水注	
外黄	宋（?）	三四二	（恵王三十年）［実年次：恵成侯二十九年］過外黄、外黄徐子謂太子曰。	魏世家	一八四五
馬陵		三四二	（恵王三十年）太子果与斉人戦、敗於馬陵。斉虜魏太子申、殺将軍涓、軍遂大破。	魏世家	一八四六
平陽	魏	三四一	二十九年五月、斉田肦及宋人伐我東鄙、囲平陽。（魏世家索隠引より）	竹書紀年 泗水注引	
商	秦	三四〇	秦封之於・商十五邑、号為商君。	商君列伝	二二三三
圃田	魏	三三九	梁恵成王三十一年三月、為大溝于北郛、以行圃田之水。	竹書紀年 渠水注	
鴈門	魏	三三八	（孝公）二十四年、与晋戦鴈門、虜其将魏錯。	秦本紀	二〇四

鄭	秦	三三八	（孝公卒）商君既復入秦、走商邑、与其徒属発邑兵北出撃鄭。	商君列伝	二二三七
黄	魏	三三四	（粛侯）十七年、囲魏黄、不克。築長城。	趙世家	一八〇二
濮陽	衛	三三二	嗣君五年、更貶号曰君、独有濮陽。	衛世家	一六〇四
陰晋	魏→秦	三三二	（恵文君）六年、魏納陰晋、陰晋更名寧秦。	秦本紀	二〇五
雕陰	魏	三三一・三三〇	（襄王）五年［実年次：恵成王更元四年・五年］、秦敗我龍賈軍四万五千于雕陰。	魏世家	一八四八
焦	魏	三三一・	（襄王）五年［実年次：恵成王更元四年・五年］、（秦）囲我焦・曲沃。	魏世家	一八四八
曲沃	魏	三三〇	同上		
宜陽	韓	三三〇	（列侯）九年［実年次：威侯四年］、秦伐我宜陽、取六邑。	韓世家	一八六七
藺	趙	三二九	（粛侯二十二年）趙疵与秦戦、敗、秦殺疵河西、取我藺・離石。	趙世家	一八〇三
離石	趙	三二九	同上		
武城	秦	三二九	与晋戦武城。県陝。	六国秦表	七一三
陝	魏→秦	三二九	同上		
汾陰	魏	三二九	（恵文君）九年、渡河、取汾陰・皮氏。与魏王会応。囲焦、降之。	秦本紀	二〇六
皮氏	魏	三二九	同上		
応	魏（?）	三二九	同上		
蒲陽	魏	三二八	（襄王）七年、魏尽入上郡于秦。秦降我蒲陽。	魏世家	一八四八
少梁	魏	三二八	（秦恵王十年）魏因入上郡・少梁、謝秦恵王。恵王乃以張儀為相、更名少梁曰夏陽。	張儀列伝	二二八四

表三　国家連合の時代（前三一八〜前二九六）

地名	国別	紀元前	記事	出典	中華／全釈
襄陵	魏→楚	楚三二二 魏三二三	楚使柱国昭陽将兵而攻魏、破之於襄陵、得八邑。又移兵而攻斉、斉王患之。	楚世家	一七二一
鞏	韓	三一八	韓北有鞏・洛・成皋之固、西有宜陽・常阪之塞、東有宛・穰・洧水、南有陘山、地方千里、帯甲数十万、天下之強弓勁弩、皆自韓出。（韓策一より）	蘇秦列伝 韓策一	二二五〇 ／三六四
成皋	韓	三一八	同上（蘇秦列伝は「成皋」）		
宜陽	韓	三一八	同上		
宛	韓	三一八	同上		
穰	韓	三一八	同上		
陳	魏	三一八	大王之埊、南有鴻溝・陳・汝南、有許・鄢・昆陽・邵陵・舞陽・新郪、東有淮・穎・沂・黄・煮棗・海鹽・無疎、西有長城之界、北有河外・巻・衍・燕・酸棗、埊方千里。（魏策一より）	蘇秦列伝 魏策一	二二五三 〜五四／ 二八七
許	魏	三一八	同上		
鄢	魏	三一八	同上		
昆陽	魏	三一八	同上		
召陵	魏	三一八	同上		
舞陽	魏	三一八	同上		
新郪	魏	三一八	同上		
煮棗	魏	三一八	同上		

巻	魏	三一八	同上		
衍	魏	三一八	同上		
燕＊	魏	三一八	同上		
酸棗	魏	三一八	同上		
陽晋	衛	三一八	倍韓・魏之地、至闈（姚校「至闈一作過衛」）陽晋之道、徑亢父之険。 （斉策一より）	蘇秦列伝 斉策一	二二五八 ／一一九
観津 （観沢）	魏	魏三一七 趙三一六	（哀王）二年、斉敗我観津。	魏世家	一八五〇
修魚 （脩魚）	魏	三一七	秦使庶長疾与戦修魚、虜其将申差、敗趙公子渇・韓太子奐、斬首八万二千。	秦本紀	二〇七
濁沢 （蜀潢）	韓（?）	三一七	秦・韓戦於蜀潢（韓世家・韓策一、三七五は「濁沢」に作る）。韓氏急。公中（仲）傰（倗）曰。	戦国縦横家書	二四章
緱氏	韓	三一六	親魏善楚、下兵三川、塞轘轅・緱氏之口、当屯留之道、魏絶南陽、楚臨南鄭、秦攻新城・宜陽、以臨二周之郊、誅周主之罪、侵楚魏之地、周自知不救、九鼎宝器必出。（秦策一より）	張儀列伝 秦策一	二二八二 ／四六
屯留	韓（?）	三一六	同上		
新城	韓	三一六	同上		
宜陽	韓	三一六	同上		
向 （高平）	魏	三一五	（襄哀王四年）鄭侯使韓辰帰晋陽及向。二月、城陽・向、更名陽為河雍、向為高平。（年号は趙世家集解引）	竹書紀年 済水注引	
陽	魏	三一五	同上		

（河雍）					
長子＊	趙（?）	三一四	中山悉起而迎燕・趙、南戦於長子敗趙氏、北戦於中山克燕軍、殺其将。	斉策五	一五一
乗丘＊	趙（?）	三一四	斉遂伐趙、取乗丘、収侵地、虚・頓丘危、楚破南陽九夷、内沛、許・鄢陵危。王之所得者、新観也。而道塗宋・衛、為制。	魏策一	二九九
虚＊	魏	三一四	同上		
頓丘＊	魏	三一四	同上		
曲沃	魏	三一四	（哀王）五年、秦使樗里子伐取我曲沃、走犀首岸門。	魏世家	一八五〇
岸門		三一四	同上		
焦	魏	三一四	（恵文王更元）十一年、樗里疾攻魏焦、降之。	秦本紀	二〇七
葉	魏	三一四	君以斉為韓・魏攻楚九年、取宛・葉以北以彊韓・魏、今復攻秦以益之。	孟嘗君列伝	二三五六
曲沃	秦	三一三	斉助楚攻秦、取曲沃。	秦策二	五三
臨晋	秦	三一三	（恵文王更元）十二年、王与梁王会臨晋。	秦本紀	二〇七
藺	趙	三一三	（武霊王）十三年［実年次：十二年］、秦伐我藺、虜将軍趙荘。	趙世家	一八〇四
襄丘	楚（?）	三一二	襄王七年、韓明率師伐襄丘。	竹書紀年 済水注	
雍氏	韓	三一二	斉・宋攻魏、楚回（囲）翁（雍）氏、秦敗屈匄。（田世家湣王十二年とほぼ同じ。）	戦国縦横家書	二二章
煮棗	魏	三一二	魏王謂韓倗（朋）・張儀、煮棗将榆、斉兵又進、子来救【寡】人也、不救寡人、寡人弗能枝（支）。	戦国縦横家書	二二章
上蔡	楚→魏（?）	三一二	（秦庶長）魏章率師及鄭師伐楚、取上蔡。	竹書紀年 汝水注	

蒲坂	魏	三一二	魏襄王七年、秦王来見于蒲坂関。四月越王使公師隅来献乗船、始罔及船三百、箭五百万、犀角象歯焉。	竹書紀年 河水注	
藍田	秦	三一二	秦王之言曰、請道於南鄭・藍田、以入攻楚、出兵於三川、以待公。（韓策二より）	韓世家 韓策二	一八七三／三八五
高都	韓→周	三一二	公中曰、善。不徴甲与粟於周、而与高都。楚卒不抜雍氏而去。（西周策より）（ほどなく韓に戻るか。）	周本紀 西周策	一六四／二六
商於	秦	三一二	臣請使秦王献商於之地方六百里。（秦策二より）	楚世家 秦策二	一七二三／五三
咸陽	秦	秦三一一	未至咸陽而秦恵王卒、武王立。	張儀列伝	二二九八
召陵	楚→秦	三一一	（恵文王更元）十四年、伐楚、取召陵。	秦本紀	二〇七
酸棗	魏	魏三〇九 秦三〇八	（襄王）十年十月、大霖雨、疾風、河水溢酸棗郛。	竹書紀年 済水注	
宜陽	韓	三〇八	其秋、使甘茂・庶長封伐宜陽。	秦本紀	二〇九
路＊	韓	三〇八	韓欲有宜陽、必以路・渉・端氏賂趙。	趙策一	二二五
渉＊	韓	三〇八	同上		
端氏＊	韓	三〇八	同上		
藺＊	韓（?）	三〇八	游騰謂公仲曰、「公何不与趙藺・離石・祁、以質許地。則楼緩必敗矣。」（前三一三以後、一時韓の領有か。）	韓策一	三七三
離石＊	韓（?）	三〇八	同上		
祁＊	韓（?）	三〇八	同上		
武遂	韓→秦	三〇七	（武王）四年、抜宜陽、斬首六万。渉河、城武遂。（前三〇六「秦復与	秦本紀 韓世家	二〇九／

			我武遂」以下韓世家、前三〇三「秦復取我武遂」、前二九六「秦与我武遂和」、前二九〇「韓与秦武遂地二百里」で最終的に秦地。）	韓世家	一八七二 一八七六
煮棗＊	秦（?）	三〇七	秦懼、遽効煮棗、韓氏果亦効重宝。（一時秦の領有か。）	東周策	二
皮氏	魏→秦	魏三〇七 秦三〇六	（哀王）十二年、太子朝於秦。秦来伐我皮氏、未抜而解。（秦簡編年記、前三〇五「（昭王）二年、攻皮氏。」、秦本紀昭襄王十七年、前二九〇「秦以垣為蒲阪・皮氏。」で秦地。）	魏世家	一八五二
蒲反	魏→秦	三〇三	（哀王）十六年、秦抜我蒲反・陽晋（晋陽）・封陵。（秦簡編年記、前三〇二「（昭王）五年、帰蒲反。」、上記前二九〇参照。）	魏世家	一八五二
陽晋（晋陽）	魏→秦	三〇三	同上（竹書紀年魏世家索隠引は「晋陽」に作る。）		
封陵	魏→秦	三〇三	同上（秦簡編年記、前三〇三「（昭王）四年、攻封陵。」、魏世家哀王二十三年、前二九六「秦復予我河外及封陵為和。」、前二九〇には秦地か。）		
陽人	韓	三〇二	臣曰、世子得新城・陽人、以与公叔争国而得全、魏必急韓氏。	韓策二	三九三
穣	韓→秦	三〇一	（襄王）十一年、秦伐我、取穣。	韓世家	一八七二
新城	韓→秦	三〇〇	（昭襄王）七年、抜新城。（秦簡編年記、前三〇一「（昭王）六年、攻新城。」、前三〇〇「七年、新城陥。」、前二九九「八年、新城帰。」）	秦本紀	二一〇
釜丘		三〇〇	（襄王）十九年、薛侯来会王于釜丘。	竹書紀年 済水注	
析	楚→秦	二九八	秦昭王怒、発兵出武関攻楚、大敗楚軍、斬首五万、取析十五城而去。（秦簡編年記「（昭王）九年、攻析。」）	楚世家	一七二九

鹽氏	魏	二九六	(昭襄王)十一年、斉・韓・魏・趙・宋・中山五国共攻秦、至鹽氏而還。	秦本紀	二一〇
上洛*	魏	二九六	楚魏戦於陘山。魏許秦以上洛、以絶秦於楚。魏戦勝楚、敗於南陽。	秦策四	九〇

表四　統一前夜(前二六二～前二四一)

地名	国別	紀元前	記事	出典	中華/全釈
長平	韓→趙	二六二	(武霊王四年)趙遂発兵取上党。廉頗将軍軍長平。	趙世家	一八二六
野王	韓→秦	二六二	(昭王)四十五年、伐韓之野王。野王降秦、上党道絶。(秦簡編年記「(昭王)四十五年、攻大壄(野)王。」)	白起列伝	二三三一
鄭	韓	二六二	韓亡秦有【鄭】地、与大梁鄰、王以為安乎。(戦国縦横家書一六章より)	戦国縦横家書 魏策三	一六章/ 三三〇
大梁	魏	二六二	同上		
閼輿 (閼与)	趙	二六二	夫【越山踰河、絶】韓上党而攻強趙、是復閼輿之事也。(同上)	同上	
鄴	魏	二六二	若道河内、背鄴・朝歌、絶漳・鏞(滏)【水、与趙兵決於】邯鄲之鄗(郊)、是知伯之過也。(同上)	同上	
朝歌	魏	二六二	同上		
邯鄲	趙	二六二	同上		
緱氏	韓→秦	二六一	(昭王)四十六年、秦攻韓緱氏・藺、抜之。	白起列伝	二三三三
藺 (綸氏)	韓→秦	二六一	同上		

長平	趙→秦	二六〇	（昭襄王四十七年）秦使武安君白起撃、大破趙於長平、四十余万尽殺之。	秦本紀	二一三
垣雍	韓→秦	秦二五九 趙二六〇	（昭襄王）四十八年十月、韓献垣雍。	秦本紀	二一三
皮牢	趙→秦	秦二五九 趙二六〇	（昭襄王四十八年）秦軍分三軍。武安君帰。王齕将伐趙武安・皮牢、抜之。司馬梗北定太原、尽有韓上党。	秦本紀	二一三〜 二一四
武安	趙→秦	秦二五九 趙二六〇	同上（秦簡編年記「（昭王）四十八年、攻武安。」）		
伊是＊	魏→趙	秦二五九 趙二六〇	秦破馬服君之師、囲邯鄲。斉魏亦佐秦伐邯鄲、斉取淄鼠、魏取伊是。 （何時、秦に入るか不明。）	斉策三	一三九A
霊丘	趙	二五九	（孝成王七年）趙以霊丘封楚相春申君。	趙世家	一八二六
蕩陰	魏	二五九	魏安釐王使将軍晋鄙救趙、畏秦、止於蕩陰不進。	魯仲連列伝 趙策三	二四五九 ／二四九
汾城	魏	秦楚二五七 趙魏二五八	（昭襄王五十年）十二月、益発卒軍汾城旁。武安君白起有罪、死。齕攻邯鄲、不抜、去、還奔汾軍二月余。攻晋軍、斬首六千、晋楚流死河二万人。攻汾城、即従（張）唐抜寧新中、寧新中更名安陽。	秦本紀	二一四
寧新中 →安陽	魏→秦	同上	同上		
咸陽	秦	同上	秦王乃使人遣白起、不得留咸陽中。	白起列伝	二三三七
負黍	韓→秦	二五六	（昭襄王）五十一年、将軍摎攻韓、取陽城・負黍、斬首四万。攻趙、取二十余県、首虜九万。	秦本紀	二一八

陽城	韓→秦	二五六	同上（秦簡編年記「（昭王）五十一年、攻陽城。」）		
元氏	趙	二五五	（孝成王）十一年、城元氏、県上原。	趙世家	一八二七
上原	趙	二五五	同上		
陽人	秦	二五五	東周与諸侯謀秦、秦使相国不韋誅之、尽入其国。秦不絶其祀、以陽人地賜周君、奉其祭祀。	始皇本紀	二九〇
呉城	魏→秦	二五四	（昭襄王）五十三年、天下来賓。魏後、秦使摎伐魏、取呉城。	秦本紀	二一八
邯鄲	趙	二五四	（孝成王）十二年、邯鄲廥焼。	趙世家	一八二七
藍田＊	秦	二五一	子楚立。以不韋為相、号曰文信侯、食藍田十二県。王后為華陽太后。諸侯皆致秦邑。	秦策五	一〇〇
雒陽	秦	二五一	荘襄王元年、以呂不韋為丞相、封為文信侯、食河南雒陽十万戸。	呂不韋列伝	二五〇九
成皋	韓→秦	二五〇	（荘襄王元年）使蒙驁伐韓、韓献成皋・鞏。秦界至大梁、初置三川郡。	秦本紀	二一九
鞏	韓→秦	二五〇	同上（東周滅後、韓にはいるか。）		
滎陽	韓→秦	二五〇	秦荘襄王元年、蒙驁為秦将、伐韓、取成皋・滎陽、作置三川郡。	蒙恬列伝	二五六五
高都	魏→秦	二四八	（荘襄王）三年、蒙驁攻魏高都・汲、抜之。攻趙楡次・新城・狼孟、取三十七城。	秦本紀	二一九
汲	魏→秦	二四八	同上		
楡次	趙→秦	二四八	同上		
狼孟	趙→秦	二四八	同上		
晋陽	趙・秦	二四七	（秦王政年十三歳、荘襄王死）晋陽反。	始皇本紀	二二四
晋陽	趙→秦	二四六	（孝成王二十年）秦抜我晋陽。	趙世家	一八二九
巻	魏→秦	二四五	（王政）二年、麃公将卒攻巻、斬首三万。（前二七四に秦に取られるが、	始皇本紀	二二四

			また戻るか。）（秦簡編年記「（今）三年、軍巻。」）		
繁陽	魏→趙	二四五	（孝成王二十一年）廉頗将、攻繁陽、取之。	趙世家	一八二九
平邑	魏（?）	二四四	悼襄王元年、大備魏。欲通平邑・中牟之道、不成。	趙世家	一八三〇
中牟	魏（?）	二四四	同上		
酸棗	魏→秦	二四二	（王政）五年、将軍驁攻魏、定酸棗・燕・虚・長平・雍丘・山陽城、皆抜之、取二十城。初置東郡。	始皇本紀	二二四
燕	魏→秦	二四二	同上		
虚	魏→秦	二四二	同上		
雍丘	魏→秦	二四二	同上		
山陽	魏→秦	二四二	同上		
朝歌	魏→秦	二四一	（景湣王）二年、秦抜我朝歌。	魏世家	一八六三
野王	秦	二四一	（王政）六年、韓・魏・趙・衛・楚共撃秦、取寿陵。秦出兵、五国兵罷。抜衛、迫東郡、其君角率其支属徙居野王、阻其山以保魏之河内。	始皇本紀	二二四
汲	魏→秦	二四〇	（景湣王）三年、秦抜我汲。	魏世家	一八六三

結　語
——中国古代国家の形成と青銅兵器——

第一節　本書の論点

以下、本書の論点を確認しておきたい。

第一章　韓国兵器の基礎的考察（上）
——鄭韓故城出土銅兵器を中心に——

一九七一年一一月、中国河南省新鄭県に位置する鄭韓故城（春秋時代鄭国と戦国時代韓国の都城）の東城より大量の青銅兵器が出土した。出土兵器は総計一八〇件あまり、そのうち九〇％以上に銘文があった。ただし、そのうち公開されている資料は三〇件あまりである。それらの兵器の時期はおおむね戦国時代後期のものとされている。

これらの資料群については、すでに中国の考古学・古文字学研究者によって、基礎的な釈読・編年作業が進められている。そして一部の日本の歴史学研究者によって、国家機構の整備過程や戦国時代の「都市」の特徴などが検討されている。

筆者は鄭韓故城出土青銅兵器を研究するにあたり、これまであまり重視されてこなかった視点、人名に注目した。また春秋時期の「県」制研究の成果をふまえ、県邑管領者の「世襲の廃止」に注意した。これによって数年おきの県令の交替（資料からわかる範囲では二年から七年程度）が明らかになり、同様に司寇や工師といった官職でも数年ごとの交替が認められた。一方、こうして新たに君主の手足となった官僚に韓氏一族が多く就任していることも明らかとなった。筆者自身はこれらの事象を能力主義と血縁主義の折衷と評価している。なお、本章の資料整理によって、韓氏と婚姻関係にあった趙氏一族の県令・司寇への着任を確認したことも収穫である。

近年、尹湾漢墓簡牘や張家山漢簡などの出土簡牘資料の増加により、秦漢統一国家の地方支配のありようが具体的に解明されつつある。そうした中にあっても、鄭韓兵器の資料的価値は高く、本章は本資料群の戦国「県」制研究における意義を伝えようとしたものである。

第二章　韓国兵器の基礎的考察（下）
――戦国韓国の地方鋳造兵器を中心に――

前章において、筆者は戦国韓国の中央における青銅兵器の銘文整理と編年作業を行った。本章では、地方鋳造兵器の紹介と編年作業を進める。

戦国韓国の地方鋳造兵器は伝世品や出土したもので、三〇件ほど確認している。

戦国青銅兵器研究は、簡帛研究ほど革新的な発見はないとはいえ、地道にその数を増やし、また研究の水準も高まっている。

筆者は、一九九〇年代後半以降の考古学・古文字学の研究成果をふまえ、従来の編年観に一定の変更を迫った。これまで多くの韓国兵器が桓恵王（紀元前二七二～前二三九）に編年されてきたが、一部、前王の釐王（前二九五～前二七三）や前々王の襄王（前三一一～前二九六）に修正した。

地方鋳造兵器からは、鄭韓兵器の「鄭県」の事例のような数十年にわたって県令の交替を確認できるほど、一つの県に関する情報を得られない。とはいえ、再び韓氏一族が地方の県令に就任している状況を確認した。筆者の整理によれば、そうした事例は一一県に及ぶ。当時、韓国は全国で三〇県以上あったと考えられるから、その数字より、支配氏族の影響力の強さをある程度、窺い知ることができるだろう。

また鄭韓兵器の研究成果を地方鋳造兵器に応用することで、既存の文献史料段階（『史記』や『戦国策』などの研究）では知り得なかった戦国後期韓国の領域も明らかになった。

戦国韓国はその滅亡の直前、現在の河南省南部、漢代の汝南郡にあたる地を領有していた。そのことは、これまでほとんど知られていなかったが、重要な事実を提供したものといえる。というのも、当該地方は、青銅兵器の原料の供給地にあたっていたと考えられるからである。戦国韓国は名剣を産する国として、当時名を馳せていた。その拠点を末年まで確保していたということである。このことは、「秦の統一事業」を見直す上でも、参考になるだろう。

第三章　戦国韓国の権力構造
――政権上層部の構成を中心に――

紀元前二三〇年、戦国韓国は東方六国中、最初に秦によって滅ぼされる。

戦国韓国の滅亡の原因は何だろう。その理由は政治・軍事・社会経済・文化多方面から検討を要する課題である。

そうした中、筆者は同国の血縁秩序の強さに注目している。

本章では戦国中期に韓氏宗主が宗族内部に家父長権を確立していく過程と韓氏一族の要職就任を、『左伝』昭公五年「韓賦七邑」の史料の再読と『史記』・『戦国策』・銅兵器銘文に見える中央官・地方官・封君・軍事指揮者の整理・検討より論じた。

戦国中後期の韓国は、前章までの銅兵器銘文の分析をふまえれば、新しい仕組み（官僚制）の中に古いもの（宗室）をうまく位置づけたことが明らかになった。しかし、それは韓非の痛切な批判に見るように、中央集権・富国強兵を阻害する側面をもっていた。

こうした事実は、他の戦国国家と比較した時、田斉の人事制度に類似し、一族の要職就任を廃する秦とは対照をなしている（ただこの点、短絡的な結びつけは禁物である）。秦漢帝国の形成と構造を考える上でも、韓の事例は、新たな視点を提供することになるだろう。

戦国韓の血縁秩序を再認識するうちに、あらためてなぜ韓は一族・姻戚の関係を重視したのか、という問いかけも生じてくる（以下、本章の内容から発展する議論である）。それはやはり一つに、地勢的関係、周王朝の保護者としての地理的位置や、王朝と姓（姫姓）を同じくすると考えられたこと、春秋時代晋公が一族を遠ざけて、結果的に三家分晋をもたらしたと歴史を受け止めたこと（逆に、晋の継承者を自負する魏は一族の存在は危険と受け止めた可能性がある）など、韓の個性と考えられる。三晋は総じて血縁秩序を重視する政治構造にあるとはいえ、魏は必ずしも一族王室を県令にすえる例が見られず、現在の資料条件ではあるが、一定の相違をなす。

これまで戦国韓国は戦国七雄中、最弱国としてほとんど注意されることがなかった。筆者の研究は、中国古代国家形成史論における同国の研究意義、比較研究の可能性を示すことにもなった。

第四章　趙国兵器の基礎的考察
――相邦・守相監造兵器の編年を中心に――

本章は戦国後期の趙国政治・国際関係を把握する前提として、趙国兵器懸案の相邦・守相監造兵器の編年を試みたものである。

三晋兵器研究の枠組みを作ったのは、黄盛璋氏である。筆者は黄氏以後の研究を五種類に整理し、現在の資料条件の中では、建信君を悼襄王期の相邦に、春平侯を孝成王一七年と王遷期の相邦とする呉振武・董珊両氏の見解を支持することとなった。

こうした編年案を得ることにより、戦国後期の時代状況をより整合的に理解することになった。悼襄王期の秦（呂不韋）との連衡、燕攻撃を相邦建信君の主動によるものと理解し、また列女伝の春平侯説話の背景に春平侯を王遷期の政権の中心人物、崩壊の立役者とする時代の感覚を見た。

一方で、通説となっている建信君を孝成王前半の相邦とし、春平侯を孝成王十五年・十七年と悼襄王期の相邦とする研究（黄盛璋説）や悼襄王期に二人の相邦の存在を想定する考え（李学勤説）には疑問を投げかけた。相邦はやはり丞相とは異なり、各時期に一人であったと思われ、相邦の代理である守相という官職の存在もまた相邦は一人であったことを裏付けるだろう。ただし孝成王十五年頃から守相という職が突如出現する経緯はさらに追及する必要があると思う。

時の相邦を正確に捉えることは、政治過程・国際情勢を把握する上で重要である。

本邦では一九七〇年代の林巳奈夫氏の研究以来、本資料群について専論するものはなく、本章では九〇年代以降の新たな研究状況をふまえ、再検討したものである。今後、武霊王の軍事改革から恵文王期を経て、長平の大敗を喫する孝成王期、そして滅亡へと向かう悼襄王・幽繆王期をさらに具体的に究明していくことが、中国古代国家形成史にさまざまな知見を与えてくれるものと考えている。

第五章　魏国兵器の基礎的考察
——戦国魏国における「県」制の成立——

郡県制の形成の問題は、従来より、秦漢帝国論の核心として、多くの研究が積み上げられてきた。その際の方向性は、大きく二つに分けられると思う。春秋時代の県制と商鞅県制である。前者は春秋期の県の性格や国別特徴などを明らかにし、また後者は商鞅県制の内容や施行地域などを明らかにしてきた。ただ、史料条件などにも左右され、両者の間には一定の距離もあると考える。

その溝を埋めるポイントは、春秋後期から戦国中期にかけての中原諸国における機構改革にあるだろう。すでに戦国中期頃より大規模な官僚組織の成立すること、財政機構の整備過程が論じられ、また戦国魏において、他国に先行して改革が進められたであろうことは指摘されている。筆者はもっと具体的にどのような段階を経て、戦国魏において地方統治機構としての「県」が成立してきたのか、見定めようとした。

本章では、資料として戦国魏国の青銅兵器を主に取り上げる。戦国青銅兵器は戦国諸国それぞれの特徴をもっており、とりわけ、銘文の書式や文字に違いが見られる。現在、それは国別、時代の判断材料とされている。簡単に紹介すれば、春秋時代も後期頃より、銅戈などの武器に、地名が記されるようになる。戦国前期には地名に加えて、武器の製造、収蔵庫である「庫」名が記され、戦国中後期には王の紀年、県令の名前、工房の責任者の名前、製造者の名前が記されるようになる。このことは、従来より「物勒工名」として扱われてきた問題であるが、筆者はその書かれたことのもつ意味や背後にある国家、社会のありようを探っていく。

本章では青銅兵器の検討の結果、戦国魏の恵成王（侯）三〇〜三五年（前三四一〜前三三六）頃、「県」を中心とした地方統治のしくみが整備されてきたこと、その全国的成立を明らかにした。この時期は諸国が王号採用、改元などを進めてきた時期に重なり、いわば改革の総仕上げとして、地方統治機構としての「県」が全国的に設置されるに至ったと理解できる。

筆者の研究は、前三六〇年代から前三四〇年代にかけての統治機構の整備過程や、法律条文の存在想定、しいては変法研究の再検討を導くものと考えている。

第六章　戦国三晋諸国の領域形成と「県」制
——戦国時代中原地域領域変遷図作成の試み——

戦国時代の領域変遷は大変複雑で、これまでも多くの研究者を悩ませてきた。本章では、既存文献と出土資料からおよそ五〇年おきの中原地域の変遷図を作成した。同時に三晋兵器（とくに紀年兵器）にみえる地名を、上記の地図上に製造年代にあわせておとすことで、地方統治機構としての「県」の成立過程とその展開を考察した。

このような作業を行う理由の一つは、『史記』・『戦国策』・『竹書紀年』などの既存文献史料、『戦国縦横家書』・『睡虎地秦簡編年記』などの出土資料に関する史料学的研究・編年に関する成果と三晋兵器に関する基礎的研究とは、相互補完関係にあるためである。

作成した四枚の地図は、それぞれ①魏文侯の時代（前四二一〜前三九六）、②戦国国家の成立（前三五二〜前三二八）、

③国家連合の時代（前三一八～前二九六）、④統一前夜（前二六二～前二四一）である。その作業にあたっては、指定した期間中に見える地名のみを史資料から拾い、国別を判断した。

このような研究は、譚其驤主編『中国歴史地図集』第一冊の戦国称雄形成図や戦国時期の国別地図と対照をなしている。同氏らの地図は、前者であれば、前三五〇年という点を示しながら、前後の記事から類推して勢力範囲を求めているため、一部誤りをおかしている。本報告は、報告タイトルとはややずれるが、この地図作製に主眼はあった。筆者の整理の結果、明らかになったことは、以下の点である。ただし、これらは旧稿での結論を各地図との関連で、再確認するものである。

（一）紀元前三四〇年代から前三三〇年代にかけて、魏において（他国に先んじて）統治機構としての「県」が成立したこと。筆者は三級の管理制度を明示する兵器の出現（卅三年大梁戈・卅三年鄴令戈など）を重視している。

（二）次の前三二〇年代以降、韓・趙への広がりが認められること。鄭韓兵器を素材とする鄭県の県令の事例からは世襲を廃する仕組みが成立していること。

（三）統一前夜、韓にとっては滅亡の直前の時期、廿三年襄城令戈や廿七年安陽令戈など銅兵器の研究から、韓の領域に関する新たな知見（のちの潁川郡南部・汝南郡にあたる地域を領有）を得られたこと。

最後に、韓が滅亡直前に上記の地を領有していた意味として、すぐれた青銅兵器の産地として知られた棠谿・合伯・龍淵などの地の確保との関連を想定した。(1)

第二節　戦国国家の成立と宗親政治

本書は中国古代国家形成史論の中心的課題である郡県制、とりわけ官僚制の形成・「県」の機構の整備の過程、領域形成などについて、戦国三晋諸国製造の青銅兵器を主たる資料として、六章にわたって検討してきた。各章の論点については、すでに前節までに述べてきたので繰り返さない。ここでは最後に、本書執筆のもう一つのねらいをまとめて終わりとしたい。

（一）　戦国中後期三晋諸国の血縁秩序　〜研究上の間隙〜

本書で、とくにこだわった部分の一つは三晋の支配共同体の構成とその特徴、根強い族的秩序・血縁秩序の問題であった（本書とくに第三章・第四章）。従来の研究者は戦国中後期の支配共同体の問題を、春秋時代以来の宗法制の残存として取り上げたり、あるいは六国側の改革の限界として論じてきた。

しかし総じて戦国時代中後期の、とりわけ六国側の王室・世族へは大きな注意が向けられることはなかった。[2] それは問題の立て方や関心が異なるとはいえ、日中の中国古代史研究者双方にいえることである。その原因は、ひとことでいえば、それほど「研究する必要がない」と考えられたからであろう（後述）。

筆者が三晋の宗室（それは概ね春秋時代初期にまでさかのぼる一族）に注目した理由は、必ずしも先行研究の問題関心と直結するものではない。筆者は、古代国家形成史の視点から、戦国国家成立後（本書第五章・第六章）にも、依然、力を持つ宗族のあり方に興味を持った。

戦国時代の焦点は「封建」から「郡県」への歴史的展開、世族による分権的支配から官僚による中央集権的専制支配への流れ、変法政治と諸子百家の活動、そして鉄製農具と牛耕の使用開始と普及の度合い、その帰結する所の「小農民」の形成過程・編戸支配の成立といった時代のうねりである。秦王政（のち始皇帝と呼ばれる）による統一事業も大きなテーマだろう。

研究史上、いわゆる「小農民」や「共同体」といった被支配共同体についてや、近年は「都市」住民の構成と特徴などについては研究されてきたが、一方で政権の構成や地方統治の担当者といった戦国中後期の支配共同体については、あまり注目されてこなかった。

そうした中で六国の貴族、とりわけ本書の対象とした三晋についても、宗室（王室）一族が多く政策決定過程に関与したり、中央・地方の要職に就任したり、軍事においても重要な働きをした。この集団のそれぞれは『史記』・『戦国策』・『韓非子』などに、大局を見ず、私利に走り、あるいは能力なく判断を誤る者として語られている。この「負」のイメージを与えられた集団・存在をあえて研究しようとする者が多くなかったことも故なしとしない。

幸い、近年の地域文化研究の流れで、楚文化・秦文化のほか斉文化や趙文化といった形で体系的な研究書も登場し、その中で、戦国中後期の政治構造や支配集団の特徴などに言及する者も出てきている。ただ、その根本的なとらえ方（あるいは評価）については、それほど大きな変化は起こっていないと思う。

（二）時代の論理・時代の要請、「宗親政治」について

筆者は本書収録の各篇執筆の途上、二つのことを考えていた。

その一つは、当時の論理・時代の要請を掴もうと努力したことである。戦国三晋諸国は、中央・地方において君主の手足となる官僚機構という新しい組織を戦国諸国の中で先行的かつ積極的に導入しつつも、そこに従来からの血縁秩序を折衷した側面があった。ここで注意したいのは、本当に「君主の手足」となっていたかどうかは問題でないということである。前述の通り私利私欲・国政妨害の記事は散見するし、また任期についてもはっきりせず、前漢代同様、久任化傾向にあったと予想される。

春秋時代まで見られた地方官の世襲は、本書の研究によって戦国中期以降廃止され、県令は次々と交替していることが一次資料から明らかになった。おそらくは一定の基準に従い、一定期間ごとに俸給が支払われ、昇進制度も整備に向かっただろう。俸給と昇進は、君主の官僚統御の「柄」といえる。

しかし、実際、その官僚機構の要職には宗室と血縁関係・姻戚関係（＝宗親勢力）にある者が就任することも多かった。官僚制という新しい仕組みの中に宗親という従来からの血縁秩序を位置づけるという独特の特徴を持っていた。

筆者はこの特色ある政治体制を「宗親政治」と規定した。[3] それにしてもなぜ、負の側面を持つ宗親勢力を中央・地方の要職に据える必要があったのか。それは当然、同時代的に一定の要請・有効性があったからである。具体的にどのような要請・意義があったのか、この点はさらに追及していきたいと考えている。しかし一点あげるなら、三晋の「都市」の独立性と関連しているだろう。[4] 経済的・軍事的に独立した「都市」をまとめあげるために、その「都市」

の代表である県令に宗親を派遣したのだろう。見方を変えれば、血縁秩序に依拠した、韓或いは趙の中央集権化の現象形態なのかもしれない。

さて、六国政権への否定的な評価を決定づける最大の失策は長平の戦い（前二六〇年）であった。この戦争によって、数字に誇張があるとはいえ、趙の住人を中心に四〇万の人びとが命を落とした。この数は数えようによっては、当時の趙の人口の一割に達する。人口の一割を失う大敗は、やはり当時の趙の、あるいは三晋のいきづまりを象徴していた。

たしかに、三晋は消えていく国である。しかし、三晋その他六国を知ることが秦の特徴や秦の有利な部分を知ることにつながる。そもそも「秦の統一政策」なるものも再検討が進められている研究状況である。(5) 六国側に視点をおいて、滅亡直前まで詳細にたどる作業はそうした見直しをいっそう深めることだろう。そして、滅亡するとはいえ、なにより戦国諸国は新石器時代以来の一つの帰結・到達点である。近年の地域文化研究は、戦国時代を一つの頂点と見ている。(6)

なお、地域文化のその後の展開、秦漢時代（あるいはその後の時代、現代にまで息づく）における三晋文化といったテーマは、別に興味深い問題であるが、本書の課題とはややずれるのでここでは触れない。

（三）　アジア的国家の論理構造と「側近政治」

もう一つ考えていたことは、「側近政治」についてである。戦国中期のある時期（本書第五章・第六章の研究によれば紀元前三四〇年代から三三〇年代にかけて）、戦国魏において、先行的に地方統治機構としての「県」制が全国的に成立した。県の統治事項は手工業部門の「三級の管理制度」より推して考え、およそ秦律に規定されるような内実を順次整備していったものと考えている。そしてこのような「県」制は韓・趙へと展開し、秦国兵器の「三級の管理制度」記載の時期がほぼ連動することから、秦も同時期に地方統治機構としての「県」制を整え、全国的に設置したと推定している。ここに中国において初めて君主一身に権力を集中する形で構成された統治機構を擁する中央集権的国家が成立したと考えている。これ自体、筆者の研究の当否は一つ問われる所であるが、筆者の研究前期（本書前半一～三章執筆時）の関心は、そうした権力構造において不可避的に現出する「側近政治」の問題であった。

人格的支配として現象するアジア的国家において、国家意志が王（皇帝）の意志として展開する権力構造を備えたとき、必然的に側近政治体制をもたらす。(7)

中国史上、著名な例は宦官の専権や皇后・皇太后による私的側近政治であるが、この中国においてはじめて国家を成立させた戦国中後期においてもすでに原初的にその様相を呈する。建信君・春平侯がいかなる存在か、必ずしも明らかではないが、王の寵愛を受けた私的な存在であった可能性も否定できない。彼らが宮官から外廷の最高官へと転出していく。王近従の家臣（郎の類）から相邦（いわば宰相）という公的側近へと転じていく。

王権に権力が集中する構造、中央集権的機構的発展とともに、王の無能（政治能力の不足）、幼少をもたらし、アドバイザーに実権を掌握される。孝成王・悼襄王・幽繆王という戦国趙崩壊前夜の政権を窺うとき、この一種のパラドクスを先駆的に見る思いがする。

国家意志の決定過程（皇帝の意志を国家の意志とする法的・制度的特徴）や内朝・外朝の分化、帝室財政・国家財政の分化など、のちの中国史におけるアジア的国家の論理構造が、史料も不足し、秦の統一事業に視線の向けられるこの戦国中後期の時期に胚胎・萌芽していたことを、私たちはもう少し注目してよいだろう。

史料のない所を語らないのは歴史家の禁欲である。しかし、戦国後期の六国においても王権は存在し、政治・経済・社会は絶え間なく動いていた。断片的な記載を結びあわす想像力と中国史を通観する構想力を要する戦国時代の研究は大変難しい。しかし、その意義の大きさもまた計り知れない。

注

（1）第五章の概要は『古代文化』第五八巻第Ⅰ号に掲載される拙稿の要旨である。また第六章の概要は『出土資料学会会報』第三〇号、一～二頁による。

（2）数少ない成果として、本論中でも引用した太田幸男氏の田斉に関する一連の研究や好並隆司「戦国魏政権の派閥構造」（『東洋学報』第六〇巻第三・四号、一九七九年。同『商君書研究』溪水社、一九九二年所収）、岡田功「楚国と呉起変法—楚国の国家構造把握のために—」『歴史学研究』四九〇、一九八一年、宮本一夫「田斉の文物とその考古学的復元」（『「史記」「漢書」の再検討と古代社会の地域的研究』平成四・五年度科学研究報告書、一九九四年）と氏の戦国燕に関する論考など。

（3）戦国中後期三晋諸国の政権構造の特徴については、別の機会に述べた。ここに、筆者の考えをまとめたものを再録しておく。「戦国中後期の三晋諸国では、政治的意志決定の最高権限を王が握りつつも、幼少や能力・意欲の欠如などにより一族・姻戚（「宗親」勢力）が強い影響力を持った。『史記』『戦国策』などの既存文献や銅兵器銘文によれば、相国・将軍・県令・武器製造の管理責任者といった統治権力に関わる職務に「宗親」勢力が多く就任している。以上の検討をふまえて、報告者は戦国中後期の同諸国の政治体制を「宗親政治」と規定した。戦国中後期、同諸国は官僚機構の整備や世襲を廃した県令の配置、封君の世襲をめぐる社会的合意の存在など、一定の中央集権化を実現した。しかし三晋諸国の改革は、官僚制という「新しい皮袋に古酒（＝宗親）を盛る」といった折衷的・妥協的なもので専制国家形成過程から見れば、同諸国の「過渡段階」を示していた。」（「（報告記事）戦国中後期における三晋諸国の政権構造試論」『史学雑誌』第百十二編第十二号、二〇〇三年、一〇四頁）。なお、報告にあたっては、この言い得て妙な表現を含め、太田幸男氏よりご助言いただいた。ただし一方で「宗親」勢力・「宗親政治」へ注目する意義が十分に伝えられていないことも感じている。この点を受け止め、今後、太田氏はじめいくつか寄せられた疑問に答えていきたいと思う。

（4）戦国三晋諸国の「都市」の経済的・軍事的独立性については、江村治樹「戦国時代の出土文字資料と都市の性格」『春秋戦国秦漢時代出土文字資料の研究』第二部、汲古書院、二〇〇〇年を参照。

（5）鶴間和幸「秦帝国の形成と地域—始皇帝の虚像を越えて—」『歴史と地理』三二七、一九八六年。同「古代中華帝国の統一法と地域—秦帝国の法の統一とその虚構性—」『史潮』新三〇、一九九二年。

（6）李学勤『東周与秦代文明』（増訂版）文物出版社、一九九一年。なお、鶴間和幸氏は中国古代専制帝国形成史論を継承・発展させる方向として、戦国時代に視点を定め、春秋以前を戦国前史、秦漢帝国以降を戦国後史として見ていくこと提案している（「中華の形成と東方世界」『岩波講座世界歴史三中華の形成と東方世界』岩波書店、一九九八年）。

（7）滝村隆一「側近政治論—アジア的政治理論のために—」『道』世代群評社、一九七四年、同「〈アジア的〉国家の論理構造」『展望』筑摩書房、一九七六年。

主要参考資史料

王国維校『水経注校』上海人民出版社、一九八四年
［清］王先謙撰・沈嘯寰・王星賢点校『荀子集解』（新編諸子集成第一輯）中華書局、一九八八年
何建章注釈『戦国策注釈』全三冊、中華書局、一九九〇年
［戦国］韓非著・陳奇猷校注『韓非子新校注』全二冊、上海古籍出版社、二〇〇〇年
故宮博物院編・羅福頤主編『古璽彙編』文物出版社、一九八一年
［清］顧炎武・［清］黄汝成集釈・秦克誠点校『日知録集釈』岳麓書社、一九九四年
近藤光男訳『戦国策』全釈漢文大系二三〜二五、集英社、一九七五〜七九年
［漢］司馬遷撰・［宋］裴駰集解・［唐］司馬貞索隠・［唐］張守節正義『史記』全一〇冊、中華書局、一九八二年第二版（一九五九年第一版）
上海師範大学古籍整理研究所校点『国語』全二冊、上海古籍出版社、一九八八年（一九七八年の重版）
瀧川亀太郎『史記会注考証』東方文化学院東京研究所、一九三二〜一九三四年
竹添進一郎『左氏会箋（増補版・普及版）』（漢文大系第一〇・一一巻）上・下、冨山房、一九七四年
中国社会科学院考古研究所編『殷周金文集成』一八冊、中華書局、一九八四〜一九九四年
中国社会科学院考古研究所編『殷周金文集成釈文』香港中文大学中国文化研究所、二〇〇一年

陳奇猷校釈『呂氏春秋校釈』全四冊、学林出版社、一九八四年
［清］朱右曾輯・［民国］王国維校補・黄永年校点『古本竹書紀年輯校』／王国維撰・黄永年校点『今本竹書紀年疏証』（新世紀万有文庫）遼寧教育出版社、一九九七年
［清］趙翼・欒保群・呂宗力校点『陔余叢考』河北人民出版社、一九九〇年
［清］程恩沢撰『国策地名考』（粤雅堂叢書所収）
［明］董説撰『七国考』中華書局、一九五六年
［明］董説著・繆文遠訂補『七国考訂補』全二冊、上海古籍出版社、一九八七年
［漢］班固撰・［唐］顔師古注『漢書』全一二冊、中華書局、一九六二年
楊守敬・熊会貞疏・段熙仲点校・陳橋駅復校『水経注疏』全三冊、江蘇古籍出版社、一九八九年
楊守敬『水経注図』謝承仁主編『楊守敬集』第五冊、湖北人民出版社、一九八八年～一九九七年
楊伯峻編著『春秋左伝注（修訂本）』全四冊、中華書局、一九九〇年第二版（一九八一年三月第一版）
［清］雷学淇撰『竹書紀年義証』藝文印書館、一九七七年（再版）
劉雨・盧岩編著『近出殷周金文集録』全四冊、中華書局、二〇〇二年
［西漢］劉向集録『戦国策』全三冊、上海古籍出版社、一九七八年（一九八五年重版）
［隋］劉炫『春秋規過』（［清］馬国翰『玉函山房輯佚書』経編春秋類所収）
梁玉縄『史記志疑』台湾學生書局、一九七〇年（光緒一三年広雅書局刻本影印）

略称一覧

積古　阮元『積古斎鐘鼎彝器款識』一〇巻、一八〇四年
金索　馮雲鵬・馮雲鵬『金石索』一二巻、一八二一年
攈古　呉式芬『攈古録金文』三巻、一八九五年
陶続　端方『陶斎吉金続録』二巻、一九〇九年
周金　鄒安『周金文存』六巻、一九一六年
貞松　羅振玉『貞松堂集古遺文』一六巻補遺三巻、一九三一年
双剣　于省吾『双剣誃吉金図録』二巻、一九三四年
善斎　劉体智『善斎吉金録』一九三四年
小校　劉体智『小校経閣金文拓本』一八巻、一九三五年
三代　羅振玉『三代吉金文存』二〇巻、一九三七年
巖窟　梁上椿『巖窟吉金図録』二巻、一九四三年
録遺　于省吾『商周金文録遺』一九五七年
題銘概述　李学勤「戦国題銘概述（中）」『文物』一九五九年第八期
三晋兵器　黄盛璋「試論三晋兵器的国別和年代与其相関問題」『考古学報』一九七四年第一期

殷周武器　林巳奈夫『中国殷周時代の武器』京都大学人文科学研究所、一九七二年
河北　河北省博物館・文物管理局編『河北省出土文物選集』文物出版社、一九八〇年
総集　厳一萍編『金文総集』一～一〇、浙江古籍出版社、一九八三年
集録　徐中舒『殷周金文集録』四川人民出版社、一九八四年
集成　中国社会科学院考古研究所編『殷周金文集成』第一七冊・第一八冊、中華書局、一九九二年・一九九四年
太原　山西省考古研究所ほか編『太原晋国趙卿墓』文物出版社、一九九六年
戦国三晋　呉雅芝「戦国三晋銅器研究」『国立台湾師範大学国文研究所集刊』第四一号、一九九七年
東周兵器　広東炎黄文化研究会・紀念容庚先生百年誕辰暨中国古文字学学術研討会合編『容庚先生百年誕辰紀念文集―古文字研究専号』広東人民出版社、一九九八年
国別特質　江村治樹「戦国時代出土文字資料の国別特質」『春秋戦国秦漢時代出土文字資料の研究』汲古書院、二〇〇〇年
近出　劉雨・盧岩編著『近出殷周金文集録』四、中華書局、二〇〇二年
金文引得　華東師範大学中国文字研究与応用中心編『金文引得（春秋戦国巻）』広西教育出版社、二〇〇二年
通論　何琳儀『戦国文字通論（訂補）』江蘇教育出版社、二〇〇三年

あとがき

本書は筆者の学習院大学に提出した博士学位論文（論文審査委員は鶴間和幸〔主査〕・武内房司・平勢隆郎の三氏）をもとに、修正を加え刊行するものである。もとより本書のタイトルについては、「戦国三晋諸国の形成過程」や「青銅兵器より見た三晋史」なども考えた。博論提出前、指導教授の鶴間和幸氏は張光直『中国青銅時代』などを例にあげ、タイトルは重要とのこと、『中国古代国家の形成と青銅兵器』という大変大きいが、私の研究の方向性を示す本書が完成した。原載は以下の通りである。本書収録にあたり一部タイトルの変更と必要な修正を加えた。

序章　第一節・第二節　書き下ろし
第一章　『学習院大学人文科学論集』（学習院大学人文科学研究科）一三、二〇〇四年一〇月
第二章　『学習院史学』（学習院大学史学会）第四三号、二〇〇五年三月
第三章　『史海』（東京学芸大学史学会）第五一号、二〇〇四年六月
第四章　『九州大学東洋史論集』（九州大学文学部東洋史研究会）三五、二〇〇七年四月
第五章　『古代文化』（財団法人古代学協会）第五八巻第Ⅰ号、二〇〇七年四月
第六章　『東洋文化研究』（学習院大学東洋文化研究所）第九号、二〇〇七年三月
結語　第一節・第二節　書き下ろし

今回、筆者自身、中国古代国家形成過程に大きな創見を示したとか、しいては国家論として、何か新鮮な問題提起があるかといえば、不足を自覚する。とはいえ、筆者なりに戦後歴史学の遺産と中国史学の新たな研究動向を学び、史資料との対話を進めてきた。

本書の研究の特徴は戦国三晋を舞台に、考古学・古文字学研究と歴史学研究の架橋をはかった点にある。そして史資料（本書ではとくに青銅兵器銘文）を整理し、そこから捉えることのできた傾向・事実（と思われること）を述べるという方法は一貫していると思う。私が論文を書く際、大切にしていることは、当初の仮説・予想を超える何かをつかむことであり、逆にそうした感動がない時、あえて文章を書かない。

たとえば、第一章に見るように県令や司寇といった韓の要職に趙氏一族が就任していることを発見したり、第二章に見るように、従来知られていなかった戦国後期韓の領域を確認したりするようなことである。そして本書は全体として三晋諸国の政治構造を「宗親政治」と呼んでいるが、これは現代の私たち研究者までが韓非ら当時の諸子と同様の視線で、宗室一族・姻戚による政治を批判する必要はなく、彼らの存在意義や同時代に持っていた論理を検討する必要があるという考えを示したものである。また未熟ながら、結語に記した「側近政治」との関係や古代国家成立に際して宗親の存在のもつ意義を展望するものである。本書の概要はここでは繰り返さず、結語第一節などをお読みいただきたい。

「国家」の定義については、筆者も古典的なものから、序章に触れた熊野聡氏・滝村隆一氏らの研究を学んできたが、整理して述べる段階にはない。ただ、筆者は国家形成を未完の営為・運動の中で捉え、三晋の場合、都市（県城）は基本単位であるが、政権・生産者との関係も含め、総体として認識することを目標としている。国家形成には未完のプロセスとしての側面（個性把握）と、前後の時期・時代を比較して見えてくる段階性（継起的発展）そして「国家」として共有する部分（普遍性）があり、これらの相関関係を複眼的に研究することが必要と考えている。

ここまで研究を進めてくるにあたっては、多くの研究者・さまざまな研究機関にお世話になってきた。私事に亘ることは控えるが、学習院大学関係の諸賢、歴史学研究会アジア前近代史部会関係の諸賢には多大な啓発を受け、筆者の研究を育ててくれた。感謝申し上げたい。博士後期課程の指導教授である鶴間和幸氏、学部・修士課程の指導教授である太田幸男氏には厳しくも温かくご指導いただいた。先生方の求める水準に達していないことは慚愧に耐えないが、本書の出版は筆者自身の判断によるものである。ご指摘いただいた点については、今後さらに発展させていきたいと思う。

本書の出版にあたっては、汲古書院代表取締役の石坂叡志氏にご尽力いただいた。また本書の校正には内山喜代成・川嶋陶子両氏にご協力いただいた。

なお、本書は独立行政法人日本学術振興会の平成十九年度科学研究費補助金（研究成果公開促進費・学術図書）の助成を受けた。関係各位に感謝申し上げたい。

汲古叢書

1	秦漢財政収入の研究	山田　勝芳著	本体 16505円
2	宋代税政史研究	島居　一康著	12621円
3	中国近代製糸業史の研究	曾田　三郎著	12621円
4	明清華北定期市の研究	山根　幸夫著	7282円
5	明清史論集	中山　八郎著	12621円
6	明朝専制支配の史的構造	檀上　寛著	13592円
7	唐代両税法研究	船越　泰次著	12621円
8	中国小説史研究－水滸伝を中心として－	中鉢　雅量著	8252円
9	唐宋変革期農業社会史研究	大澤　正昭著	8500円
10	中国古代の家と集落	堀　敏一著	14000円
11	元代江南政治社会史研究	植松　正著	13000円
12	明代建文朝史の研究	川越　泰博著	13000円
13	司馬遷の研究	佐藤　武敏著	12000円
14	唐の北方問題と国際秩序	石見　清裕著	14000円
15	宋代兵制史の研究	小岩井弘光著	10000円
16	魏晋南北朝時代の民族問題	川本　芳昭著	14000円
17	秦漢税役体系の研究	重近　啓樹著	8000円
18	清代農業商業化の研究	田尻　利著	9000円
19	明代異国情報の研究	川越　泰博著	5000円
20	明清江南市鎮社会史研究	川勝　守著	15000円
21	漢魏晋史の研究	多田　狷介著	9000円
22	春秋戦国秦漢時代出土文字資料の研究	江村　治樹著	22000円
23	明王朝中央統治機構の研究	阪倉　篤秀著	7000円
24	漢帝国の成立と劉邦集団	李　開元著	9000円
25	宋元仏教文化史研究	竺沙　雅章著	15000円
26	アヘン貿易論争－イギリスと中国－	新村　容子著	8500円
27	明末の流賊反乱と地域社会	吉尾　寛著	10000円
28	宋代の皇帝権力と士大夫政治	王　瑞来著	12000円
29	明代北辺防衛体制の研究	松本　隆晴著	6500円
30	中国工業合作運動史の研究	菊池　一隆著	15000円
31	漢代都市機構の研究	佐原　康夫著	13000円
32	中国近代江南の地主制研究	夏井　春喜著	20000円
33	中国古代の聚落と地方行政	池田　雄一著	15000円
34	周代国制の研究	松井　嘉徳著	9000円
35	清代財政史研究	山本　進著	7000円
36	明代郷村の紛争と秩序	中島　楽章著	10000円
37	明清時代華南地域史研究	松田　吉郎著	15000円
38	明清官僚制の研究	和田　正広著	22000円
39	唐末五代変革期の政治と経済	堀　敏一著	12000円
40	唐史論攷－氏族制と均田制－	池田　温著	近　刊

41	清末日中関係史の研究	菅野　正著	8000円
42	宋代中国の法制と社会	高橋　芳郎著	8000円
43	中華民国期農村土地行政史の研究	笹川　裕史著	8000円
44	五四運動在日本	小野　信爾著	8000円
45	清代徽州地域社会史研究	熊　遠報著	8500円
46	明治前期日中学術交流の研究	陳　捷著	16000円
47	明代軍政史研究	奥山　憲夫著	8000円
48	隋唐王言の研究	中村　裕一著	10000円
49	建国大学の研究	山根　幸夫著	8000円
50	魏晋南北朝官僚制研究	窪添　慶文著	14000円
51	「対支文化事業」の研究	阿部　洋著	22000円
52	華中農村経済と近代化	弁納　才一著	9000円
53	元代知識人と地域社会	森田　憲司著	9000円
54	王権の確立と授受	大原　良通著	8500円
55	北京遷都の研究	新宮　学著	12000円
56	唐令逸文の研究	中村　裕一著	17000円
57	近代中国の地方自治と明治日本	黄　東蘭著	11000円
58	徽州商人の研究	臼井佐知子著	10000円
59	清代中日学術交流の研究	王　宝平著	11000円
60	漢代儒教の史的研究	福井　重雅著	12000円
61	大業雑記の研究	中村　裕一著	14000円
62	中国古代国家と郡県社会	藤田　勝久著	12000円
63	近代中国の農村経済と地主制	小島　淑男著	7000円
64	東アジア世界の形成－中国と周辺国家	堀　敏一著	7000円
65	蒙地奉上－「満州国」の土地政策－	広川　佐保著	8000円
66	西域出土文物の基礎的研究	張　娜麗著	10000円
67	宋代官僚社会史研究	衣川　強著	11000円
68	六朝江南地域史研究	中村　圭爾著	15000円
69	中国古代国家形成史論	太田　幸男著	11000円
70	宋代開封の研究	久保田和男著	10000円
71	四川省と近代中国	今井　駿著	17000円
72	近代中国の革命と秘密結社	孫　江著	15000円
73	近代中国と西洋国際社会	鈴木　智夫著	7000円
74	中国古代国家の形成と青銅兵器	下田　誠著	7500円
75	漢代の地方官吏と地域社会	髙村　武幸著	13000円
76	齊地の思想文化の展開と古代中國の形成	谷中　信一著	13500円
77	近代中国の中央と地方	金子　肇著	11000円
78	中国古代の律令と社会	池田　雄一著	15000円

（表示価格は2008年２月現在の本体価格）

著者略歴

下田　誠（しもだ　まこと）

1976年北海道に生まれる。2002年東京学芸大学大学院教育学研究科修士課程修了。2005年学習院大学大学院人文科学研究科博士後期課程単位取得退学。2006年博士（史学）取得。現在、学習院大学文学部特別研究員。

主要論文…「戦国趙の邯鄲遷都と黄河下流域―所謂『禹河』をめぐる議論をてがかりに」鶴間和幸編『黄河下流域の歴史と環境―東アジア海文明への道』東方書店、2007年。「戦国韓の有銘青銅兵器について（補論）―『冶』字の分類を兼ねて―」太田幸男・多田狷介編『中国前近代史論集』汲古書院、2007年。

汲古叢書74

中国古代国家の形成と青銅兵器

二〇〇八年二月一五日　発行

著　者　下　田　　誠
発行者　石　坂　叡　志
整　版　富士リプロ㈱

発行所　汲　古　書　院
〒102-0072　東京都千代田区飯田橋二-五-四
電　話〇三（三二六五）九七六四
ＦＡＸ〇三（三二二二）一八四五

ISBN978-4-7629-2573-3　C3322

索　　引

研究者名索引

※19世紀後半以降の日本と中国の研究者名を採録した。
※主要参考資史料・略称一覧とあとがきに見える人名は採録しなかった。

さ行

た行

な行

は行

ま行

や行

ら行

有銘器物索引

※ゴシック体の数字は図版の所在するページを指す。釈文のあるページには（　）を付した。
※本書の兵器番号で引用されているページも記した。ただし、「春平侯兵器」のように複数あるものを総称として引用している部分は採録しなかった。

あ行

か行

さ行

た行

な行

は行

ま行

や行

史料名索引

※本書中に引用している史料（出土文献も含む）の篇名・巻数などを記した。
※史料名（篇名・巻数まで言及する部分）あるいは史料原文（書き下し文）のみ引用している部分も採録した。
※傍証として引用する後代の注釈については採録しなかった。

た行

ら行